古典文獻研究輯刊

十三 編

潘美月・杜潔祥 主編

第 **6** 冊

龍坡書齋雜著
——圖書文獻學論文集（上）

潘 美 月 著

國家圖書館出版品預行編目資料

龍坡書齋雜著——圖書文獻學論文集（上）／潘美月 著—初
版—新北市：花木蘭文化出版社，2011〔民100〕
目 2+224 面；19×26 公分
（古典文獻研究輯刊 十三編；第 6 冊）
ISBN：978-986-254-627-7（精裝）
1. 圖書文獻學　2. 文集
011.08　　　　　　　　　　　　　　　　　　100015555

ISBN-978-986-254-627-7

9 789862 546277

古典文獻研究輯刊
十三編　第六冊　　　　　　　ISBN：978-986-254-627-7

龍坡書齋雜著——圖書文獻學論文集（上）

作　　者　潘美月
主　　編　潘美月　杜潔祥
總 編 輯　杜潔祥
企劃出版　北京大學文化資源研究中心
出　　版　花木蘭文化出版社
發 行 所　花木蘭文化出版社
發 行 人　高小娟
聯絡地址　新北市永和區中正路五九五號七樓
　　　　　電話：02-2923-1455／傳真：02-2923-1452
網　　址　http://www.huamulan.tw 信箱 sut81518@gmail.com
印　　刷　普羅文化出版廣告事業
初　　版　2011 年 9 月
定　　價　十三編 20 冊（精裝）新台幣 31,000 元
版權所有·請勿翻印

龍坡書齋雜著──
圖書文獻學論文集（上）

潘美月　著

作者簡介

潘美月，臺北市人。臺灣大學中國文學碩士。曾任臺灣大學中國文學系教授、圖書資訊學系教授、佛光大學文學系教授兼系主任。研究領域為目錄學、版本學、印刷史、圖書館史、藏書史等。曾赴中國大陸、日本、韓國、美國、加拿大及歐洲諸國，除受邀講學外，亦遍訪各國圖書館，飽覽館中珍藏之古籍文獻。主要編著有《中國目錄學》、《圖書》、《圖書版本學要略》（增訂本）、《中國大陸古籍存藏概況》、《東亞文獻研究資源論集》、《宋代私家藏書史》及《古典文獻研究輯刊》等多部專書，以及發表於期刊及研討會之學術論文數十篇。

提　　要

　　作者歷年來發表於期刊及研討會之學術論文數十篇，今彙編而成此書。全書分四個部分：第一部分：藏書家與文獻學家，共收錄四篇。第二部分：典籍漫談，乃作者於 1983 年 4 月至 1985 年 9 月，為《故宮文物月刊》之專欄所撰寫之論文，共收錄十四篇。第三部分：圖書印刷與版本目錄學，共收錄十五篇。第四部分：館藏資源與古籍整理，共收錄六篇。此論文集涉及範圍甚廣，其中包括目錄學、版本學、校勘學、藏書史、印刷史、圖書館學等，期能提供相關學者之參考。

臺灣近五十年古典文獻研究之回顧

潘美月

一、前言

文獻是泛指所有的圖書資料。因為時代的不同，而有古典文獻、現代文獻、當代文獻。若以學科領域來區分，又有人文科學文獻、社會科學文獻及科技文獻。古典文獻學主要是以中國古代的文獻資料為研究的對象，如文獻的形態、文獻的整理、文獻的鑑別、文獻的分類與編目、文獻的收藏、文獻的檢索等。研究的目的，是希望能全面認識各種文獻，學會在浩如煙海的文獻中，以最短的時間，檢索到學術研究所需要之文獻資料。因此，古典文獻學研究的範圍是包羅萬象的。它涉及到古代學科的各個領域，如文獻的載體、文獻的版本、文獻的校勘、文獻的整理、文獻的目錄、文獻的聚散、文獻的輯佚與辨偽、類書與叢書、地方志與家譜等。進而藏書史、圖書館史、印刷史、出版史、四部文獻、佛教、道教及出土文獻，最後還有一項最重要的——文獻資源典藏的現況，均在我們研究的範圍內。

在臺灣，最早從事古典文獻學的教學與研究，有三位大師：蔣復璁先生是圖書館界的大老，一生從事文獻的搜集、分類與編目；屈萬里先生被譽為經學大師，但他在文獻的整理、文獻的鑑別，功不可沒；王叔岷先生學問淵博，眾所皆知，他在文獻的校勘、辨偽、輯佚方面，貢獻最大。我有幸能躬逢其盛，學生時代從慰堂師學目錄學、從王師學校讎學，從翼鵬師學古籍整理、版本鑑別，並撰寫學位論文，從此奠定了日後從事古典文獻學研究與教學的基礎。

1967 年起，我執教於母校國立臺灣大學中國文學系。雖然前十五年所教

的都是普通課程，但從未放棄對古典文獻學的研究；其間所遭遇的種種挫折，實不足爲外人道也，卻一直抱持著「衣帶漸寬終不悔，爲伊消得人憔悴」的態度，一路走來，始終不變。在這時期，我遇到一位良師兼益友——昌彼得先生。他是繼三位大師之後，對古典文獻學具有重大貢獻的學者。我與陳捷先、陳仕華二位教授合撰〈昌瑞卿先生在古典文獻學上的貢獻〉（收入《昌彼得教授八秩晉五壽慶論文集》），此不贅述。瑞卿師在古典文獻學研究的過程中，給我最大的鼓勵與協助。他服務中央圖書館與故宮博物院期間，對文獻的整理與古籍版本的鑑定，提供了許多寶貴的意見。在這麼良好的環境中，我從事古典文獻學的研究，慢慢擴展到教學。從臺大中文系到圖資系、到淡江中文系和教資系、師大社教系、東海中研所、中央中研所、佛光教資所和文學所、華梵中文所，講授「目錄學」、「版本學」、「中國印刷史」、「古籍版本鑑別研究」、「中國圖書發展史」及「古典文獻學專題研究」等課程。在這期間，也發現了一些學生，他們不畏艱難想從事這方面的研究，於是我又擔負起指導論文的工作。先後指導的論文比較有特色的，如：

（一）藏書家與藏書樓研究：如〈宋代藏書家尤袤研究〉、〈范氏天一閣研究〉、〈祁承㸁及澹生堂藏書研究〉、〈錢謙益藏書研究〉、〈清初藏書家錢曾研究〉、〈黃丕烈及其百宋一廛賦注研究〉、〈清代藏書家張金吾研究〉、〈晚清藏書家繆荃孫研究〉、〈聊城楊氏海源閣藏書研究〉、〈葉德輝觀古堂藏書研究〉、〈傅增湘藏書研究〉、〈莫伯驥五十萬卷樓藏書研究〉、〈張乃熊藏書研究〉等。

（二）古代印刷出版研究：如〈南宋出版家陳起研究〉、〈宋代杭州地區圖書出版事業研究〉、〈宋代福建書坊及私家刻書研究〉、〈明代蘇常地區出版事業之研究〉、〈徐乾學及其藏書刻書〉、〈阮元輯書刻書考〉、〈中韓兩國銅活字印刷之研究〉等。

（三）叢書之研究：如〈郡邑叢書之研究〉、〈張海鵬彙刊叢書的成就〉、〈鮑廷博《知不足齋叢書》之研究〉、〈黎庶昌、楊守敬《古逸叢書》研究〉等。

（四）圖書目錄及分類之研究：如〈胡應麟及其圖書目錄學研究〉、〈焦竑及其《國史經籍志》〉、〈唐代佛書分類與現代佛學圖書分類之比較研究〉、〈《四庫全書總目·史部》分類之研究〉等。

（五）文獻學家研究：如〈王國維圖書版本、目錄學著作書寫研究〉。

二、與古典文獻研究相關之研討會

我們常說：「獨學而無友，則孤陋而寡聞。」因此從事研究者，必須有學術交流的活動。1984 年的冬天，在昌彼得先生的主持下，臺灣第一次舉辦了古典文獻學的會議——「古籍鑑定與維護研習會」。該會邀請國內外學者專題演講，有來自美國的錢存訓教授、湯涵文教授，日本的尾崎康教授、金子和正教授，以及韓國的柳鐸一教授，他們都是國際知名的文獻學家。國內外學者相聚一堂，交換研究心得，是一件極有意義的事情。很遺憾地，在那個年代開一次國際會議似乎非常困難，因此這樣的會議沒有繼續進行。一直到 1988 年 8 月，我和昌先生應錢存訓教授之邀，遠赴美國聖地牙哥加州分校（University of California, San Diego）參加「第五屆國際中國科技史會議」，其中一組討論「紙與印刷」。在這次的會議中，我認識了來自北京大學的鄭如斯教授，她對中國圖書史的研究，頗有心得。還有瑞典學者艾思仁（Sören Edzren），他對中國古代的印刷，頗有深入的探索。

此後，兩岸的學術交流逐漸頻繁，古典文獻研究的會議，不僅是兩岸學者參與，並且擴及日本、韓國及歐美各國。茲分述臺灣所主辦之研討會如下：

（一）漢學研究中心與北京全國高校古籍整理工作委員會（簡稱「古委會」）雙方的合作之下，1996 年 4 月在臺北舉辦了第一次「兩岸古籍整理學術研討會」；1998 年 5 月在北京舉辦第二次的研討會；2001 年 4 月又在臺北舉辦第三次的研討會。古典文獻學的研究，就這樣持續的開展。

（二）淡江大學中國文學系從 1998 年起，舉辦了幾次「中國文獻學學術研討會」。第一屆研討會以「兩岸四庫學」為主題，於 1998 年 5 月在淡江大學舉行；第二屆研討會，以「文獻學研究的回顧與展望」為主題，與山東大學古籍整理研究所聯合舉辦，於 2001 年 3 月在山東大學舉行；第三屆研討會，以「類書與叢書」為主題，與北京大學中國古文獻研究中心、復旦大學中國古代文學研究中心聯合舉辦，於 2002 年 6 月在復旦大學舉行；第四屆研討會，以「章學誠研究」為主題，於 2003 年 11 月在淡江大學舉行。

（三）國立臺北大學古典文獻學研究所，於 2008 年 10 月舉辦「第一屆東亞漢文文獻整理研究國際學術研討會」。於 2011 年 11 月舉辦「第二屆東亞漢文文獻整理研究國際學術研討會」，均於臺北大學舉行。

（四）東吳大學中國文學系，於 2009 年 11 月舉辦「第一屆中國古典文獻學國際學術研討會」，於 2012 年 4 月舉辦「第二屆中國古典文獻學國際學

術研討會」，均於東吳大學舉行。

（五）國立故宮博物院於 2001 年 12 月，舉辦「宋元善本圖書學術研討會」；於 2007 年 11 月，與中央研究院中國文哲研究所、淡江大學漢語文化暨文獻資源研究所聯合舉辦「再造與衍義——文獻學國際學術研討會」，以「1.圖書版本、印刷與典藏研究；2.文獻舊籍新詮，文獻、史料與史學」爲主題，均於故宮博物院舉行。

（六）國立臺灣大學於 2002 年成立了「東亞文明研究中心」，其中「東亞文獻研究室」曾舉辦「上博簡與出土文獻的研究方法」、「臺日韓東亞文獻資源與研究主題」等國際學術研討會，均於臺灣大學舉行。此外，東亞文獻研究室又舉辦學術講論會，如「從東亞文獻的保存談中國大陸漢籍的收藏、整理與利用」、「談東亞的漢籍資源」、「哈佛燕京圖書館藏《四庫總目》、《續四庫》未收經著述略」等，均與古典文獻相關。

顯然，此一領域之研究已受到學術界的重視，將來的發展亦無可限量。

三、古典文獻研究論著的出版

最早提出「文獻學」名稱的是鄭鶴聲、鄭鶴春在 1930 年由上海商務印書館所出版的《中國文獻學概要》。就其全書內容來看，鄭氏的「文獻學」是指考訂和論述古籍在分類、編目、校勘、版本和印刷的源流和概況。換言之，「文獻學」包括古籍整理、目錄學、版本學、校勘學以及中國印刷史、中國圖書史等多方面的內容。在臺灣早已有人從事古典文獻學的研究，如目錄學、版本學、校讎學等，均有相關論述出版。屈萬里《圖書版本學要略》、王叔岷《斠讎學》、昌彼得《中國目錄學》等，都是此一領域的開山之作。此後，這方面的著作也偶有出版，只是零零星星，未能成套。直到 1991 年漢美圖書公司搜集了十部碩士論文，收入《圖書館學與資訊科學論文叢刊第二輯》，是古典文獻研究論著編成叢書的開始。

目前，在臺灣有兩家出版社，長期出版古典文獻學的叢書，一爲學生書局，一爲花木蘭文化出版社。分述如下：

（一）學生書局從 1995 年起，由陳仕華教授主編，出版《文獻學研究叢刊》，至今已出版二十四本，如《中國目錄學理論》、《明代考據學研究》、《中國古代圖書分類學研究》、《校讎通義今註今譯》、《葉德輝文獻學考論》以及幾次「中國文獻學學術研討會」的論文集。從 2007 年起，由鄭吉雄主編，出

版《文獻與詮釋研究論叢》，至今已出版八本。其中《東亞文獻研究資源論集》，是國立臺灣大學東亞文明研究中心（2002—2005）時期，東亞文獻研究室研究課題中的一項是東亞地區漢籍文獻的調查，這部論集是此一課題研究三年來的成果合集。此外，學生書局又於 2004 年（四十週年慶）出版《五十年來的圖書文獻學研究》，其中第二編為文獻學學門，共收錄六篇論文，如《五十年來版本學的研究與著作》、《五十年來目錄學的發展與著作》、《五十年來臺灣「四庫學」之研究》等，均與古典文獻研究有密切的關係。

（二）花木蘭文化出版社出版的《古典文獻研究輯刊》。2003 年夏天，我從臺大退休，應龔鵬程校長之邀，任教於佛光人文社會學院，有緣認識杜潔祥教授，兩人一見如故；深談之後，知杜教授對古典文獻學之興趣濃厚，且造詣甚高。平日搜集文獻資料，不遺餘力。他根據教育部博碩士論文網站資料，編成〈當代臺灣古典文獻研究博碩士論文類目初稿〉，邀我與他合編《古典文獻研究輯刊》。我贊許他編輯出版的理念，欣然同意。因此我們開始搜集相關論著，依照論文研究的性質，歸納為二十九個專題，並據此廣泛地徵求作者授權出版。出版時，則將同一專題的論著為一專輯，期使本輯刊之讀者能因類求書，因書就學，達到方便使用的目的。茲列述二十九個研究專題如下：

一	四庫學研究	十六	方志學研究
二	叢書研究	十七	金石學研究
三	類書研究	十八	經學文獻研究
四	圖書館史研究	十九	史學文獻研究
五	藏書史研究	二十	諸子學文獻研究
六	歷代出版研究	二一	文學文獻研究
七	古代印刷研究	二二	文字學文獻研究
八	歷代書目研究	二三	語言學文獻研究
九	專題書目研究	二四	文獻學史研究
十	輯佚學研究	二五	佛教文獻研究
十一	辨偽學研究	二六	道教文獻研究
十二	考據學研究	二七	古籍整理與研究
十三	校勘學研究	二八	專題文獻研究
十四	版本學研究	二九	出土古籍研究
十五	傳注學研究		

　　《古典文獻研究輯刊》是一個長期出版計畫，希望能夠藉此計畫，把臺灣近五十年來，以古典文獻為研究主題的論著，盡量彙集出版。本輯刊預定每年出版相關論著約一百種。根據我們的統計，臺灣近五十年來，以古典文獻為研究主題的博碩士論文將近八、九百部，成績大有可觀。其中博士論文，固然質量俱佳，值得出版；碩士論文，亦有不少佳作，頗值得推介。此輯刊之出版，一方面給予過去研究古典文獻學之博碩士生肯定，同時也可以鼓勵以後的年輕學者從事這方面的研究。將這麼可貴的學術資源彙編出版，提供學者參考利用，是一件值得我們長期投注的工作。

　　本輯刊是以叢書的形式，分編出版。由於學術論著的出版有其困境，單本書的出版及行銷相當困難。以叢書形式出版，以全世界各大學圖書館為購藏對象，可以使冷僻而有價值的論著（如博碩士論文）可以集編出版，又可以使絕版多年找尋不易之論著重新流通。集編近五十年來學界古典文獻研究的成果，可以看出古典文獻研究的發展史，提供青年學者在前輩的成果上創新發展。

　　《古典文獻研究輯刊》初編、二編於 2006 年 3 月問世，得到海內外學界及圖書館界的肯定與支持。因此，2006 年 9 月初版三編，2007 年出版四編、五編，2008 年出版六編、七編，2009 年出版八編、九編，2010 年出版十編、十一編，2011 年出版十二編、十三編，2012 年出版十四編、十五編，共出版 313 部。每編之首冊均附有各論著之提要及作者簡介，提供相關學者參考。

　　在已出版的十五編中，最能突顯臺灣研究古典文獻的重點如下：

1、藏書史研究：如趙飛鵬《觀海堂藏書研究》、蔡芳定《葉德輝觀古堂藏書研究》、嚴倚帆《祁承㸁及澹生堂藏書研究》、陳惠美《徐乾學及其藏書刻書》等。

2、輯佚學研究：如江秀梅《〈初學記〉徵引集部典籍考》、盧錦堂《〈太平廣記〉引書考》、黃慶萱《魏晉南北朝易學書考佚》等。

3、經學文獻研究：如賴貴三《項安世〈周易玩辭〉研究》、趙銘豐《惠棟〈古文尚書考〉研究》、陳恆嵩《〈五經大全〉纂修研究》等。

4、文學文獻研究：如周淑媚《劉熙載〈藝概〉研究》、江惜美《〈烏臺詩案〉研究》、顏智英《〈昭明文選〉與〈玉臺新詠〉之比較研究》等。

5、專題文獻研究：如施又文《〈神農本草經〉研究》、林保全《宋以前〈孔子家語〉流傳考述》、何廣棪《李清照改嫁問題資料彙編》等。

《古典文獻研究輯刊》，未來的目標有下列幾項：

    1、繼續搜集、整理與出版青年學者有價值的最新論著。

    2、努力搜集出版有價值而尚未收錄的前賢論著。

    3、目前收錄大抵爲臺灣的論著，往後希望能搜集到香港、新加坡、韓國、日本等亞洲地區的相關論著。

    4、大陸的相關研究論著，凡不容易出版的，亦將徵求授權出版。

    5、其他（如歐美地區）凡以中文撰寫的古典文獻研究相關論著，亦將收錄出版。

期能在往後的日子裡，繼續提供古典文獻研究之學者，豐富之學術資源。

四、結　語

我從大學時代選修蔣復璁先生的「目錄學」，進了研究所又選修王叔岷先生的「校讎學」，再跟隨屈萬里先生學習認識古籍版本，並撰寫相關之論文。在那個年代，目錄、版本、校讎是冷僻而無人問津的學科，選擇走這一條路，必須忍受孤獨，忍受寂寞，默默耕耘；畢業後，執教於母系，十幾年下來，別人都已經講授專業課程，我仍然只能教「大一國文」，一直到葉慶炳先生擔任中文系系主任時，我才開始講授「目錄學」與「版本學」。此後，情況好轉，除了教學研究外，終於有學生願意跟隨我從事這方面的研究。經過一段時間後，臺灣學術界才開始有相關的研討會，每一次的研討會我都參加，從發表論文，到特約討論人及主持人。其間又遠赴美國、北京、上海、成都、湖洲等地參加相關的研討會，並作專題演講。此外，還前往捷克查理士大學、泰國朱拉隆功大學講學，顯然這一門學問已經成爲一門顯學，從開始從事古典文獻學的研究，到如今已整整過了半個世紀，每念及此，總令我百感交集。今天來參加臺大中文系召開的與文獻學相關的研討會，看到年輕一輩的學者，相聚一堂，彼此交換研究心得，中國古典文獻學在將來的發展必無可限量，我心中感到十分欣慰。

——本文爲 2012 年 12 月 7 日國立臺灣大學中國文學系舉辦
「語文與文獻國際學術研討會」專題演講稿

梁元帝與其藏書的聚散
——中國圖書史上的一頁悲劇

　　隋牛弘曾概述中國古代的圖書遭受過五次大厄運。《隋書‧牛弘傳》記載他在隋文帝開皇初年，任秘書監時，感到內府收藏的典籍不多，上表請政府廣開獻書之路，他說：

> 經籍所興，由來尚矣。……昔周德既衰，舊經紊棄。孔子以大聖之才，開素王之業，憲章祖述，制禮刊詩，正五始而修《春秋》，闡十翼而宏易道。治國立身，作範垂法。及秦皇馭宇，吞滅諸侯，任用威力，事不師古，始下焚書之令，行偶語之刑。先王墳籍，掃地皆盡。本既先亡，從而顛覆。臣以圖讖言之，經典盛衰，信有徵數。此則書之一厄也。漢興，改秦之弊，敦尚儒術，建藏書之策，置校書之官，屋壁山岩，往往間出。外有太常、太史之藏，內有延閣、秘書之府。至孝成之世，亡逸尚多，遣謁者陳農求遺書於天下，詔劉向父子讎校篇籍，漢之典文，於斯為盛。及王莽之末，長安兵起，宮室圖書，並從焚燼。此則書之二厄也。光武嗣興，尤重經誥，未及下車，先求文雅。於是鴻生鉅儒，繼踵而集，懷經負袠，不遠斯至。肅宗親臨講肄，和帝數幸書林，其蘭臺、石室、鴻都、東觀，秘牒塡委，更倍於前。及孝獻移都，吏民擾亂，圖書縑帛，皆取為帷囊。所收而西，裁七十餘乘，屬西京大亂，一時燔蕩。此則書之三厄也。魏文代漢，更集經典，皆藏在秘書內外三閣，遣秘書郎鄭默刪定舊文，時之論者美其朱紫有別。晉氏承之，文籍尤廣。晉秘書監荀勗定魏內經，更著《新簿》。雖古文舊簡，猶云有缺，新章後

錄，鳩集已多，足得恢弘正道，訓範當世。屬劉、石憑陵，京華覆滅，朝章國典，從而失墜。此則書之四厄也。永嘉之後，寇竊競興，因河據洛，跨秦帶趙。論其建國立家，雖傳名號，憲章禮樂，寂滅無聞。劉裕平姚，收其圖籍。五經子史，纔四千卷，皆赤軸青紙，文字古拙。僭偽之盛，莫過二秦，以此而論，足可明矣。故知衣冠軌物，圖書記注，播遷之餘，皆歸江左。晉宋之際，學藝為多，齊梁之間，經史彌盛。宋秘書丞王儉，依劉氏《七略》，撰為《七志》。梁人阮孝緒，亦為《七錄》。總其書數，三萬餘卷。及侯景渡江，破滅梁室，秘省經籍，雖從兵火，其文德殿內書史，宛然猶存。蕭繹據有江陵，遣將破平侯景，收文德之書，及公私典籍，重本七萬餘卷，悉送荊州。故江表圖書，因斯盡萃於繹矣。及周師入郢，繹悉焚之於外城，所收十纔一二。此則書之五厄也。〔註1〕

他所分析的古代圖書所遭受的五次厄運中，實以周師入郢時，梁元帝蕭繹將他自己的以及內府收藏的圖書，全部焚毀以自殉，損失最為慘重。蕭繹是南朝最著名的藏書家，而梁秘書監、文德殿及東宮藏書之富，可以說是空前的。蕭繹即位江陵後，將內府藏書及他平生所藏合而為一，其數量之富，遠非前代秘府所可比擬，我們只要看《隋書·經籍志》中所注某書「梁有若干卷。」或「梁有某書若干卷，亡。」其種數之多，即可知道。梁元帝是我國圖書史上的一個悲劇性的人物，他的藏書的焚毀更富有戲劇性。

梁元帝的生平

梁元帝名繹，字世誠，小名七符，是梁武帝蕭衍的第七位兒子。母文宣阮太后，本姓石，天監元年（502）選為采女而入宮，因得幸，七年（508）八月生元帝於後宮，賜姓阮氏，進位修容。阮太后為人慈孝友悌，恭儉仁恕，元帝少幼時代受其母親教養的影響頗大。幼學時期，其母講授《孝經》，並讀《論語》、《毛詩》，亦通《禮記》。五六歲時，武帝嘗問他能背誦什麼書，他答以能誦《曲禮》，於是武帝命他背誦，他即誦《曲禮》的上篇，左右的人無不驚嘆，可見其聰悟。六歲時即能作詩，曾奉武帝命詠詩一首，曰：「池萍生已合，林花發稍稠，風入花枝動，日映水光浮。」十三歲時，讀百家的譜牒，他嘗說：

〔註1〕案牛弘此表，又見《北史·牛弘傳》，大有刪削，文較簡淨。

　　凡讀書必以五經爲本，所謂非聖人之書勿讀，讀之百遍，其義自
　　見。此外眾書，自可泛觀耳。正史既見得失成敗，此經國之所急。
　　五經之外，宜以正史爲先，譜牒所以別貴賤，明是非，尤宜留意。
　　〔註2〕

此段可以作爲他讀書致力所在的說明。

　　元帝在十四歲的那年，感染了眼疾，因治療的不當，瞎了一隻眼睛，而
成爲獨眼，遂不便於自己執卷讀書，但喜愛讀書的天性，並不因此而受影
響。此後，他在左右設置了一批讀書的人隨侍著，輪流爲他朗誦，甚至不分
晝夜，略無休息，夜間睡覺，也常令五人輪值，每人各伺候一個更次，誦讀
至於達旦，或遇元帝熟睡而鼾聲大作，伺候的人不免睡意朦朧，以至讀書失
去次第，或偷懶減讀篇卷，元帝必會驚覺，更令追讀，並處罰侍讀的人。因
元帝的好學，故能博極群書，著作等身，元帝工文詞，他自稱好爲詩賦，能
下筆成章，史稱他：「雖戎略殷湊，機務繁多，軍書羽檄，文章詔誥，點毫便
就，殆不游手。」〔註3〕又工書善畫，嘗自繪孔子像，並撰寫像贊，親書其
上，時人謂之三絕，陳姚最《續畫品錄》評論說他「幼稟生知，學窮性表，
心師造化。……像人特盡神妙。心敏手運，不加點治。……聽訟部領之際，
文談眾藝之餘，時復遇物援毫，造次驚絕。足使荀（勗）、衛（協）閣筆，袁
（倩）陸（探微）韜翰。」極爲推許。

　　元帝不好聲色，而性矯飾，武帝崩後，秘喪逾年，才發佈凶聞，方刻檀
木爲像，供於百福殿內，事之甚謹，朝夕進奉蔬食，有所行動，必對檀像啓
聞，其虛矯行爲大抵類此。又多猜忌，微有勝於己者，必加毀害，即使骨肉
兄弟亦徧受其害。

　　元帝在六歲時，即天監十三年（514）始受封爲湘東王，邑二千戶。初爲
寧遠將軍、會稽太守，入爲侍中、宣威將軍、丹陽尹。普通七年（526）爲荊
州刺史。中大通四年（532），進號平西將軍。大同元年（535），進號安西將
軍。三年（537），進號鎮西將軍。五年（539），入爲安右將軍、護軍將軍，
領石頭戍軍事。六年（540），爲江州刺史。太清元年（547）復爲荊州刺史。
三年（549）侯景作亂，陷建鄴，圍武帝於臺城，元帝奉密詔爲侍中，假黃鉞、
大都督中外諸軍事，司徒承制，起兵討逆，以領軍王僧辯爲征東將軍、尚書

〔註2〕見《金樓子・戒子篇》。
〔註3〕見《南史・梁本紀》。

令，帥軍攻伐侯景。承聖元年（552）三月，侯景亂平，繼續討伐四川湖南亂軍。是年冬十一月始即帝位於江陵，是時州郡大半已入於西魏，地狹民稀，國勢衰弱。承聖三年（西魏恭帝元年，554）十月，西魏遣柱國于謹、大將軍楊忠、韋孝寬等率步騎五萬南下襄陽，十一月至江陵，城陷，元帝見執，遂被殺，時年四十七歲。次年四月，子梁王方智承制，追尊為孝元皇帝，廟號世祖。

梁元帝的藏書

　　蕭梁時代是南北朝時期藏書最盛的一朝，《隋書‧經籍志》云：「梁武敦悅詩書，下化其上，四境之內，家有文史。」江左文獻，此時最盛。而內府的收藏，也要比前代為富。根據梁阮孝緒〈七錄序〉所附的《古今書最》中記載，梁天監四年（505）劉孝標等所編的文德殿正御四部及術數書目錄，共著錄了二萬三千一百○六卷，已遠超過宋齊兩朝秘閣所藏的一萬多卷，而梁朝除文德殿藏書外，另外秘閣及東宮也都有藏書，均曾編寫目錄，雖然藏書的數字，史書未載，或不及文德殿收藏的多，但也應該不在少數，合三處所藏，其總數應該是很可觀的。這固然是當時稍稍承平了一段時期，也應該是梁武帝蕭衍喜愛文學的緣故。

　　元帝喜歡讀書，出自天性，他說一生曾泛覽了一萬多卷，自然他也喜愛收藏書籍。他很仰慕漢代河間獻王劉德的為人，曾說：

> 昔藩屏之盛德者，則劉德字君道，造次儒服，卓爾不群。好古文，
> 每就人間求善書，必為好寫與之，留其真本，加以金帛。士有不遠
> 千里而至者，多獻其先祖舊書。〔註4〕

故他自六歲時起，即留意收藏典籍，他所著的《金樓子》有篇〈聚書篇〉，敘述他收藏書的經過頗詳。他藏書的來源，分析起來，不外有五：

　　一是皇帝的賜書。六歲受封湘東王，出閣時，蒙父皇武帝賜賞了五經正副本一套，可以說是他一生藏書的開始。後來出任瑯琊郡尹時，又蒙武帝賞賜了一批書。任丹陽尹時，曾上表請得一批宮廷的藏書。

　　二是臣下部屬的進贈書。普通七年（526）他任荊州刺史時，得鮑泉所進上的書，鮑泉是元帝的部屬，嘗撰《儀禮新儀》四十卷（《隋志》作三十卷）。又得州民朱澹遠所送的異書。大同六年（540）任江州刺史時，湘州刺史張續

〔註4〕見《金樓子‧說藩篇》。

贈送他後漢樊光注《爾雅》等書，豫章張縮贈送梁釋惠皎撰《高僧傳》等書，鄱陽范胥贈送高誘注《戰國策》等書，隱士王繢之贈送《童子傳》等書。此外，護軍韋叡以及殷鈞各贈送他數卷法書。

三是購買。在揚州時，曾遣州民宗孟堅到都市搜購書；在江州時，曾遣范普、潘菩提購得了一批二王的法書。此外他所記述的，如在揚州時，所得徐簡肅公勉的《起居注》，徐氏嘗以《起居注》煩雜，乃加刪撰爲流別（即分類之意）《起居注》六百卷。在荊州時，得到招提琰法師的各經義疏及序，及頭陀寺曇智法師的陰陽、卜祝、冢宅等書。在江州時，得到江革、姚凱、江錄等三家的書二十袟一百一十五卷，皆是劉宋元嘉時代抄寫的舊本，紙墨極精。又聚得元嘉寫本《後漢書》、《史記》、《續漢春秋》、《周官》、《尚書》及諸子集一千多卷，及小字細書《周易》、《尚書》、《周官》、《儀禮》、《禮記》、《毛詩》、《春秋》各一部。此類所得書是收購，或是掠取，尚未能悉，很可能是強取的。

四是傳錄。元帝所藏的這類書最多，除了初任瑯琊郡尹時曾親自繕寫外，在各地任官時，多派人傳錄私家的藏書。據他記述，在東州時，傳寫《史記》、《漢書》、《三國志》，《晉書》四史及劉孺、謝彥遠兩家的藏書，並派人到吳興傳錄夏侯亶及虞闡家的書。在揚州時，從吳中的士大夫家傳寫《起居注》。大通二年（528）安成煬王薨於湘州，遣人抄錄其藏書。又劉之遴、劉之亨、江夏樂法才別駕、庾仲回主簿、僧正法等家的藏書皆抄得。並從長沙寺的經藏，抄了四部。又使孔昂錄寫前後《漢書》、《史記》、《三國志》、《晉陽秋》、《莊子》、《老子》、《肘後方》、《離騷》等共六百三十四卷，裝於一巾箱中，書法非常的精細。大同五年（539），入爲安右將軍、護軍將軍，領石頭戍軍事，傳寫元儒眾家義疏。大同六年（540）任江州刺史時，又抄錄蕭貢、劉緩、周宏直等人的藏書。吳平光侯自廣州罷官，派何集曹沔傳抄其書。衡山侯蕭恭爲雍州刺史，因多取官米，被荊州刺史廬陵所參劾免官，又派人傳錄其藏書，據《梁書·蕭恭本傳》載，恭子靜「多聚經史，散書滿席，手自讎校」，可見其家必藏有許多異本。又蘭欽援襄陽，討平梁漢二州，自南鄭歸來時，抄得蘭氏的書，蘭氏藏書往往有西晉未渡江時的舊籍，或是近代的製作，但很新奇。此外又從東林寺智表法師處抄得書。

五是強奪掠取。元帝往往利用其權勢，或部屬犯罪罷官，而掠取其藏書。據〈聚書篇〉中他所記述的，如云：「羅鄉侯蕭說於安成失守，又遣王諮議僧

辯取得說書」;「郡五官虞臧大有古迹,可五百許卷,併留之,伏事客房。篆又有三百許卷,併留之」;「又就會稽宏普惠皎道人搜聚之,及臨汝靈侯益州還,遂巨有所辦」,所得的這大批的書,顯然是強取的。其他如云:「後又有樂彥春、劉之遴等書,將五千卷;又得南平嗣王書;又得張雍州書;又得桂陽藩王書;又得留之遠書。」以及前列在購買中,所聚得的至少有兩千卷書等等,他都未記述清楚是否收購,很可能也是用強取的方式而獲得的。

因這種種的求書方式,他的藏書自然大增,實為空前,所以他在〈聚書篇〉中很自豪的說:「吾今年四十六歲,自聚書來四十年,得書八萬卷。河間之侔漢室,頗謂過之矣。」蓋梁秘閣的藏書,合秘監、東宮及文德殿也決達不到八萬卷之數,漢河間獻王所藏雖富,不過侔於漢室,而元帝所藏則已超過秘閣,無怪他很得意地說:「頗謂過之矣」。

梁元帝的藏書總數,實際上還不止他所集藏的八萬卷,梁朝初年,武帝所鳩集的秘閣、文德殿、東宮藏書數萬卷,侯景之亂,頗有損失。據《太平御覽》卷六百一十九引《三國典略》云:

> 初侯景來,既據東宮,伎女尚有數百人。景乃分給軍士,夜於宮中
> 置酒奏樂,忽聞火起,眾遂驚散。東宮圖籍數百廚,焚之皆盡。

此為東宮藏書已盡毀於侯景之亂,有載籍可考。秘閣藏書損毀的情形如何,史書未載,大抵雖有損失而未盡,至於文德殿所藏的兩萬多卷,則尚未遭兵燹而獨存。大寶三年(552)三月,元帝討平侯景之亂,十一月即皇帝位,改元承聖元年,命大都督征東將軍王僧辯將建鄴文德殿的藏書悉數運到江陵。《隋志》云:「元帝克平侯景,收文德之書及公私經籍,歸於江陵,大凡七萬餘卷。」這時,連同他所自藏,應共有十五萬卷以上了。收藏數字的龐大,不僅是空前,就是後代秘監能比得上的也不多。故顏之推云:「孝元鳩合通重十餘萬卷,史籍以來未之有也。」

元帝得到前文德殿及秘閣的書後,曾命人整理校勘,據《北齊書‧文苑‧顏之推傳》,之推曾撰〈觀我生賦〉一篇,述其一生經歷,他在元帝即位後任散騎侍郎,周師入郢,始逃往北齊,賦有云:「攝絳衣以奏言,忝黃散於官謗。或校石渠之文,時參柏梁之唱。」他在其下自注說:

> 王司徒(僧辯)表送秘閣舊書八萬卷,乃詔比校,部分為正御、副
> 御、重雜三本。左民尚書周弘正、黃門郎彭僧朗、直省學士王珪、
> 戴陵校經部。左僕射王褒、吏部尚書宗懷正、員外郎顏之推、直學

士劉仁英校史部。廷尉卿殷不害，御史中丞王孝純、中書郎鄧藎、
金部郎中徐報校子部。右衛將軍庾信、中書郎王固、晉安王文學宗
菩業、直省學士周確校集部也。

這是自晉以來四部明稱經史子集以代替甲乙丙丁之始。這一次大規模校勘的
事，在《北史》宗懍、庾信等人的傳記中均未記載，大概工作並未完成，一
年多以後而西魏軍南下，不久，藏書也都焚毀了。

梁元帝的著作

梁元帝一生勤於著述，故其著作甚多。他在所著的《金樓子》中有著書
一篇，列出他的著作多達三十八種六百七十七卷。此外在《梁書》及《南史》
本紀、隋唐《志》中亦有未爲該篇所收者數種，茲將其著作列舉如下：

甲部

《連山》三袠三十卷

　《金樓子・著書篇》原註云：「金樓年在弱冠，著此書。至於立年，其
　功始就。躬親筆削，極有其勞。」唐段成式《酉陽雜俎・貶誤篇》云：
　「梁元帝易連山，每卦引歸藏斗圖立成委化集林及焦贛易林。」案隋
　及新舊唐《志》入子部五行類。亡。

《金樓秘訣》一袠二十二卷

　《金樓子・著書篇》原註云：「金樓纂，即連雜事無奇也。」亡。

《周易義疏》三袠三十卷

　《金樓子・著書篇》原註云：「金樓奉述制義，私小小措意也。」《梁
　書》及《南史》本紀作《周易講疏》十卷。亡。

《禮雜私記》五袠五十卷

　《金樓子・著書篇》原註云：「十七卷未成。」亡。

乙部

《註前漢書》十袠一百一十五卷

　案《金樓子・著書篇》、《梁書》及《南史・元帝紀》均列載。《隋志》
　云；「梁元帝《注漢書》一百一十五卷，並亡。」蓋隋代已佚其書。姚
　振宗《隋書經籍志考證》云：「按《廣宏明集》二十七載梁簡文答湘東
　王書，有云：『注漢工夫，轉有次第，思見此書，有甚饑怒。』即謂此
　《漢書》注也」。

《孝德傳》三袟三十卷

　　《金樓子‧著書篇》原註云：「金樓子合眾家孝子傳成此。」蓋此書爲編纂而成。《梁書》及《南史》本紀列載，隋唐《志》均著錄。原書已佚，今僅有序文，見《藝文類聚》。清章宗源《隋書經籍志考證》謂《藝文類聚》、《太平御覽》及《太平廣記》引有逸文。

《忠臣傳》三袟三十卷

　　見《金樓子‧著書篇》、《梁書》及《南史》本紀、隋唐《志》。原書已佚，今僅存其序文及〈諫諍〉、〈死節〉兩篇的小序，見《藝文類聚》。

《丹陽尹傳》一袟十卷

　　《金樓子‧著書篇》原註云：「金樓爲尹京時自撰。」《梁書》及《南史》本紀列載。隋及兩唐《志》著錄，已佚，僅《藝文類聚》卷五十七嘗錄此書序文，蓋梁元帝爲丹陽尹時，採綴歷代嘗尹丹陽的先賢傳記爲此書。

《仙異傳》一袟三卷

　　《金樓子‧著書篇》原註云：「金樓年小時自撰，其書多不經。」隋唐史志未載，蓋早失傳。

《黃妳自序》一袟三卷

　　《金樓子‧著書篇》原註云：「金樓小時自撰，此書不經。」案〈雜記篇〉上云：「有人讀書握卷而輒睡者，梁朝有名士呼書卷爲黃妳，此蓋見其美神養性如妳媼也。夫兩葉蔽目，不見泰山，兩豆塞耳，不聞雷奮，以其專志也。專志既過，不覺睡也。」蓋記其讀書之專。隋唐史志未載，早亡。

《全德志》一袟一卷

　　一名《古今全德志》。《金樓子‧著書篇》及《梁書》、《南史》本紀列載，隋唐史志著錄。惟《新唐志》不著撰人。亡，《藝文類聚》人部尚節引其序文及論，蓋錄古今全德全身的人爲一書。

《懷舊志》一袟一卷

　　《金樓子‧著書篇》、《梁書》本紀列載。《南史》本紀作《懷舊傳》二卷。《隋志》及《新唐志》作九卷，已佚，《藝文類聚》卷三十四嘗引其序，蓋記其舊交爵里生平。

《研神記》一袟一卷

《金樓子‧著書篇》原註云：「金樓自爲序，付劉穀纂次。」案隋唐志均作十卷。《隋志》及《舊唐志》入史部雜傳類，《新唐志》入子部小說家類。佚。清姚振宗《隋書經籍志考證》云：「唐《日本國見在書目》：《研神記》一卷，梁湘東王撰。」則唐代傳本一卷，疑隋唐志作十卷，殆字誤。

《晉仙傳》一袠五卷

　　《金樓子‧著書篇》原註云：「金樓使顏協撰。」案《梁書‧顏協傳》：「協所撰晉仙傳五篇。」非梁元帝所自撰，而列入〈著書篇〉，非，本紀及史志未載，早佚。

《繁華傳》一袠三卷

　　《金樓子‧著書篇》原註云：「金樓使劉緩撰。」非元帝所自撰，本紀及史志未載，早佚。

丙部

《孝子義疏》一袠十卷

　　《金樓子‧著書篇》原註云：「奉述制旨，並自小小措意。」案《梁書》及《南史》本紀列元帝著作有《老子講疏》四卷，而未列《孝子義疏》，今傳本《金樓子‧著書篇》有案語云：「《梁書》本紀武帝有《老子講疏》，元帝有《老子講疏》四卷。今自註云：『奉述制旨。』則孝字即老字之訛，義字即講字之誤。但卷數不同，未敢輕改，附識於此。」其書史志未載，早佚。

《玉韜》一袠十卷

　　《金樓子‧著書篇》原註云：「金樓出牧渚官時撰。」〈立言篇〉云：「吾少讀兵書三十餘年，搜纂數千，止爲一袠，菁華領裒備在其中。」又〈雜記篇〉云：「余六歲能爲詩，其後著書之中，唯《玉韜》最善。」蓋纂輯兵法之事，故隋唐志均著錄入子部兵書類，今佚。

《貢職圖》一袠一卷

　　《金樓子‧著書篇》、《梁書》及《南史》本紀列載。兩唐志作《職貢圖》，入史部地理類。案章宗源《隋志考證》云：「《藝文類聚》雜文部引梁元帝〈職貢圖序〉，巧藝部引〈職貢圖贊〉。張彥遠《歷代名畫記》曰：『《職貢圖》一卷，梁元帝畫外國酋渠諸蕃土俗本末，仍各圖其來貢者之狀。』」已佚，僅序文見《藝文類聚》卷五十五引。

《語對》三袟三十卷

　　見《金樓子・著書篇》。本紀及史志未載，早佚。

《同姓同名錄》一袟一卷

　　《金樓子・著書篇》列載。《梁書》及《南史》本紀作《古今同姓名錄》。隋唐志作《同姓名錄》，入史部雜傳類。今存。

　　《四庫全書總目》著錄入子部類書，《提要》云：「《古今同姓名錄》二卷，梁孝元皇帝撰。是書見於《梁書》本紀及《隋書經籍志》者，皆作一卷。唐陸善經續而廣之，故《讀書志》、《書錄解題》皆作三卷。其本皆不傳。此本爲《永樂大典》所載，又元人葉森所增補者也，雖輾轉附益，已非其舊，然幸其體例分明，不相淆雜，……尚可考見元帝之原本，則類事之書，莫古於是編矣。……辨析異同，殊別時代，亦未嘗非讀書之要務，非但綴瑣聞供談資也。」

《式苑》一袟三卷

　　見《金樓子・著書篇》。案《梁書》及《南史》載元帝著有《式贊》三卷，苑字疑訛。隋唐史志未收，早佚。

《荊南志》一袟二卷

　　見《金樓子・著書篇》。《梁書》本紀作一卷，《南史》本紀則作《荊南地記》一卷。《隋志》作《荊南地志》二卷，入史部地理類。蓋荊南的方志之書，已佚。

《江州記》一袟三卷

　　見《金樓子・著書篇》。案《梁書》本紀作一卷，史志未載，早佚。

《奇字》二袟二十卷

　　《金樓子・著書篇》原註云：「金樓付蕭賁撰。」則此書非元帝自著，本紀及史志未載，早佚。

《長洲苑記》一袟三卷

　　《金樓子・著書篇》原註云：「金樓與劉之亨等撰。」亦非元帝自著，本紀及史志未載，早佚。

《玉子訣》一袟三卷

　　《金樓子・著書篇》原註云：「金樓付劉緩撰。」則亦非元帝自著，本紀及史志未載，早佚。

《寶帳仙方》一袟三卷

見《金樓子・著書篇》。此為醫書，本紀及史志未載，早佚。

《食要》一袟十卷

　　《金樓子・著書篇》原註云：「金樓付虞預撰。」亦非元帝自著，本紀及史志未載，早佚。

《辯林》二袟二十卷

　　見《金樓子・著書篇》。案《隋志》著錄《辯林》二十卷，蕭賁撰。此亦非元帝所自著，〈著書篇〉失注，書亡。

《藥方》一袟十卷

　　見《金樓子・著書篇》。本紀及史志未載，早佚。

《補闕子》一袟十卷

　　《金樓子・著書篇》原註云：「金樓為序，付鮑泉東里撰。」隋唐志著錄入子部縱橫家。案姚氏《隋志考證》云：「嚴氏《鐵橋漫稾》〈闕子輯本序〉曰：漢志縱橫家《闕子》一篇。《隋志》梁有《補闕子》十卷，元帝撰，亡。舊新唐《志》著于錄。今散見各書所引，皆稱『闕子』，不『稱補闕子』，非梁補也。」

　　又云：「馬氏〈玉函山房闕子輯本序〉曰：《漢志》縱橫十二家，有《闕子》一篇。《隋志》云：梁有《補闕子》十卷，元帝撰，亡。蓋梁時《闕子》書已不傳，故元帝補之，隋時未見其書，至唐初蒐得而著于目，今併佚矣。」

《湘東鴻烈》十卷

　　《金樓子・著書篇》及本紀未載，案《隋志》子部縱橫家類著錄此書，注云：「元帝撰，亡。」蓋仿《淮南鴻烈》而作，姚氏《隋志考證》云：「《金樓子・立言篇》『裴幾原問曰：西伯拘而闡《周易》、仲尼厄而作《春秋》。……每至著述之間，不令賓客闚之也。』案此一篇似即《湘東鴻烈》之序文，《淮南》內篇號曰「鴻烈」，意蓋仿其名稱以此為內篇歟？而自為著述，不令賓客參預，則謂異於《淮南》也。稱湘東則在未即位之前，此與《補闕子》兩書，雖曰梁有而皆非《七錄》所載（詳見篇末），其列於縱橫家者，豈其文辨仿戰國策士之所為，亦略如《補闕子》者歟？諸書罕見引述，莫得而詳，《金樓子・著書篇》未見記錄，則殘缺之餘，不免遺漏也。」

《譜》一袟十卷

《金樓子・著書篇》原註云：「金樓付王兟撰。」非元帝自著，本紀及史志未載，早佚。

《夢書》一袟十卷

《金樓子・著書篇》原註云：「金樓使丁覘撰。」非元帝自著，案《隋志》子部五行類有《夢書》十卷，不著撰人，或即此書，今佚。

《內典博要》三袟三十卷

見《金樓子・著書篇》，而不列四部之門。《梁書》及《南史》本紀作一百卷。案《隋志》子部雜家類有《內典博要》三十卷，不著撰人，姚氏《考證》云：「《法苑珠林・傳記篇》《內典博要》一部四十卷，湘東王記室虞孝敬撰。……《舊唐志》道釋家《內典博要》三十卷，虞孝景撰。《新唐志》釋氏類虞孝敬《內典博要》三十卷。」蓋此書亦非元帝所自著，已佚。

《洞林》三卷

《金樓子・著書篇》未列，案《梁書》及《南史》本紀始載此書，惟《南史》作《詞林》，字誤。《隋志》著錄入子部五行類，書早亡，尚有序文見《藝文類聚》七十五引。

《筮經》十二卷

《梁書》及《南史》本紀列載，隋唐史志未載，亡。

《金樓子》十卷

見《梁書》及《南史》本紀載。《隋志》及唐宋諸家書目著錄《金樓子》皆為十卷。其書入明湮沒不傳。清修四庫，始自《永樂大典》輯出，著錄入子部雜家類，重編為六卷，雖已非原本，仍為梁元帝著作中唯一流傳至今者，故為研究元帝身世、思想淵源、著述、藏書等的重要資料。

丁部

《安成煬王集》一袟四卷

見《金樓子・著書篇》。原案語云：「《梁書》安成康王秀子機襲封，諡曰煬，所著詩賦數千言，世祖集而序之。」蓋元帝編集。《隋志》著錄五卷，已佚。

《集》三袟三十卷

見《金樓子・著書篇》。《梁書》及《南史》本紀作《文集》五十卷。《隋

志》作《梁元帝集》五十二卷，又有《梁元帝小集》十卷。兩唐志作
《梁元帝集》五十卷，又《小集》十卷。原書入宋不傳，陳振孫《直
齋書錄解題》著錄有《梁元帝詩》一卷，不知何人所輯。入明則有張
溥所輯《漢魏六朝百三家集》本一卷，凡收賦、詔令、敕教、表、啟、
書、檄、論議、序、贊、銘、碑、墓誌、祭文、騷一百三十七篇、樂
府二十一首、詩九十七首。清嚴可均輯《全梁文編》，凡收賦八詔七敕
四令九教二表五議一檄一啟二十四書二十論三序十三贊六銘十一碑十
七祭文三，附山水松竹格，共一百三十五篇。

《碑集》十袟百卷

　　《金樓子‧著書篇》原註云：「付蘭陸、蕭賁撰。」案《隋志》著錄梁
　　元帝撰《雜碑》二十二卷《碑文》十五卷與此作百卷不合，疑至隋已
　　有散佚，唐以後不傳。

《詩英》一袟十卷

　　《金樓子‧著書篇》原註云：「付瑯琊王孝祀撰。」案《隋志》有《詩
　　英》九卷，注「謝靈運集注」，又云梁十卷，不著編者姓名，疑即元帝
　　此書，已佚。

附錄

《孝友傳》八卷

　　〈著書篇〉及本紀未列此書，《隋志》著錄不著撰人，《舊唐志》題梁
　　元帝撰。案姚氏《隋志考證》云：「《舊唐志》題梁元帝，是因上下文
　　牽涉寫誤，新志作申秀，未詳。」

《顯忠錄》二十卷

　　〈著書篇〉及本紀未列此書，《隋志》著錄，題梁元帝撰。案章氏《隋
　　志考證》云：「《隋志》作梁元帝，誤。」

梁元帝藏書的焚佚

　　梁元帝藏書的焚毀，是中國圖書史上的一頁悲劇，焚毀的經過，也是相
當富有戲劇性的。關於他所焚毀的書籍的數量多寡以及經過情形，各家記載
並不一致。承聖三年（554）十一月，西魏軍包圍江陵，逼城下，元帝見勢不
可為，下令將藏書焚毀，免資敵人。此次所焚毀的書籍，一說是七萬卷，《隋
書經籍志》云：

梁武敦悅詩書，下化其上。四境之內，家有文史。元帝克平侯景，收文德之書及公私經籍，歸於江陵，大凡七萬餘卷。周師入郢，咸自焚之。

《舊唐書·經籍志》後序亦云：

梁元帝克平侯景，收公私經籍歸於江陵，凡七萬餘卷，蓄佛老之書計於其間。及周師入郢，咸自焚燒。

此二說乃從牛弘之說。一說為十餘萬卷，《北齊書·顏之推傳》顏氏自注其〈觀我生賦〉云：

北於墳籍少於江東三分之一，梁氏剝亂，散逸湮亡。惟孝元鳩合通重十餘萬，史籍以來未之有也。兵敗，悉焚之，海內無復書府。

唐李延壽《南史·梁元帝紀》從之，云：

性愛書籍，既患目，多不自執卷，置讀書左右，番次上直，晝夜為常，略無休已。……及魏軍逼，乃聚圖書十餘萬卷盡燒之。

再一說為十四萬卷，《太平御覽》卷六百十九引《三國典略》二：

周師陷江陵，梁王知事不濟，入東閣竹殿，命舍人高善寶焚古今圖書十四萬卷。

宋洪邁《容齋續筆》卷十五、周密《齊東野語》卷十二、明張一卿《續史疑》卷下均從其說。元帝於承聖二年寫《金樓子·聚書篇》時，自言藏書八萬卷，其時王僧辯將建鄴文德殿及公私的藏書共七萬卷（唯顏之推云八萬卷）亦送來江陵，元帝宮庭藏書的總數應共達十五萬卷，這其中包括了佛道外氏的書。元帝曾令人將之區分為正御、副御及重雜三部分。司馬光《資治通鑑》卷一百六十五記述這一段史實，採取了《三國典略》之說，《考異》云：

《隋經籍志》云焚七萬卷，《南史》云十餘萬卷。按王僧辯所送建康書已八萬卷，並江陵舊書豈止七萬卷乎？今從《典略》。

顏之推及《南史·元帝紀》云十餘萬卷，不過言其約數，顏氏時尚在城中，曾親歷其事，焚毀的書為十四萬卷，自為可信。

據《三國典略》記載，元帝命舍人高善寶焚毀圖書之時，嘗欲自投火中，以身殉之，賴宮人拉著他的衣服，將他拖救出來，並撲滅身上所著之火，元帝非常悲憤，拔出寶劍斫殿柱，使它傾折，並歎曰：「文正之道，今夜窮矣。」明張一卿《續史疑》卷下云：

魏兵破江陵，孝元帝焚圖書十四萬卷；人問故，曰：「讀書萬卷，尚

有今日，是以焚之。」嗟乎，帝果以讀書亡國耶？愚謂帝之亡國損
身，在未嘗讀書也。……魏兵壓境，第戎服開講，馬上賦詩；豈所
讀者，盡元虛聲律之言耶？使所蓄盡玄虛聲律之書，焚之晚矣。

尚予以譏諷。元帝所藏據他〈聚書篇〉所述，固然有釋道二氏的典籍，有法
書名迹，有五行占卜的典籍，但仍以儒家經典及四部之籍為多，而元帝讀書
之勤，著作之富，史冊已明載，難怪他生「讀書萬卷，尚有今日」之感嘆。
他亡國損身，別有緣由，張氏評他「未嘗讀書」及「所讀盡玄虛聲律之書」，
未免言過其實，不能令人心折。

　　元帝的藏書是否全部毀於這次大火，至今還不能明瞭。根據前面所引各
書都說「盡燒之」或「悉焚之」，獨隋牛弘說元帝焚燒之後，所收十纔一二，
他認為這次大火，元帝的藏書並未全毀。江陵殘破後，元帝之子方智維持了
一個短暫時期，由陳霸先收拾殘局，又稍稍鳩集圖書。《隋書·經籍志》說：
「及平陳已後，經籍漸備，檢其所得，多太建時書，紙墨不精，書亦拙惡。」
太建是陳宣帝的元號，隋所得陳朝的秘閣藏書，既言多太建時抄寫，可見亦
間有古本，應是梁朝所遺留下來的，則牛弘之說，應可採信。牛弘又說隋討
平各地，收集圖書後，「今御書單本，合一萬五千餘卷，部帙之間，仍有殘缺，
比梁之舊目，止有其半。」今細考《隋志》，往往注云：「梁有，今亡。」可
以覆按。總之，元帝焚書之舉，是中國文化的一慘重損失。

　　典籍是古聖先賢著述的心血，是一民族文化的資財，而非一己的私產，
元帝性愛圖書，泛讀萬卷，而且著作宏富，應該瞭解這種道理。綜觀古今圖
書散佚之因，不外四端，一曰燬於兵燹，二曰燬於水火，三曰子孫不肖，四
曰書禁之厄。前二者所遭受係不可抗力，後二者雖係人為，但影響尚未太大，
而如元帝以愛書之人，在亡國損身之前，將其畢生辛勤蒐集的圖書予以焚毀，
以來殉自己，其愚實不可及，其舉措也不可原諒，徒在我國圖書史上遺留下
一頁悲劇。清末歸安陸氏皕宋樓收藏的善本，出售於日本岩崎氏時，武進董
綬金（康）得悉消息，曾寫了一篇文章，中有「異域言歸，反不如臺城（應
作江陵）之炬；絳雲之燼，魂魄猶長守故鄉」兩句，絳雲之燼，是因人的不
慎，而遭受不可抗力的損失，江陵之炬，是蓄意的損害文化資財，蕭繹毋寧
說是文化的罪人，不下於暴秦。這種舉動豈足以為訓？

（本文原載《臺靜農先生八十壽慶論文集》，聯經出版事業公司，1981 年）

宋代藏書家對圖書文獻之
搜集、整理與利用

　　私家藏書的風氣，至宋代而大盛。五代戰亂之後，北宋初年的公家藏書零落，反有賴於私人收藏。加以雕版流行，得書比較容易，故藏書家不可勝數，士大夫以藏書相誇尚，實開後世學者聚書的風氣。我國學術文化源遠流長，宋代私家藏書的風氣既有承先啓後之功，因此研究我國典籍和圖書館史，不可不知宋代的藏書概況。史籍關於私家藏書的記載雖然不詳，但宋人文章雜說中的記述卻不勝枚舉，現列舉數例加以說明：

（一）晁說之〈劉氏藏書記〉云：

　　本朝如王文康初于周相世宗，多有唐室舊書，今其子孫不知何在，寧論其書之存亡。而所有者書目一編，使好事者，對之興歎也。李文貞所藏既富，而且闢學館以延學士大夫。不特見主人，而下馬直入讀書，供牢饌以給其日力，與眾共利之，如此宜其書永久而不復零落。今其家僅有敗屋數楹，而書不知何在也。……惟是宋宣獻家四世以名德相繼，而兼有畢丞相、楊文莊二家之書，其富蓋有王府不及者。元符中，一夕災爲灰燼矣。予家則五世於茲也，雖不敢與宋氏爭多，而校讎是正，則未肯自讓。乃去年冬，火亦造譴，不謂前日悲愴痛恨乎宋氏者，今自涕泣也。嗚呼！其不艱哉。壯輿家於廬山之陽，寬閒之野，不復有京師火災之虞。上方興禮樂議封禪，則又永不顧盜賊兵甲之禍，而劉氏之書與七澤俱富矣。

（二）葉夢得《過庭錄》云：

　　公卿名藏書家，如宋宣獻、李邯鄲；四方士民如亳州祁氏、饒州吳

氏、荊州田氏等，吾皆見其目，多止四萬許卷。……吾舊所藏僅與
宋氏等。

則葉氏所舉的宋代藏書家有宋綬、李淑、田偉、吳良嗣、亳州祁氏（未詳其
名）、葉夢得六人。

（三）張邦基《墨莊漫錄》卷五云：

藏書之富如宋宣獻、畢文簡、王原叔、錢穆父、王仲至家及荊南田
氏、歷陽沈氏，各有書目。譙郡祁氏多書，號外府太清老氏之藏室，
後皆散亡。……吳中曾旼彥和、賀鑄方回二家書，其子獻之朝廷，
各命以官，皆經彥和方回手自讎校，非如田沈家貪多務得，舛謬訛
錯也。

則張氏所舉的宋代藏書家有宋綬、畢士安、王洙、錢勰、王欽臣、田偉、沈
立、譙郡祁氏（即亳州祁氏）、曾旼、賀鑄十人。

（四）王明清《揮麈錄》卷一云：

承平時士大夫家如南都戚氏、歷陽沈氏、廬山李氏、九江陳氏、番
陽吳氏，俱有藏書之名。

則王氏所舉的宋代藏書家有戚同文、沈立、李常、陳巽、吳良嗣五人。

（五）魏了翁〈跋尤氏遂初堂藏書目錄序〉後云：

孫長孺自唐僖宗為榜書樓二字，國朝之藏書莫先焉，三百季間，再
燬於火。江元叔合江南吳越之藏凡數萬卷，為贓僕竊去，市人裂之
以藉物，其入于安陸張氏者，傳之未幾，一篋之富，僅供一炊。王
文康、李文正、廬山劉壯輿、南陽井氏皆以藏書名，凡未久而失
之。……尤氏子孫，克世厥家，滋莫可曉。

則魏氏所舉北宋藏書家，除前所列舉外，另有眉山孫氏及江正二人，且列舉
南宋藏書家有井度、尤袤二人。

（六）宋末周密《齊東野語》卷十二云：

宋室承平時如南都戚氏、歷陽沈氏、廬山李氏、九江陳氏、番陽吳
氏、王文康、李文正、宋宣獻、晁以道、劉壯輿皆號藏書之富，邯
鄲李淑五十七類二萬三千一百八十餘卷，田鎬三萬卷，昭德晁氏二
萬四千五百卷，南都王仲室四萬三千餘卷，……。次如曾南豐及李
氏山房亦皆一二萬卷，然其後靡不厄於兵火者。至若吾鄉故家如石
林葉氏、賀氏皆號藏書之多，至十萬卷。其後齊齋倪氏、月河莫氏、

> 竹齋沈氏、程氏、賀氏皆號藏書之富，各不下數萬餘卷，亦皆散失
> 無遺。近年惟直齋陳氏書最多，嘗仕於甫，傳錄夾漈鄭氏、方氏、
> 林氏、吳氏舊書至五萬一千一百八十餘卷……。至於秀嵒、東窗、
> 鳳山三李、高氏、牟氏皆蜀人，號為史家，所藏僻書尤多，今亦已
> 無餘矣。吾家三世積累，……凡有書四萬二千餘卷。

則周氏所舉的北宋藏書家有戚同文、王溥、李昉、陳巽、宋綬、李淑、沈立、曾鞏、王欽臣、田偉、吳良嗣、李常（按廬山李氏、李氏山房均指李常）、賀鑄、葉夢得凡十六人。南宋藏書家有林霆、方漸、晁公武、倪思、沈瀛、月河莫氏（當指莫汲，係莫君陳之後）、程氏（未詳其名）、賀氏（疑為賀鑄之後）、鄭樵、吳與、陳振孫、李心傳、李奕、東窗李氏、高氏、牟氏（以上三人未詳其名）、周密凡十七人。

（七）明胡應麟《少室山房筆叢》其中《經籍會通》四卷，總論歷代典籍，也論及宋代藏書家。胡氏大抵引用宋人之文，列舉之人也不出上述的範圍。僅有一條云：

> ……藏書家代有其人，……宋則有李淑、宋綬、尤袤、董逌、葉夢
> 得、晁公武等，大率人間所藏卷軸，不過三萬卷……。宋又有濡須
> 秦氏、甫田鄭氏、漳南吳氏、荊州田氏，並著目錄，盛於前朝。

視上述諸家所舉者多董逌、濡須秦氏（未詳其名）、鄭寅等三人。

（八）明祁承㸁《澹生堂藏書約》所列舉的宋代藏書家則有丁顗、宋綬、宋敏求、劉恕、李常、方漸、陸游七人。

（九）清葉昌熾的《藏書紀事詩》以七言絕句吟詠歷代藏書家，每詩附有事實。此書卷一所載大抵為宋代藏書家，間附宋以前及以後的藏書家，收錄之人多出前代不少。

（十）民國以來，有關藏書家的著作，有袁同禮〈宋代私家藏書概略〉。此外，尚有吳春晗《江蘇藏書家小史》、項士安《浙江藏書家考略》，二書均以地區為主，所收宋代藏書家僅限於江蘇、浙江二地。近人楊立誠、金步瀛所編《中國藏書家考略》，收錄歷代藏書家雖較多，然大抵因襲《藏書紀事詩》。

宋代藏書的風氣既有承先啟後之功，且藏書家與學術文化關係甚鉅，但是至今未有詳盡的論著傳世。二十多年前，本人博採史傳、郡志，遍搜歷代文集、筆記、雜說，兼及於公私簿錄，凡有可徵者，皆網羅考訂，無微不錄，

撰成《宋代藏書家考》一書。本文從宋代藏書家對圖書文獻的搜集、讎校、分類與編目、典藏與維護、利用五方面，分別加以論述。

一、圖書文獻的搜集

考宋人藏書，其來源不外三端：手自抄寫、採購、餽贈。

（一）手自抄寫

如孫光憲博通經史，性嗜經籍，聚書凡數千卷，或自抄寫。高頔手抄書千卷，字細如豆，無漏無誤，老而益精。江正為越州刺史，越有錢氏時書，正借本膳寫。郭延澤居濠州城南，傳寫書籍至萬卷。畢士安年老目眊，讀書不輟，或親自繕寫。周啓明藏書數千卷，多手自傳寫，而能口誦之，蓋手繕亦即精讀一過。程貫喜藏書，自經史子集之外，凡奇訣要錄，畢珍收之，亦多手寫焉，嘗謂人曰：「余五十年簡冊鉛槧，未嘗離手。」蘇頌傳寫秘閣書籍，每日二千言，又皆親校手題。王欽臣每得一書，必以廢紙草傳之，又求別本參校，至無差誤，乃繕寫之，世稱善本。劉摯得善本或手抄錄，孜孜無倦。劉恕嘗至宋敏求家借覽，晝夜口誦手抄，留旬日，盡其書，目為之瞖。葉夢得舊藏書三萬餘卷，多己手自抄者。魏衍五十餘歲時，見異書猶手自抄寫，故其家藏書亦數千卷。王銍南渡後所致窮力抄錄，亦有書幾萬卷。尤袤於書靡不觀，觀書靡不記，每公退則閉門謝客，日計手抄若干古書，其子弟諸女亦抄書，嘗曰：「吾所抄書，今若干卷，將彙而目之，飢讀之以當肉，寒讀之以當裘，孤寂而讀之以當友朋，幽憂而讀之以當金石琴瑟也。」張玆旁袞博訪，惟恐奧篇異牘之不我有，手抄日校，黃墨謹嚴。許棐儲書數千卷，丹黃不休，人有奇編，見無不錄，故環室皆書。陳表孫嘗仕於甫，傳錄夾漈鄭氏、林氏、吳氏舊書，至五萬一千一百八十餘卷。宋人手抄如是之勤，大率因為版刻雖然流行，但典籍流傳並非全靠雕梓，非傳錄無以增益所藏。手抄之書，大都屬於珍本秘笈。

（二）採　購

宋代雕版已經盛行，得書比較容易，因此宋代購書的風氣亦盛。如朱昂前後所得俸賜，以三分之一購奇書。趙安仁尤嗜讀書，所得祿賜，多以購書，雖至顯寵，簡儉若平素，時閱典籍，手自讎校。沈立知杭州，所得圭租，多以市書。蔡致君不樂仕宦，獨喜收古今之書，空四壁捐千金以購之，盡求善工良紙，手校而積藏之。李傑以己俸置書萬卷以遺郡庠。吳與悉以俸餘市書，

所藏至三萬餘卷。郭永博通古今，得錢即買書，家藏書萬卷。劉儀鳳俸入，半以儲書，凡萬卷。許棐肆有新刊，知無不市。從書肆採購，是宋人藏書的另一來源，這類書皆屬經史與四部重要典籍，蓋宋代翻刻較多。

（三）餽　贈

宋人藏書除抄寫及購買之外，他人贈送也是收藏來源之一。如宋綬兼得畢士安、楊徽之二家之書，故藏書過秘府。晁公武守榮州時，曾得四川轉運使南揚井度之贈書，凡五十篋。亦有互贈者，如王欽臣與宋敏求相約傳書，戶置目錄一冊，遇所闕則寫寄。又有得之朝廷所賜者，如宋綬與父皋同在館閣，每賜書必得二本，其藏書之盛，是有原因的。宋神宗嘗賜司馬光以穎邸舊書二千四百卷等等皆是。

二、圖書文獻的讎校

諺云：「書三寫，魯爲魚，帝爲虎。」書籍無論經過雕板還是抄寫，帝虎亥豕，舛誤訛謬，均所難免，如果不經校勘，不可稱爲善本。宋綬曾說：「校書如掃塵，一面掃，一面生。故常有一書雖經三四校，猶有脫謬。」宋人藏書，精於讎校，如孫光憲孜孜讎校，老而不廢。畢士安精讎校，頗多善本。宋綬藏書皆手自校刊，故校讎精審勝諸家。劉摯家藏書多手自讎，孜孜無倦。陳景元親手校書五千卷，道書皆親手自校寫，且與四方學者相互讎校，故所藏號爲完書。賀鑄家藏書萬卷，手自校讎，無一字脫誤。晁說之自謂其家五世藏書，雖不敢與宋氏爭多，而校讎是正，則未肯自讓。張舉閉戶讀書四十年，手校數萬卷，無一字舛。王莘留心典籍，經營收拾，所藏書逮數萬卷，皆手自校讎。林霆聚書數千卷皆手自校讎，謂子孫曰：「吾爲汝曹獲良產矣。」方漸所至以書自隨，積之至數千卷，皆手自竄定。晁公武藏書宏富，博覽不倦，及守榮州，於簿書之暇，躬自校讎。劉儀鳳藏書必三本，出局則杜門校讎，不與客接。潘景憲考訂蒐集，鉛黃朱墨未嘗去手。李孟傳每得異書，手自校勘，竟其徧而止。繕寫之勤與讎校之精，實爲宋人藏書的二大特色。

三、圖書文獻的分類與編目

繁富的藏書，不加以整理就會雜亂無緒，尋檢困難。縱有其書，假如無法查檢，就跟沒有區別不大。故此，只有分類編目才能盡書之用。據載籍所考，宋代藏書家編有書目者甚多。惟因世代久遠，失傳甚多，無法究其全貌。現僅就存世的書目，以及書目雖佚而分類編目尚可攷者，論述宋代藏書家在

目錄學上的貢獻。

南宋初年莆田藏書家鄭樵撰有〈校讎略〉一卷，是中國最早的目錄學專著。對於圖書文獻的採訪與編目、分類，頗有見解。他所提出的求書八法──即類以求、旁類以求、因地以求、因家以求、求之公、求之私、因人以求、因代以求，一直為後代公私藏書者採訪圖書所沿用。在編目方面，他強調應「以人類書，不應以書類人」。批評《新唐志》將令狐楚之《漆匧集》一百三十卷、《梁苑文類》三卷、《表奏集》十卷，通通編入集部別集類之不當。蓋《梁苑文類》乃總集之書，《表奏集》乃奏議之書，不當依令狐楚集而統入別集類。其他如論編目時「一類之書，當集在一處，不可有所間」；於書目應以作者或注解者，註其姓名於書之下，不當以人置書之上。換言之，他主張以書名標題，不應以作者標題等等，皆具卓見，足供現代西洋圖書館學者參考。

在分類方面，宋代藏書家書目的分類，大體承襲前代，有四部與非四部兩個系統。依四部分類且今尚存者，有晁公武《郡齋讀書志》、尤袤《遂初堂書目》、陳振孫《直齋書錄解題》三家。這三家書目雖承襲《隋志》的四部，而在類目方面頗有增刪。現分別敘述如下：

（一）《郡齋讀書志》於宋高宗紹興二十一年編成。晁氏自以所錄書史，集居其半，若依七略，則多寡不均，故將其家藏圖書分為經史子集四部，經部凡十，史部凡十三，子部凡十八，集部凡四，計四十五類，大抵依據《崇文總目》而略有增刪改併，首創史評一類，為後世書目所沿襲。

（二）《遂初堂書目》於宋光宗時編成。尤氏雖以四部分類，然類目與歷來的四部分類大相逕庭。尤氏分經史子集四部，經部凡九，史部凡十八，子部凡十二，集部凡五，計四十四類。經部增經總一類，以收經書合刻；史部於正史、編年、雜史、雜傳、故事外，將宋代的國朝、雜史、故事、雜傳別出為類；子部將法、名、墨、縱橫四家刪併入雜家，後二者雖為混淆體例，破壞學術系統的部次法，而影響則及於後世；然其目於子部增譜錄一類，收入舊目無適當部類可附的香譜、石譜、蟹譜等書，可謂創例，為清代《四庫總目》所沿用。

（三）《直齋書錄解題》於宋理宗時編成，陳氏將其家藏圖書區分為五十三類，分類之詳，實為宋元以前收藏目錄之最。所創別史一門，為《宋志》、《四庫》所沿襲；刪去經部之樂類，而於子部另立音樂一類，固然是受到鄭

寅的影響，但自四部而言，將舊目裡的後代音樂之書，從經部析出而列於子部，則以此目為首創。

中國四部目錄，自晉荀勗創立，歷南北朝，迄唐而定於一尊。四部法固然簡便，但其分類著重於書的體裁而罔顧學術，因此一直為目錄學家所詬病，極思改進。最早突破其藩籬的是北宋仁宗皇祐元年（1068）李淑所編的《邯鄲圖書志》。按《郡齋讀書志》卷九「邯鄲圖書志十卷」條下云：

> 右皇朝李淑獻臣撰。淑，若穀之子也。載其家所藏圖書五十七類，
> 經史子集通計一千八百三十六部二萬三千一百八十六卷。其外又有
> 藝術志、道書志、書志、畫志、通為八目。

據此則李淑將自己家藏的圖書除分四部五十七類外，更列藝術志、道書志、書志、畫志，合四部，通為八目。李氏的分類固雖分為八目，但仍有經史子集的部目，尚未完全突破四部的藩籬。真正突破四部分類的窠臼者，要推南宋初年莆田藏書家鄭樵。鄭樵撰《通志》二百卷，中有〈藝文略〉一篇八卷，盡載古今目錄所收書籍。鄭氏將中國圖書區分為經、禮、樂、小學、史、諸子、天文、五行、藝術、醫方、類書、文等十二大類，其下再分為一百五十五小類。小類之下，更分二百八十四目，類目共計四百三十九，至為纖細。自古以來中國圖書的分類，僅只部類二級，類下再析子目，則創始於鄭樵。蓋鄭氏以為「學之不專者，為書之不明也。書之不明者，為類例之不分也」，若「類例既分，則學術自明」。因此鄭氏區類，重在明學術源流。鄭氏詳分類目，固未免近於繁瑣而招致後人譏評，如明焦竑《國史經籍志》之〈糾繆〉、清章學誠之《校讎通義》等，皆曾論其部次銓配之失。然其詳分類例，影響於後代頗鉅，為明清兩代目錄學家所沿襲，又合於西洋圖書分類法，實為一大貢獻。鄭氏分類將禮、樂、小學三門從經部中析出，各自獨立為類；將術藝、方技、類書自子部析出，分為天文、五行、藝術、醫方、類書五類。雖然三禮自漢以來，即為六藝之一，鄭氏離經為類，未見其當，但樂經早佚，後世以律呂、曲調、管絃附樂類入經部；小學門雖自劉歆《七略》以降，附六藝之末，然並非其類；術藝、方技、類書之屬，其性質各有不同，並非全如諸子空談理論。鄭氏各自為類，足見有識，自較合理，其分類足供現代目錄學者的研究思考。其後，宋理宗端平間，鄭樵的族孫鄭寅編有《鄭氏書目》七卷，以所藏書分為七錄：經、史、子、藝、方技、文、類，大體亦祖述樵例。不同之處在於改集為文，併禮、樂、小學於經錄，合天文、五行、醫方

為方技錄，將鄭樵的十二類合為七類。就分類學的觀點來看，此目頗為合理。蓋侈尚空談的諸子，萬不可與以消遣為主的藝術，以實用為依歸的方技合部；類書包括一切，更不宜屈居於子末。鄭寅既能將藝、技、類三者獨立，與四部並立為七，真可謂目光如炬。

宋代私家藏書大抵編有書目，散見於《通志》及《宋志》，然多已不傳。據《通志藝文略》、《宋史藝文志》、《郡齋讀書志》、《遂初堂書目》、《直齋書錄解題》所著錄，及宋人文集、筆記、小說等所記載，當世流傳的宋代書目約有三、四十種。

四、圖書文獻的典藏與維護

宋人藏書，或費手鈔之勞，孜孜讎校，老而不廢；或節衣縮食，悉力營聚，得之艱而好之篤，情壹志專，故珍護逾恒。讎藏裝修等一切整理保管方法，無不刻意考究，力求至善。保護圖書的方法，雖無專書記述，然雜考傳記雜說，猶可窺見一斑，茲酌考述之。

藏書要傳諸久遠，抄刻書的紙張必求堅韌。宋人藏書既以手抄為主，因此所抄書之紙張多選用由拳紙或鄂州蒲圻縣紙。如王明清《揮麈後錄》卷五謂江正家藏書多用由拳紙，徐度《卻掃編》卷下亦謂王欽臣抄書必用鄂州蒲圻縣紙。陸游《老學庵筆記》卷二云：「前輩傳書，多用鄂州蒲圻縣紙，云厚薄緊慢皆得中，又性與麵黏相宜，能久不脫。」由拳紙即藤紙，浙江餘杭有由拳山，旁有由拳村，產藤紙，故名。今見宋刻本，除藤紙外，又有桑皮紙及麻紙，皆堅韌而不易破裂。

其次裝訂方面，王洙《墨莊漫錄》卷四云：「作書冊黏葉為上，久脫爛，苟不逸去，尋其次第，足可抄錄。屢得逸書，以此獲全。若縫繢歲久斷絕，即難次序。嘗與宋綬談之，綬悉令家所錄者作黏法，錢勰所蓄亦如是。」此所謂之粘葉，即宋元通行之蝴蝶裝，書葉反摺，文字向裡，各葉以漿糊黏連之，外裹書皮。置架時，以書側立放置，書背向上，故宋人謂之插架。因版心在內，書冊三邊係空白，插架時之摩擦，不致損及文字。此等裝訂主用漿糊粘連，倘漿糊不善，則易生蠹而損書。陳師道《後山談叢》卷二云：「趙元考用寒食麵，臘月雪水為糊，則不蠹。」寒食麵者，乃清明前一日收穫之麥磨製麵粉，再用臘月之雪溶水調漿糊，可以防蠹，宋人大抵以此法為常。宋祈〈贈眉州孫氏書樓詩〉，詠孫氏藏書有句云：「魯簡多年屋壁藏，始營翬棘瞰堂皇，髹廚四匝香防蠹，鏤甄斤題縹製囊。」知其藏書用月白的書帙包裹，

以資保護，放置書櫥中以香防蠹，可謂善於典藏。

費袞《梁谿漫志》卷三記載司馬溫公讀書法，謂司馬光獨樂園之讀書堂，藏文史萬餘卷。司馬光晨夕所常閱者，雖累數十年皆新若手未觸者。每歲以二伏及重陽間，視天氣晴朗日，即設几案於當日所，側群書其上，以曝其腦。是以年月雖深，終不損動。至於啓卷，必先視几案潔淨，藉以茵褥，然後端坐看之。或欲行看，即承以方版，未嘗敢空手捧之，非惟手汗漬及，亦慮觸動其腦。宋代藏書家對於書籍愛護如是，足供現代善本典藏負責者參考。

古代官府藏書爲防不虞，往往多備副本。《隋志》載開皇中整理所得典籍，存爲古本，又召工書之士傳錄爲正副二本藏於宮中。煬帝即位，將秘閣之書，寫五十副本，分置西京東都之宮省官府。如此者，蓋防偶有水火之災，猶可補緝，不致全毀。宋眞宗時，曾將館閣所藏秘書，另寫兩部，一置禁中龍圖閣，一置後苑太清樓。大中祥符八年，王宮火災，崇文院館閣藏書多煨燼，幸得據太清樓藏本補寫，此即備置副本之功效。秘閣以國家之力抄寫副本，當非難事。私家藏書，在五代以前，是否亦備置副本，因文獻不足，難以考察。宋代私人收藏，即往往有抄錄副本者。徐度《卻掃編》卷下載王欽臣每傳抄一書，必以鄂州蒲圻縣紙爲冊，此本專以供人及子弟觀閱。又別寫一本，以絹素背之，號鎭庫書，非己不得見。又如劉儀鳳在都下累年，得俸專以傳書，書必三本。既歸蜀，分作三船，行至秭歸新灘，一舟爲灘石所敗，餘二舟無他。即沿秘閣多錄副本以防不虞之意。

宋人既知珍護其藏書，故往往築閣建樓以貯藏。孫抃六世祖孫長孺，建樓以儲書，蜀人號爲書樓孫家。樓燬於五代，至孫抃之從子孫闢重建樓於魚鮒鄉，其名復著。江正藏書約數萬卷，老爲安陸刺史，盡輦其書，築室貯之。劉式家無餘貲，既歿，獨有圖書數千卷藏於墨莊以遺子孫。司馬光文史萬餘卷藏於獨樂園之讀書堂。田偉建博古堂，藏書三萬七千卷。李常少時讀書廬山之五老峰下白石僧舍，既擢第，留所抄書九千卷，名舍曰李氏山房。蘇軾居九里松之間，嘗建傑閣以貯書，東坡榜之曰錢氏書藏。陳景元所居以道儒醫書各爲齋館而區別之。賀鑄退居吳下昇平橋及橫塘別墅，企鴻軒爲其藏書之處。范眠作經史閣以藏書。葉夢得藏書逾十萬卷，置之霅川弁山山居建書樓以貯之。方漸積書至數千卷，增四壁爲閣以藏其書，牓曰富文。石邦哲築博古堂以藏其書。李衡避其居崑山，作樂庵以藏其經史圖書。劉儀鳳儲書萬

餘卷，築閣貯之。尤袤家有遂初堂藏書，爲當世之冠。陸游名其藏書之室曰書巢。張苾築萬卷堂以貯其書。蔡瑞築石庵以置其書。潘景憲藏書之處曰可庵，其左右兩齋，曰庶齋及省齋，藏書近萬卷。彭惟孝聚書萬餘卷，號彭氏山房。樓鑰藏書之處曰東樓，史守之藏書曰碧沚，宣獻東樓鴻禧碧沚，以藏書聞名於浙江鄞縣。衛湜起櫟齋以藏其書。徐鹿卿嘗構閣以藏書，名之曰味書閣。陳起所開書肆，名芸居樓，亦藏書之所。許棐隱居秦溪，築梅屋以儲書。俞琰隱居吳之南園，老屋數椽以貯其古書金石。周密藏書四萬二千餘卷，庋置書種志雅二堂。皆特構樓閣以貯所藏。惟其構築的形式，以及如何預防水火，因爲資料缺乏，無從考見。

五、圖書文獻的利用

宋代私家藏書，較今日圖書館，誠遠不相及。然當時既無公共圖書館，而秘閣藏書，又非士民所能閱覽。則鄉里之民，實幸有一二藏書家之藏書可供借閱。他們甚至建書院學堂以延攬四方學者，利便好學之士。藏書家裨助學術，貢獻社會，不容忽視！現今略舉其要：如戚同文嘗築室聚徒講學，請益之人不遠千里而至。既歿，曹誠於其地建書院，眞宗乃賜名應天書院，戚氏之孫舜賓主之。宋敏求藏書三萬卷，家居春明坊，士大夫喜讀書者，皆僦居其側，以便借置善本，當時春明宅子，比他處僦值常高一倍。李常少時讀書於廬山五老峰下白石庵之僧舍，既去，而書藏於山中如故，山中人思之，指其所居爲李氏山房，其書不藏於家，而藏於僧舍，以供人用，不啻當時之公共圖書館。陳景元所居以道儒醫書各爲齋館而區別之，四方學者來從其遊，則隨其所類齋館，相與校讎，於是人人得盡其學，而所藏號爲完書。凡此種種實爲後代私立圖書館之胚基。

不僅如此，但以藏書公開供讀者閱覽，復爲利便讀者，而具備膳餚。如胡仲堯構學舍于華林山別墅，聚書萬卷，大設廚廩以延四方遊學之士，子弟及遠方之士肄學者，常數千人，歲時討論講席無絕。李昉闢學館，給廩餼以延學者。陳巽於別墅建家塾聚書，延四方學者，伏臘皆資焉，江南名士，皆肄業於其家。潘景憲買地於金華之別麓，其二齋儲書且萬卷，以待朋友之習，市良田百畝以爲購習聚食之資。且如蔡瑞買書置石庵，增其屋爲便房，願讀者處焉，買田百畝助之食。是不僅備膳廩，且構屋以供宿，具有現代公共圖書館的規模。兩宋學術昌盛，藏書家的貢獻是不可忽視的。

（本文原載《宋代文化國際學術研討會論文集》，中國成都，2006 年 8 月）

陸心源及其在目錄版本學上的貢獻

　　清俞樾所撰〈廣東高廉道陸（心源）君墓志銘〉一文中曾說:「仕優則學,學優則仕,近世士大夫以仕廢學者多矣!仕學兼優,其惟君乎?」誠然,我們歷數自宋以來的藏書大家,其能在出仕時有斐然的政績,退隱後又能從事於學術,而有極為豐富著述的,確實是不多見。如宋代的歐陽修、司馬光、陸游等人,固然是仕學俱優,但藏書不足以稱為大家。浙江歸安陸心源,是清季著名的四大藏書家之一,不僅收藏數量之富,冠於當代,而藏品之精,也只有北楊南瞿能與之相頡頏,至於杭州丁氏則瞠乎其後。陸氏所藏的宋版,號稱有兩百部,故以「皕宋」名其藏書之樓。皕宋樓所藏善本,在他卒後,為長子樹藩悉數售於日本岩崎氏的靜嘉堂,至今靜嘉堂文庫仍為海外漢籍收藏的重鎮,為世界各國漢學家所嚮往。

　　陸氏不僅能收藏,且勤於研讀,著述甚富,嘗編《皕宋樓藏書志》一百二十卷、續志四卷,以志其所藏的善本,並別著《儀顧堂題跋續跋》共三十二卷,以考訂其中較好的版本,他賞鑒之精,為當時人所推許,復撰有《群書校補》六十卷,以訂補傳本諸書之訛脫。其他輯佚補闕的著作尚復不少,他在目錄版本學方面實貢獻良多,他曾將其著述輯刻為《潛園總集》,多達一千餘卷以傳世。關於他的收藏及售諸日本,世人多耳熟能詳,至於他在目錄版本學上的貢獻究為若何?則前人尚乏研究者。在政治方面,他曾做過兵備道、鹽法道,以善理繁劇著稱,的確可以當得上俞氏所說的仕學俱優,但在《清史稿》中無其傳,其生平僅略具繆荃孫撰的神道碑銘、俞樾撰的墓志銘。本文依據陸氏的著作與當時的各家記載,以及後代所發生的影響等等,

考其生平、著述、藏書及評估他在目錄版本學上的貢獻，或能發前賢潛德之
幽光。

一、陸心源的生平

　　陸心源，在現傳的趙爾巽所主修的《清史稿》中沒有他的傳記。關於他
的生平，所能見到的，只有在他身故後，他的長子樹藩請俞樾及繆荃孫兩人
分撰的墓志銘及神道碑銘。前者收入俞氏《春在堂雜文》第六編卷四，後者
載繆氏《藝風堂文續集》卷一，後來閔爾昌又將繆氏的碑銘輯編入《碑傳集
補》卷十八。但在國立故宮博物院所收藏的清國史館檔案中有陸心源的傳包
一件，內收有兩浙總督端方的奏稿、浙江呈送的陸心源履歷冊、以及國史館
史官錢駿祥、夏啓瑜兩人分撰的陸心源傳兩篇等資料。由以上資料得知在光
緒三十四年兩江總督端方曾奏請將陸氏生平宣付史館，列入《文苑傳》，經奉
皇帝批准，已由史官撰寫傳稿。民國初年趙爾巽所主持的清史館，纂修清史
時，不知何故而在《文苑傳》中刪去陸氏之傳？是不是因為對他的長子將家
藏善本圖書售與日本，而表示不滿，則不得而知了。在這些資料中，以俞氏
的墓志銘及浙江呈送的履歷冊記載較詳，繆氏的神道碑則錯誤較多。茲根據
這些資料，再參考他的文集與方志，將他的生平考述於次：

　　陸心源、初字子稼〔註1〕，改字剛父，號存齋，晚年自稱潛園老人，浙江
湖州歸安人。他本生曾祖名景熊，祖昌陞，父銘新。銘新出嗣堂伯，故《神
道碑銘》載曾祖景熙（案縣志作亘光），祖映奎，都不是心源的本生。他生於
道光十四年甲午十月十六日〔註2〕，天資聰穎，五歲入私塾就學，即有異於一
般的兒童，特別的喜歡讀書。十三歲時，能讀通九經〔註3〕。二十歲入縣學，
次年補廩膳生額，與同郡姚宗諶〔註4〕、戴望、施補華、俞剛、王宗義、凌霞
等六人，經常以古學相切磋，當時有「七子」之稱。他的才學爲萬青黎、吳

〔註1〕 案《神道碑銘》、《墓志銘》，及史傳中都不云他字子稼。但同治十三年他協修
　　　的《湖州府志》、光緒七年所主纂的《歸安縣志》選舉志、表中，都只云：
　　　「字子稼」，而不云：「字剛父」，則字「剛父」應是晚年所改，「子稼」則是
　　　初字。
〔註2〕 見《儀顧堂集》卷六〈重刊石林奏議序〉。
〔註3〕 繆氏《神道碑銘》云：「年三十通九經」。下云：「與同郡姚宗諶等以古學相切
　　　劘。」又云：「中咸豐己未舉人」。案陸氏二十六歲中舉，三十歲已是同治二
　　　年，他出仕在外，敘次與事實不合，知繆氏誤，茲從俞樾《墓志銘》。
〔註4〕 案《墓志銘》作姚宗誠，其人生平不詳。

式芬、張錫庚等先輩所賞識。心源性喜法家管商的學術，也精於鄭玄、許慎的經學小學，對於清代的學者，特別推崇顧炎武而私淑之，喜歡研讀他的著作，所以將家中的大廳，署名爲儀顧堂。

咸豐五年乙卯，他曾參加鄉試，而未考中〔註5〕。九年適逢皇帝三十整壽，舉行了一次恩科，他又參加了。這時正是非常賞識他的張錫庚任浙江學政，他考取了舉人。第二年到京師去參加會試，不幸落第。因爲心源雖好讀書，長於詩古文辭，但不喜歡科舉之文。於是南歸，行抵無錫時，遭逢捻匪，同船的人多跳下船藏匿蘆葦中，心源獨與友人鈕福海出重金，募死士，划小船間關而歸，耳中但聞殺聲四起，蓋藏匿者多罹難，抵家時，家人以爲從天而降〔註6〕，此即墓誌銘所謂的「出奇計得脫」。這時正是督師和春包圍金陵的江南大營被太平軍所擊潰，李秀成攻陷常州、蘇州，江蘇巡撫徐有壬死難之後，各地動盪不安，盜賊如毛，心源於是慨然有澄清天下之志，乃不再參加科舉應試，而以舉人身份出任公職，他所撰其弟〈子壽權厝誌銘〉〔註7〕中，說他於咸豐十一年「治兵唐棲」，可見會試落第後的翌年已任公職了，但不知所任何職。次年同治元年，引對赴京師，以知府銜分發粵東。抵任後，適有王遇攀私刻關防一案，株連數十人，他參與審判，昭雪甚眾。二年，直隸總督劉長佑因直隸、山東、河南一帶的盜寇充斥，特奏請調心源赴直隸，督辦此三省接壤地區的勘賊事宜，凡軍需及善後諸事務，全部交由處理。軍事竣事，又奏請暫留協助整飭直隸的吏治，心源感激劉長佑的知遇，盡心地整紛剔蠹，諸弊肅清，長佑以陸氏「才識精明，志行清直」上疏保薦，擢爲道員。三年，廣東總督毛鴻賓、巡撫郭嵩燾聯銜奏請，將心源仍調歸廣東，詔派爲南韶連兵備道，於四年蒞任。行抵英德，即聽說長寧土寇作亂，擾六里鄉，翁源知縣張興烈被殺。蓋廣東民風強悍，戕官之事層出不窮，而官民息事寧人，務爲粉飾。每逢上級查辦匪案，必有些耆老籲懇，隨便縛送一二人，任其所指，而不究主凶。陸氏到任後，以此風不可長，即派遊擊湛恩榮率兵勦捕，當時尚有人勸他此舉可能釀成大亂，心源不聽，終於緝獲首逆。此後風氣一變，十餘年內，不再發生戕官的案件。

四年五月，與戕官案同時，鮑超的霆軍中，有部分兵勇叛於湖北漢陽，

〔註5〕心源參加乙卯鄉試事，墓誌、碑銘均未載。案《儀顧堂集》卷五，〈說文引經考序〉云：「乙卯獻藝棘圍，貨不中度，被放歸里。」知曾參與乙卯鄉試。
〔註6〕見《儀顧堂集》卷十〈鈕主事別傳〉。
〔註7〕《儀顧堂集》卷九。

南下突襲湖南而入廣東，其勢如飄風驟雨，猝不及防，廣東上下洶洶，心源急調湛恩榮回援樂昌，再增派壯士一千，礮船二十艘，水陸並進迎擊，連戰皆捷，叛逆逃遁江西。此時太平軍的餘黨尚盤踞閩粵之交，乃由龍南犯始興，又由連平攻翁源，而垂涎廣州。南韶適當其衝要，心源調副將朱國雄防守始興縣城；又檄參將任玉田扼守雞子嶺，敵人無隙可乘，南韶得以保全。〔註8〕

　　五年春，干戈初定，心源訪求民間疾苦，首捐俸金修葺南韶相江書院，祠祀宋代的周子敦頤，以獎掖道學〔註9〕。韶關為東南的水陸衝要，商賈輻輳。舊例，商民貨物往返，只要有一件物品漏報稅，查出即全船沒收充公，官吏得以因緣為奸，營私自肥，商民視為畏塗。心源革除弊政，祗令將漏報之物補納稅金，其餘的不問，不許沒收，商民感悅。因陸氏的銳意改革吏弊，難免不得罪人。這時廣東的督撫均已易人，毛鴻賓、郭嵩燾先後他調，總督由瑞麟繼任，巡撫為蔣益灃。蔣氏由浙入粵赴任時，所攜帶的隨從甚多，曾經韶江，心源曾籌措發給餉銀一萬兩，但未能滿足那些隨從的意願，當然免不了在巡撫面前進讒言。這年九月，先是調高廉道〔註10〕。高廉道轄高州、廉州兩府，雖然也是巡道，官階同屬正四品，但僻處廣東的西南隅，且不兼管水利關務，遠不及南韶連道的重要，故陸氏感到是左遷，在文中屢屢提到〔註11〕。再加上他在韶州出生的幼兒，在轉官抵任時染疾，未幾即夭折，他心情的抑鬱，可想而知。他將高廉道署西偏的一間房舍，題署松竹堂，寫了一篇記文，云：

> 且夫木之至節者莫如松，而至直者莫如竹。春而眾木榮矣，松固與之俱榮；冬而眾卉凋矣，松不與之俱凋，今之人有能炎涼一節如松者乎？震之以風雨之驟，竹不以震撼而加靡；壓之以霜雪之嚴，竹不以凌壓而少屈，今之人有能寵辱不驚如竹者乎？……予宦學多年，危機屢蹈，嘗恐易其節，喪其直，負媿於松與竹而無以進於君子之林。〔註12〕

〔註8〕參見《儀顧堂集》，卷八〈南韶連道題名碑記〉。
〔註9〕見《儀顧堂集》，卷八〈相江書院碑〉。
〔註10〕見《儀顧堂集》，卷九〈韶兒壙志銘〉。《神道碑》、《墓志銘》及《履歷冊》俱作六年調高廉道，誤。
〔註11〕見《儀顧堂集》，卷八〈重建鄒忠介公祠堂記〉、〈高文書院膏火記〉。
〔註12〕《儀顧堂集》卷八。

他又嘗言：「嘗受特達之知矣，小試之而小危，大行之而大危。」〔註13〕高廉兩州，民風淳樸，政務較簡，心源遂專致於獎掖學術，移風易俗，墓志銘記載云：

> 既下車，即舉吳川令姜君之賢，白之大府，風示屬僚。……修復石城之道南書院、茂名之敬仁書院，皆優給田租，以期永久。郡中有高文書院，亦增益膏火，俾諸生得專心學術。又以梅菉坡租銀，助會試膏秣之資。其他如建鄒忠介祠，修范龍學墓，以表彰先賢。置師堂渡，築上宮灣路以便行旅，衎衎辦舉，吏畏民懷（履歷冊略同）。

心源在高廉道任上雖頗有政績，但終以與巡撫蔣益澧不合，而於六年奉旨開缺，召赴京師〔註14〕。他的父親銘新，原隨他寓住廣東任所，因心源奉召入京，而先返歸安家鄉。抵家不久即遘疾，旋卒。心源聞訃星奔回籍，料理喪葬。三年服闋，原有誓守墓園不出之意。十一年，李鶴年任閩浙總督，李氏素知心源才識通敏，練達有為，一面拜疏請調心源來閩佐治，一面派萬年清輪船到上海來促駕。心源不得已，於十二年赴福建〔註15〕。奉命管理軍政、洋務及稅釐通商諸局，又總辦海防事宜，旋奉署鹽法道。心源「長於撥繁，案無稽牘，千端萬緒，部分如流」（墓志銘）。當時正有琉球人船隻飄至台灣，被生番殺害多人，日本以此構釁，心源執公法以爭，謂各國的屬地事務，他國不得過問，日使為之氣奪。又有俄國公使來福建，遣美國通事李夢蘭持名片，邀約心源往見。心源以中國的督撫不能傳見各國的領事，各國的公使豈能傳見中國的司道？也派通商局委拿名片前往問候，俄使怏怏而去〔註16〕。心源在任，雖政績卓著，但為時不久，又有人進讒言於當局。十三年奉命仍遵前旨，送部引見〔註17〕，心源知不可為，遂以母老乞養告歸。然

〔註13〕《儀顧堂集》，卷六〈穰梨館過眼錄序〉。
〔註14〕《碑銘》及《墓志銘》僅說奉旨開缺，送部引見，不言其故。案《儀顧堂集》卷九陸氏所撰〈歷城毛公神道碑銘〉，明言：「越二年，源以忤廣撫蔣果敏益澧內召。」
〔註15〕案《碑銘》及《墓志銘》均載心源於十一年赴閩，然《儀顧堂集》卷七〈邱鈞磯詩集序〉云：「同治癸酉之歲，奉詔來閩。」知他抵任時已是十二年。
〔註16〕此外交二事碑銘，列傳不載，《墓志》及《履歷冊》始記述，而以《履歷冊》稍詳。
〔註17〕《儀顧堂集》卷六〈穰梨館過眼錄序〉云：「同治甲戌由閩鹾內召。」關於心源在閩鹽法道任上遭構陷，集卷四〈復施均甫觀察書〉內述之較詳。

忌嫉者猶未已，屢思加以陷害，到光緒二年，終以他在福建鹽法道任上，對於西路官商各幫領運票鹽，加給耗票二成及短換釐銀二萬六千餘兩的罪名，部議奪職〔註18〕，這時，心源去職已經兩年了。其實鹽務加耗的事，是由前鹽法道具題，前總督準行已久，心源不過遵循故事，此法可使官商相安。但因總督李鶴年入覲久未歸，署浙閩總督文煜欲故入心源之罪，遂奏說他擅改章程，實是冤枉。光緒三年，因心源勸捐山西賑災，數至鉅萬，由直隸總督李鴻章、山西巡撫曾國荃會銜上奏，始開復，賞還原銜。

心源辭職歸隱後，在歸安城東蓮花莊購得明萬曆御史朱鳳翔的廢園——書帶草堂〔註19〕，予以拓修，疏泉疊石，蒔植花木，名曰潛園。侍奉母親吳太夫人之暇，從事著述，整理藏書及校勘古籍。據李宗蓮序《皕宋樓藏書志》，在光緒八年時，他的藏書已有十五萬冊之多。他將宋元版及名家批校的稿抄本等善本書收藏的處所，題名「皕宋」，以表示他藏有兩百部宋版。另在潛園中建造一座私人圖書館，名曰守山閣，以收明以後的普通本。守先閣的藏書，他申請官府，歸之於公，供讀書人來利用。光緒十六年國子監徵求書籍，他選擇家中所藏舊刊舊抄而為近代未曾刊印者一百五十種，共二千四百餘卷，附以所刊的十萬卷樓叢書，首先慷慨捐送國子監。浙江倡議抄補文瀾閣四庫全書，大多是借他的藏書來傳錄的。

心源家中頗為富有，他的財富一半是祖先所遺留，一半是他經商賺得的，從他在光緒十五年〈上李石農侍郎書〉〔註20〕，有云：「惟是陶朱之術，奔走在人，操縱在己，奉行失當，贏者亦絀。源粵裝無多，凡今所有，半由治生。」可以見之。只是他經營何種商業，尚無資料可考。心源富有，但不吝嗇，能本著取之於社會用之於社會的原則，樂善好施。他退隱先後三十年，設立教忠義莊，又獨立興建昇山大橋，其他如修復書院，籌備賓興公車積穀，創辦善堂、義學、育嬰堂等，凡有益於桑梓者，莫不引為己任，不遺餘力〔註21〕。光緒三年山西旱災，他勸捐賑款，數至鉅萬。十五年江浙大水，湖州地當下游，顛連尤甚，心源創捐五千串，會同官紳，籌備災賑。十六年山東饑，他捐助棉衣萬件。至於「親友之貧乏者，歲時伏臘，必有饋遺。兵燹後，故人子女流離失所者，捐金贖歸，俾之成立。至於夏施茶藥，冬施衣米，亦未嘗

〔註18〕見夏啟瑜撰《國史文苑傳稿》。
〔註19〕參見光緒七年《歸安縣志》卷八古蹟門。
〔註20〕《儀顧堂集》卷四。
〔註21〕參見《履歷冊》及《墓志銘》。

以小善而不爲。」〔註22〕

　　因爲他多次的捐款賑災，山東巡撫張曜、浙江巡撫崧駿均上疏奏保他，奉旨開復原官，並加二品頂戴。這時朋友們多勸他復出爲官。但這時他正忙於著述及校刊古籍，又恐影響他所經營的事業，且仕途險惡，故均婉謝了〔註23〕。但接著直隸總督大學士李鴻章又保奏他，說他「學識閎通，氣局遠大，軍務洋務，歷練並深，屢試艱鉅，見義勇爲。」〔註24〕奉旨以道員記名簡放。心源以輔臣的推荐，聖意的優隆，不敢再以士林隱遁之士自居，不得已，而於十八年二月入京，四月由吏部引見，皇帝召見於勤政殿，奉旨以道員交李鴻章差遣。遂至天津，李鴻章委派他至上海稽察招商局的業務。當他抵天津時，即感染痢疾。航海南歸後，又左眼生翳，因醫治之不善，遂至痰阻氣鬱，胸膈疼痛，輾轉病榻年餘，至二十年十一月初九終告不治，享年六十一歲。

二、陸心源的著述

　　清道光中洪亮吉在所著的《北江詩話》卷三中，論清代的藏書家有五等，說：

> 藏書家有數等，得一書必推求本原，是正缺失，是謂考訂家，如錢少詹大昕、戴吉士震諸人是也。次則辨其版本，注其錯譌，是謂校讎家，如盧學士文弨、翁閣學方綱諸人是也。次則搜采異本，上則補石室金匱之遺亡，下可備通人博士之瀏覽，是謂收藏家，如鄞縣范氏天一閣、錢唐吳氏瓶花齋、崑山徐氏傳是樓諸家是也。次則第求精本，獨嗜宋刻，作者之旨意縱未盡窺，而刻書之年月最所深悉，是謂賞鑑家，如吳門黃主事丕烈、鄔鎮鮑處士廷博諸人是也。又次則於舊家中落者，賤售其所藏；富室嗜書者，要求其善價。眼別眞贗，心知古今，閩本蜀本，一不得欺，宋槧元槧，見而即識，是謂掠販家，如吳門之錢景開、陶五柳，湖州之施漢英諸書估是也。

心源藏書既富，兼多善本，而又勤於研讀，故一生著述甚多。從他的著作來分析，倘依洪氏所區分藏書家的等第，除了掠販家而外，考訂，校讎、收藏，

〔註22〕見《履歷冊》。
〔註23〕他不出爲官之因，詳見他〈上李石農侍郎書〉，載《儀顧堂集》卷四。
〔註24〕見《履歷冊》。

賞鑑四家，陸氏可謂兼而有之。他曾選擇家藏的舊刻舊鈔一百五十種、二千四百餘卷捐送國子監；浙江杭州文瀾閣四庫全書自經太平軍之亂，損熸逾半，光緒中抄補，大都借自他的收藏來傳錄〔註25〕，此所謂「上可補石室金匱之遺亡」。同治九年湖州倡修府志，他提供他的藏書數萬卷，以供纂修者采緝資料〔註26〕。並將守先閣所藏呈請官府，公開閱覽，此所謂「下可備通人博士之瀏覽」。至於考訂、校讎、賞鑑，則陸氏均各有專著。

關於陸氏的著作，繆荃孫所撰的《神道碑銘》中，有較詳細的記述，繆氏云：

> 所著《儀顧堂文集》二十卷，《儀顧堂題跋》十六卷、《續跋》十六卷，皆古書源流，金石考證之學。藏宋刊書至一百餘種，元刊至四百餘種，儲之皕宋樓，作《皕宋樓藏書志》一百二十卷、《續志》四卷。所得金石碑版九千餘通，多青浦王尚書（昶）未著錄者，作《金石粹編續》二百卷。鑑藏書畫，作《穰梨館過眼錄》四十卷、《續錄》十六卷。生平篤嗜唐文，於蟬斷臬朽掇拾錄存，與金石之文新出土者，成《唐文拾遺》八十卷、《唐文續拾》十六卷。樊榭山人《宋詩紀事》，於兩宋詩人搜羅備至，復輯得三千餘人，得詩八千餘首，作《宋詩紀事補遺》一百卷；其屬（鸆）書有仕履不詳、時代未著者，別為《小傳補正》四卷。其他善本卷帙繁重不及編刻者，作《群書校補》一百卷。搜故鄉風雅，補志乘闕遺，作《吳興詩存》四十卷、《吳興金石記》十六卷、《歸安縣志》四十八卷。病《宋史》蕪簡，考黨禁始末，作《宋史翼》四十卷、《元祐黨人傳》十卷。嘉定錢氏（大昕）《疑年錄》之作，大抵詳於儒林、文苑及書畫之士，公既校正錢澥鄉（椒）《疑年錄》四卷，復益以名臣、大儒、氣節文章之士，作《三續疑年錄》十卷。儲藏三代、秦漢鐘鼎彝器百餘種、晉唐古鏡六十餘種，輯古今言金石者，以補李學博富孫之缺，得三百餘人，作《金石學錄補》四卷。合署曰《潛園總集》，共九百四十餘卷。

右據繆氏所載，得十六種，九百九十二卷，即不計所校錢椒《續疑年錄》，亦有九百八十八卷，實不止九百四十餘卷。然後核今傳世的《潛園總集》，《歸安縣志》實為五十二卷，蓋後又增雜錄四卷。此外繆銘失載的，尚有《千甓

〔註25〕 參見《履歷冊》。
〔註26〕 見同治十三年《湖州府志》宗源瀚、郭式昌二序。

亭塼錄》六卷、《續錄》四卷、《千甓亭古塼圖釋》二十卷。此二書係陸氏於光緒七年就所搜購獲得的漢晉古塼一千多塊，而予以著錄並考釋而撰成。綜上所得，《潛園總集》所收，共達十八種，一千零二十六卷，除《金石粹編續》二百卷尚未刊成外，都流傳於世。

以上所述僅是已刊行流傳或見於著錄的著作，尚有他早年的著作而未刊傳的，可以從其文集中考知者有數種。《儀顧堂集》卷五〈說文引經考序〉，記載他在咸豐五年二十二歲時，參加鄉試落第返家，閒居無事，撰了一部《說文引經考》。將《說文解字》中所引經傳之文輯出攷校，證其所以有異同者，不外乎假借。其有不能例以假借者，大抵為坊本的俗字，或為唐衛包所改字。此書因未刊行，不詳卷數多寡，僅存序文一篇。又卷五〈魏刺史文集序〉云：

> 余益心儀其（魏源）為人，既相見於武林旅舍，時先生方患病，委頓甚，而四方之志未衰。余以所作《藏言》就正，先生擊節嘆賞，比之賈誼、崔寔，以後起相期許。

賈誼有《新書》，崔寔有《政論》，都是論政治的作品，推知陸氏的《藏言》這部書，當也是論政的書。魏源卒於咸豐七年，陸氏與他相見於武林旅舍，考其生平，在咸豐五年，陸氏至杭州參加舉人考試，與魏氏晤見當即在此時。時魏氏已屆晚年，與序所云「方患病，委頓甚」的情景亦相符合。可知陸氏早年即有四方之志。復按〈穰棃館經眼錄序〉，陸氏又撰了一部《罪言》。陸氏序云：

> 同治甲戌（十三年）由閩臬內召，乞養陳情，棲息家巷，日與文人逸士遊，而章紫伯（綬銜）明經為尤習。明經收藏書畫極富，朝夕過從，時時出以相賞。時余方著《罪言》一書，其末章言士大夫無論在朝在野，皆當講求當世利害，民生疾若，出可安內攘外，處可守先待後，以無負天生先覺先知之意。聲色狗馬在所當遠，即文房清玩，亦不宜酷好深嗜。

章綬銜見到此書後，寫信規勸陸氏，有云：

> 子亦嘗受特達之知矣，小試之而小危，大行之而大危，役役半生，再起再蹶，何不幡然變計，從容乎翰墨之林，逍遙乎圖書之府，與古為徒，悔吝不生，視夫位卑言高，叢忌招尤，其勞逸安危，不相倍蓰哉。

陸氏接受了章氏的勸告,遂焚毀了《罪言》稿,不過可以從這篇序文略知其
內容的大概。這也可能是陸氏決心退隱,光緒以後并致力於金石書畫收藏的
一個轉捩點。另外,同治十三年纂修的《湖州府志》,陸氏列名總纂,但此志
成於眾手,其中的《人物志》則是陸氏所撰,已收入《儀顧堂集》中。

從陸氏一生的著作來看,《宋史翼》、《元祐黨人傳》、《宋詩紀事小傳補正》
等是攷訂之作。《儀顧堂題跋》、《續跋》、《群書校補》等是校讎之作。其文集
則是兩者兼而有之。《皕宋樓藏書志》、《千甓亭塼錄》等則是賞鑑之作。而陸
氏對於學術貢獻最大,應推他對文獻輯存的努力,如《唐文拾遺》、《續拾》、
《金石粹編續》、《宋詩紀事補遺》、《吳興詩存》、《吳興金石記》等書,皆彙
輯於殘膦之餘,足俾拾遺補闕,自一個藏書家而言,其貢獻實超越洪亮吉所
述諸家之上。陸氏一生的著述,超過千卷,在中國歷代藏書家中,眞可說是
前無古人,後無來者的了。

三、陸心源的藏書

關於陸氏的藏書,清光緒三十三年日本島田翰所撰的〈皕宋樓藏書源流
攷〉有較詳細的敘述。在這篇文章中,他更分析了自明末以來藏書的聚散情
形,而認爲「藏書之家當以錢受之(謙益)、黃蕘圃(丕烈)、既郁萬枝(松
年)爲其世適(即嫡),而瞽宗之祭,亦當以三君爲樂祖矣。」換句話說,藏
書家以能獲得此三家的藏書,成爲繼承的嫡裔爲榮。他說:

> 道光之末,上海郁萬枝松年搜羅典籍,獲其郡先輩山塘汪閬源士鐘
> 藝芸書舍所收吳縣黃蕘圃丕烈士禮居,及長洲周仲漣錫瓚水月亭、
> 吳又愷廷橰五研慶、元和顧抱沖之遠小讀書堆之藏。更以兼金購書
> 於儀徵鹽商家,又稍討致錢受之、曹秋岳舊弆。諸老既稱東南之
> 甲,而萬枝梯航訪求,窮老盡氣,叢書之親鈔〔註27〕,暴書之手校
> 〔註28〕,不惜重貲以羅置鄴架。用是江浙數百里之間,簡籍不脛而
> 走,雜然入滬瀆矣。

郁氏因善於蒐書,除獲得了黃蕘圃的舊藏而外,並羅致了江南諸大家的收

〔註27〕此指明吳寬的手寫本。吳氏字原博,號匏菴,長州人,成化八年狀元,工書
法,多親自抄寫,藏書處所名叢書堂,所抄書多用印有「叢書堂」字樣的烏
絲欄紙,爲自來藏書家所寶重。

〔註28〕指清朱彝尊的手校本。朱氏字錫鬯,號竹垞,浙江秀永人。藏書處名潛采堂,
有《曝書亭集》。中年以後亦喜歡抄寫,但校書則不多。

藏，故成為黃氏以後，道光中藏書之最。但經過了洪揚之亂，同治初年，其家不能世守，藏書散出，而成為當時收藏家爭購的對象。〈皕宋樓藏書源流考〉又云：

> 同治初年，宜稼之書（郁氏藏書處名宜稼堂）散出。其宋元舊槧、名校精鈔，大半先為豐順丁禹生中丞日昌于觀察蘇松太時豪奪去，歸於持靜齋。更有江蘇候補道洪觀察（琴西）者多購獲之，又為獨山莫子偲友芝所借失者亦不尠。而其餘精帙，俱歸於歸安陸剛甫心源有。

然考陸氏之藏書，實不自收購郁氏宜稼堂藏書始。從他少年時代起，即已從事藏書。俞樾所撰《墓誌銘》說：

> 君自少即喜購書，遇有秘籍，不吝重價，或典衣以易之。故自為諸生時，所得已不下萬卷（《履歷冊》所述亦同）。

知在咸豐初年他已開始收書、咸豐十年和春圍攻太平軍的江南大營師潰以後，長江下游一帶都遭受到太平軍的蹂躪。太湖流域一帶自明以來即成為藏書的淵藪，經此亂後，故家喬木無法世守，藏書紛紛流散而去。上海郁氏宜稼堂藏書的出售，大概是在同治三四年間〔註29〕，這時丁日昌任蘇松太道，而陸氏也任官在外。丁氏近水樓台先得月獲得了一部分郁氏所藏的精善本，陸氏聞悉趕往，已遲了一步，因此促成了陸丁交惡的一段插曲。島田氏〈源流考〉在說到「宋元舊槧、名校精鈔，大半先為豐順丁禹生中丞日昌于觀察蘇松太時豪奪去」下，加了一段注文，云：

> 陸心源云：禹生介紹應敏齋廉訪至郁氏閱書，自取架上宋元刊本五十餘種，令材官騎士擔負而趨，時泰峯（郁松年）已故，諸孫尚幼，率其孀婦追及於門。禹生不能奪取，其卷帙少者自置輿中，其卷帙多者僅攜首帙而去。後經應敏齋調停，以宋刊世綵堂《韓文》、程大昌《禹貢論》、《九朝編年》、《毛詩要義》、《儀禮要義》、《金刊地理新書》等十種為贈，餘仍還璧，余後竟以爭搜古書成隙。蔣香生注郁氏書目頗不相同，但云郁氏家人不欲零售，心源時在閩，其自閩歸，《毛詩要義》等精槧既為禹生所得，故大嗛之。

陸丁的交惡，頗類似康熙年間黃宗羲與呂留良因爭購淡生堂書而成隙的故

〔註29〕案丁日昌於同治三年署蘇松太道，六年陞江蘇巡撫。陸氏於四年補廣東南韶連道，購書應在赴南韶任所以前。

事。但是否真如陸心源所說的豪奪,則恐未必〔註30〕。總之,郁氏藏書的散出,其精本為丁氏捷足先得,購去了不少。除陸氏所舉的宋刊十種外,尚有宋景祐本《漢書》、《禮記要義》、《禮記集說》、《東都事略》等等,皆見於莫友芝所編的《持靜齋藏書紀要》。陸氏在這次搶購郁氏書,在數量上獲得最多,據島田翰見到其書目,總共四萬八千七百九十一冊,只花了三千二百銀元〔註31〕。其中仍有相當多的宋元版,真可說是廉價得之。經過這一次的收購,奠定了陸氏藏書的基礎,無論在質與量方面都足以躋身大藏書家之列了。但陸氏並未因此滿足,仍在不斷的蒐購。

　　同治四年,陸氏任職廣東南韶連道,調高廉道,到六年丁憂歸里,據李宗蓮〈皕宋樓藏書志序〉云:

　　　　先生偶見異書,傾囊必購。後膺特簡備兵南韶,余私揣南韶劇任,又
　　　　值羽書旁午,當無讀書之暇矣。未幾,丁封公艱歸,裝有書百匱。

則是在廣東也搜購了不少的書。可見陸氏即使任官在外,也是不忘購書的。島田氏《源流攷》故云:

　　　　方是時受喪亂後,藏書之家不能守,大江南北,數百年沈薶於瑤台
　　　　牛篋者,一時俱出。而心源時備兵南韶,次權總閩鹺,饒於財,於
　　　　網羅墜簡,搜抉緹帙,書賈奔赴,捆載無虛日。上自苕溪嚴氏芳茉
　　　　堂、烏鎮劉氏暝琴山館、福州陳氏帶經堂,下迄歸安韓子蘧、江都
　　　　范石湖、黃蕘圃、仁和平甫季言二勞、長洲周謝盦、歸安楊秋室、
　　　　德清許周生、歸安丁兆慶、烏鎮溫鐵華及元、錢塘陳彥高等。有一
　　　　無二手稿草本,從飄零之後摭拾之,盡充插架,以資著作,素標緗

〔註30〕　參見徐紹棨撰《廣東藏書紀事詩》。
〔註31〕　島田氏所敘此一數字似有問題,倘依每冊二卷計,則多達九萬餘卷。即依平
　　　　均每冊一卷半計,亦有七萬餘卷。再加上舊收的萬卷,及同治六年丁憂返里
　　　　自廣東收購運回的百匱書,則同治末年時藏書至少應有十萬卷以上了。然據
　　　　同治九年陸氏倡議纂修,而於十三年刻竣的《湖州府志》,卷九十五〈雜綴三〉
　　　　云:「庚辛之際(咸豐十至十一年)遭兵燹,而故家遺籍蕩然無存。近歸安陸
　　　　氏購書甚勤,不數年積至五六萬卷。」又知府宗源瀚序亦云陸存齋於兵後得
　　　　於書船者,尚不下數萬卷。府志所載同治末年陸氏藏書尚僅五六萬卷,較為
　　　　可信。島田氏所記,應乃其購自郁氏之總數,而非同治初年一次所獲。據《儀
　　　　顧堂續跋》卷十一〈跋元刊元印玉海〉云:「余自閩中罷歸,有以郁氏書求售
　　　　者,余閱其目(《宜稼堂藏書目》),是書在焉,因以善價得之。」此即島田氏
　　　　所謂以五十元購得者,乃在光緒元年自閩鹺罷官歸後所獲,尤足以證明島田
　　　　氏所云乃得自郁氏書之總數。此類零星搜輯郁氏散出之書,應不在少數。

帙，部居類彙，遂爲江南之望矣。

自光緒元年從福建鹽法道罷官歸里後，未再出任，更有餘暇。且陸氏善治生之術，饒於資財，故益從事蒐求。此後雖尚無大批收購的記錄可尋，但從其各書題跋中亦約略可窺。分析他藏書的來源，大約有四：

一爲自收藏家手中直接購買。假如聽說有藏書家藏書散出，還遠赴他地採購，如〈毛抄天聖明道本國語跋〉云：

> 此書從絳雲樓北宋本影寫，原裝五本，見《汲古閣秘本書目》。後歸潘稼堂太史，乾嘉間爲黃蕘圃所得，黃不能守，歸于汪士鐘，亂後歸金匱蔡廷相，余以番佛百枚得之。（《儀顧堂題跋》卷三）

此購自金匱蔡廷相者。〈帶經堂陳氏書目後〉云：

> 予粵東歸田，本無出山之志，後聞陳氏藏書散出，多世間未有之本，遂奉檄一行，昔小山堂主人聞陳一齋藏書散出，有閩中之行，余亦同此意也。及至閩，遍訪陳氏後人，僅得張清子《周易纂注》、金仁山《尚書注》、楊仲良《長編紀事本末》三書。（《儀顧堂題跋》卷三）

此購自陳徵芝帶經堂的後人者，陳氏係道光中閩縣的藏書大家。〈元槧風科集驗名方跋〉云：

> 四庫全書未收，阮文達亦未進呈，明以來藏書家惟錢遵王《讀書敏求記》著于錄，此本爲明孫雲翼舊藏，後歸同里蔣氏，余以重值得之，第七八兩卷抄補，九卷全缺，日本多藏中國古書，《經籍訪古志》所載福井榕亭藏本，祇存五、六、十二、十四四卷，此本僅缺一卷，誠海內外之孤本也。（《儀顧堂題跋》卷七）

此從同鄉蔣氏手中購得者。〈宋本毘陵志跋〉二云：

> 四庫未收，阮文達亦未見，乾隆乙酉趙味辛得抄本缺十一卷至二十卷，復從吳枚菴借殘本抄補，其卷十一之第一頁、第二十卷仍缺，屬李申耆兆洛校訂而付之梓，此本卷十一缺首頁及卷二十全缺，或即吳枚菴所藏歟？余從唐鷦安明府得之。（《儀顧堂續跋》卷八）

此購自唐鷦安明府者。

二爲向市肆購買。如〈跋影宋抄寒山詩〉云：

> 光緒五年以番板五枚得此書于吳市，蓋何心耘博士舊藏。（《儀顧堂題跋》卷十）

又如〈元刊切韻指掌圖跋〉云：

> 余于去春得影宋本于虞山，今又得元刊本于姑蘇，以百餘年前所欲
> 見而不可得者，余相繼得之，亦快事也。（《儀顧堂集》卷十六）

又如〈宋本太平御覽跋〉云：

> 初爲中山王邸之物，有南州高士東海豪家印，後入明内府，有文淵閣
> 印，即《文淵閣書目》所載之不全本也。乾嘉間歸黃堯圃主事，後歸
> 蘇州富民汪士鐘，今冬余以白金百朋得之。（《儀顧堂集》卷十七）

又如〈明鈔皇鑑箋要跋〉云：

> 張月霄藏書志始著于錄，此即張氏舊物，前有愛日精廬藏書印，後
> 歸汪士鐘，余從金閶書估得之，恐世無第二本矣。（《儀顧堂集》卷
> 十七）

又如元板《詩集傳附錄纂疏》係得之上海書估（《儀顧堂集》卷十六跋文）。凡此都是從上海、常熟及蘇州的書肆蒐購得來的。也有書估船來湖州售賣的，正如島田翰所言：「書賈奔赴，捆載無虛日。」也如宗源瀚《湖州府志序》中所言：「湖州有書船，陸氏藏書得於書船者甚多，此等書船大抵來自蘇州，蘇州湖州均瀕臨太湖，船隻往來，甚爲方便。如〈景泰本河汾諸老詩集跋〉云：

> 子晉藏書之富甲於國初，求之數年皆非完本，今去子晉時又二百餘
> 年矣。偶從書估船中購得此本，首尾完全，古香溢紙，古人云：物
> 聚於所好，其信然歟？（《儀顧堂集》卷十九）

三爲朋友餽贈的，如《春秋會義跋》云：

> 江南藏書家無著錄者，庚寅春張勤果約游泰山，因訪孫佩南明府寶
> 田于尚志書院，觀其藏書，得見此本，擬欲錄副，以卒卒南旋，未
> 果。越三月，佩南錄以寄余，從此皕宋樓插架又多一北宋祕冊矣。
> （《儀顧堂續跋》卷二）

又〈宋板愧郯錄跋〉云：

> 《愧郯錄》十五卷，每頁十八行，每行十七字，版心有字數及刊匠
> 姓名，書中語涉宋帝皆空一格。……有「朱之赤鑒賞」朱文長方印，
> 「朱臥菴攷藏」朱文長方印，按朱之赤號臥菴，休寧人，明季人。……
> 是書爲祥符周季貺太守所贈。季貺名星貽。（《儀顧堂集》卷二十）

四爲與人交換而獲得的，如〈宋槧婺州九經跋〉云：

> 前有「樂善堂覽書畫記」白文長印，「怡府世寶」朱文方印，蓋本怡

> 賢親王收藏，同治初爲潘文勤所得，光緒十年文勤奉諱南旋，欲得
> 余所藏周子燮兒觥，遺書請效蘇米博易之舉，余拒之，文勤請益堅，
> 兒觥乃歸攀古廎，九經遂爲皕宋廎插架矣。（《儀顧堂續跋》卷一）

又〈重刊石林奏議序〉云：

> 開禧中從孫篯知台州，始版行之。……乾隆中開四庫館，未經采進。
> 至黃氏〈百宋一廛賦〉出，世乃知孤本之僅存，轉輾而爲仁和胡心
> 耘所得。亂後歸於鄉先輩吳平齋太守，余以文衡山、范石湖卷易得
> 之。（《儀顧堂集》卷六）

以陸氏交遊的廣闊，這類以物易物，各取所好的情形，應該不在少數，只是
在他的題跋中敘及的尚不多。自他爲諸生時蒐購藏書開始，其後出仕在外，
迄於罷官歸隱，到光緒八年編刻《皕宋樓藏書志》止，凡二十餘年，據李宗
蓮序說，共得書十五萬卷，此僅指善本而言，而普通的坊刻本尚不在內。其
精善足以與聊城的楊氏海源閣、常熟瞿氏的鐵琴銅劍樓相媲美，總藏書則有
過之，至於清季號稱四大藏書家之一的杭州丁氏的八千卷樓，尚無法與之並
駕齊驅。李宗蓮曾將之與鄞縣范氏天一閣的藏書作一比較，說：

> 天下藏書家爲人人推服無異辭者，莫如四明天一閣，然視先生所藏，
> 其不如也有五：天一書目，卷祇五萬，皕宋樓則兩倍之，一也；天
> 一宋刊不過十數種，元刊僅百餘種，皕宋後三四百年，宋刊至二百
> 餘種，元刊四百餘種，二也；天一所藏，丹經道籙陰陽卜筮不經之
> 書，著錄甚多，皕宋則非聖之書，不敢濫儲，三也；范氏封扃甚嚴，
> 非子孫齊至不開鎖。皕宋則守先別儲，讀者不禁，私諸子孫，何如
> 公諸士林，四也；范氏所藏，本之豐學士萬卷樓，承平時舉而有之
> 猶易，若皕宋則掇拾于兵火幸存，搜羅于蟫斷臭朽，精粗既別，難
> 易懸殊，五也。（〈皕宋樓藏書志序〉）

浙江寧波鄞縣的天一閣，是明嘉靖間范欽購得同鄉豐坊萬卷樓藏書後而興建
的，在明代甚負盛名，與會稽的祁氏淡生堂東西相輝映。然而島田氏卻駁李
氏，說：

> 取比於四明范氏天一閣，抑亦非其倫。蓋紫清之傳，發之於元祐中
> 清敏尚書（豐稷），傳至人翁（豐坊）倍有加。人翁晚得心疾，潦倒
> 於書淫墨癖之中，凡宋槧與寫本，爲門生輩竊去者幾十之六，又遭
> 大火，所存無幾。堯卿侍郎，先時從人翁鈔書，至是購其幸存之餘，

又稍從王元美小酉館互鈔以增益之，是以甬上之藏，鈔本爲多。而黃太沖、徐健菴、萬季野及阮伯元之倫，皆就閣中鈔書，而一時好事者皆爭傚效。乾隆中四庫館開，多徵佚書於天一與大典。文淵、文溯、文源、文津及文匯、文宗、文瀾七閣之成，取範於茲。甬上之惠被學術，豈可計量哉。方司馬鈔書，銳意搜羅，假借繕寫，刊編齰簡，盡供參考。而心源則捆載書於郁氏，當時所購去，今案其目，總四萬八千餘冊，三千二百元。況喪亂之餘，世家巨室之藏，星散雲飛，等於廢紙，而心源舉群而廉獲之，若元本《玉海》直五十元、汴刻《唐書》直三十二元，天水蒙古且然，餘可知矣，其難易輕重，果何如也？且書以佚爲貴，有異同次之，心源所得宋元二刻，其佚者多有仿雕，或名人已爲之點定，而天一則不然，其鈔本之富，正所以多異書。而宗蓮以其宋刊不過十數種，元刻僅百餘種詆之，適見其無識耳。(《皕宋樓藏書源流攷》)

島田氏所說捆載於郁氏，總四萬八千餘冊，大概是據其目而言，其實並非一次購得，尚有以後零星搜輯的，如元刊《玉海》，據陸氏跋語，乃是在光緒初年從書估手中購得的。陸氏收藏以郁氏宜稼堂藏書爲基礎，正如范氏以豐氏萬卷樓爲基礎是一樣的，不過爲基礎而已，尚得靠其他多方面辛勤的收集，才能匯成豐富的收藏。而陸氏在兵火之餘努力收集，其難自然甚於范氏，李氏所說的並不錯，不過李氏所見的《天一閣書目》，應是阮元所編的，范氏所編的原目四卷，僅見於《千頃堂書目》著錄，後世不傳。全祖望謂天一閣藏書，入清後稍有闕佚，尚存十分之八，閩人林佶嘗見其目，而嫌其不博〔註32〕。故李氏所云的卷衹五萬，並非明代范氏原藏之數；而精善不如陸氏，則是事實。島田氏詆李氏爲無識，殆是有意貶抑陸氏藏書的價值。

陸氏的藏書，在潛園中建屋儲藏，李宗蓮〈皕宋樓藏書志序〉云：「其宋元刊及名人手鈔手校者，儲之皕宋樓中，若守先閣則皆明以後刊及尋常鈔帙。」守先閣所藏的普通本書，於光緒八年呈請地方政府，歸之於公，供社會大眾來閱覽。皕宋樓所藏的善本，他則加以整理，依四庫的分類，將全部圖書分爲四部四十四類，且仿照馬端臨《文獻通考・經籍考》、朱彝尊《經義考》、張金吾《愛日精廬藏書志》的前例，每一部除著錄書名、卷數、版本外，並將各書前後的序跋抄錄，但明以後的序跋除了鮮見的以外，僅載年月

〔註32〕見全祖望《鮚埼亭集外編》，卷十七〈天一閣藏書記〉。

而不錄文字，如此編成了一部《皕宋樓藏書志》一百二十卷、《續志》四卷，刻於光緒八年。

　　陸心源的藏書既然這樣豐富，可惜到了他的長子陸樹藩手中，連保管都成了問題。自古至今，私家藏書，很少保有至數代的，不是毀於水火，就是焚於兵燹等不可抗拒的災害。不然，即後世子孫，難期善繼善述，往往將先人苦心搜購之典籍棄之若敝履，怎不令人痛心疾首？據島田翰的記載說：

　　乙巳丙午（光緒三十一年三十二年）之交，予因江南之游，始破例數登陸氏皕宋樓。太息塵封之餘，繼以狼藉，舉凡異日之部居類彙，用以飽蠹魚。又歎我邦藏書家未有能及之者，顧使此書在我邦，其補益文獻非鮮少，遂慫慂其子純伯觀察樹藩，必欲致之於我邦。而樹藩居奇，需值甚昂，始號五十萬兩，次稱三十五萬圓，後稍減退至二十五萬圓，時丙午正月十八日事也。二月返槎，歸而謀諸田中青山先生，不成。先生曰：能任之者，獨有岩崎氏耳，余將言之。而予亦請諸重野成齋先生。今茲丁未（光緒三十三年）三月，成齋先生有西歐之行，與樹藩會滬上，四月遂訂議為十萬圓。五月初二日，吾友寺田望南赴申浦。越六月，陸氏皕宋樓、十萬卷樓、守先閣之書，舶載盡歸於岩崎氏靜嘉堂文庫。（《皕宋樓藏書源流攷》）

陸心源以畢生之力所收之長編鉅冊就這樣舶載而東，遂不復見於中土。

　　當時國內文化界聽到陸心源的藏書售於日本靜嘉堂的消息，大為震驚，想到陸氏有子不肖，且朝廷又無力加以挽回，只有徒喚奈何而已。汾陽王儀通在痛惜典籍淪亡之餘，作七言絕句十二首以誌感慨之情，今錄一二首以見其感慨之一斑。

　　意輕疏雨陌芳椒，賓客文章下筆驕，
　　割取書城歸舶載，蘋風悽絕駱駝橋。
　　三島於今有酉山，海濤東去待西邊，
　　愁聞白髮談天寶，望贖文姬返漢關。

武進董康亦曾為此事而嘆息不已，他在〈刻皕宋樓藏書源流攷題詞〉一文中曾說：

　　今春（丁未）彥楨（即島田翰）馳書相告，岩崎文庫以日金一萬八千圓購陸氏書有成議。余初謂陸氏為吳興望族，剛父觀察逝世未久，

> 何致貨及遺書？嗣彥槙寄示〈皕宋樓藏書源流攷〉，並屬附梓訪餘錄
> 內，始信其事果真。按陸氏藏書志所收，俱江浙諸名家舊本。古芬
> 未墜，異域言歸，反不如台城之炬，絳雲之爐，魂魄長守故都也，
> 為太息者累日。

不過，後來董康訪日，曾登臨靜嘉堂觀所藏陸氏的書無恙，有感而作了七絕
三首，其末首云：

> 觸蠻蝸角任縱橫，展卷令予百慨生，
> 好借名園為石室，免教浩劫弔台城。〔註33〕

的確，陸氏藏書若在國內，經過了民初軍閥的戰亂及抗日戰爭，是否能保全
而不散佚，實不能不令人懷疑。譬如杭州丁氏善本書室的藏書後歸江蘇國學
圖書館，抗戰期間因搬遷即稍有損失。聊城楊氏海源閣及常熟瞿氏鐵琴銅劍
樓的書則已大半流散在外，或遭亡佚。如今，此三家之書均淪於竹幕，聞均
收歸國有，紅衛兵之禍，是否延及，或因人謀之不臧，而有損毀，已不得而
知。曷如陸氏之書尚聚而未散，誠如董氏所詠：「免教浩劫弔台城。」故自保
存文化而言，無寧是幸運的。

四、陸心源在目錄學上的貢獻

陸心源的藏書既富，版本又眾多，遂利用來研究學問，他一生的著作甚
多，達一千餘卷。綜其著作的重要學術價值，除了對文獻的輯存而外，則在
版本、目錄、校勘學方面的貢獻。我國的校讎目錄學，淵源於西漢劉向的《別
錄》。劉向每校一書，必取中外公私所藏的本子，先予以校讎，刪其複重，勘
其文字的異同。《別錄》云：

> 讎校者，一人讀書，校其上下，得謬誤曰校；一人持本，一人讀書，
> 若怨家相對，故曰讎也。〔註34〕

每一書校讎竣事後，撰寫敘錄，以介紹其書以及作者。〈漢志序〉云：「每一
書已，向輒條其篇目，撮其旨意，錄而奏之。」梁阮孝緒〈七錄序〉也說：「昔
劉向校書，輒為一錄，論其指歸，辨其訛謬。」此所謂的「撮其旨意」、「論
其指歸，辨其訛謬」，即是概論該書作者著書的宗旨、學術淵源及書的大意與
得失。但要明瞭作者著書的宗旨與其學術淵源，先必知曉作者的生平。例如

〔註33〕董氏《書舶庸談》卷六。
〔註34〕見《太平御覽》卷六一八引，又《文選‧左太沖魏都賦》李善注引《風俗通》。

劉向的〈晏子敘錄〉：

> 晏子名嬰，諡平仲，萊人，萊者，今東萊地也。晏子博聞彊記，通
> 於古今，事齊靈公、莊公、景公，以節儉力行，盡忠極諫，道齊國
> 君得以正行，百姓得以附親。不用，則退耕於野，用則必不詘義，
> 不可脅以邪。白刃雖交胸，終不受崔杼之劫。諫齊君，懸而至，順
> 而刻。及使諸侯，莫能詘其辭，其博通如此。蓋次管仲。內能親親，
> 外能厚賢，居相國之位，受萬鍾之祿，故親戚待其祿而衣食五百餘
> 家，處士待而舉火者亦甚眾。晏子衣苴布之衣、麋鹿之裘，駕敝車
> 疲馬，盡以祿給親戚朋友，齊人以此重之。

即詳敘作者的行事。自劉向以後，後來作書敘、撰目錄的，大都奉爲圭臬。
譬如揚雄的〈法言序〉、班固《漢書》的〈敘傳〉，皆縷敘自己的生平事蹟。
南朝劉宋時王儉撰《七志》，〈隋志序〉說：「但於書名之下，每立一傳。」是
王儉所撰的各書敘錄，直稱之爲傳。再如釋家的目錄書，像梁僧佑的《出三
藏記集》、唐釋道宣的《大唐內典錄》、智昇的《開元釋教錄》等，皆詳爲介
紹譯著人的生平，也是承襲《別錄》、《七志》的撰述體例。不過介紹著者的
體例，宋以後的目錄學家已鮮知其功用，現今傳世的宋晁公武《郡齋讀書志》、
陳振孫《直齋書錄解題》兩部目錄，每書僅載作者的姓名，至於敘述爵里，
已不完備，更無論介紹其行事了。元明兩朝是我國目錄學的衰微時期，沒有
產生一部稍能上承漢唐的目錄書。到了清乾隆中纂修四庫全書，始規復劉氏
向歆父子的目錄學。《四庫總目凡例》云：

> 每書先列作者之爵里，以論世知人；次考本書之得失，權眾說之異
> 同，以及文字增刪，篇帙分合，皆詳爲訂辨。

然而關於介紹作者，撰提要的，憚於攷訂，用力不多，故常云：「仕履未詳」、
「始末未詳」。四庫以後的目錄書，如道光中張金吾《愛日精廬藏書志》，俱
載各書的序跋，而不撰解題，只有周中孚《鄭堂讀書記》尚介紹作者，朱緒
曾的《開有益齋讀書志》稍涉考證，但都不夠詳明。

　　陸心源長於攷證，在他的文集中攷據的文章頗多，如〈酒課攷〉、〈翎頂
攷〉、〈補服攷〉、〈辮髮薙髮攷〉等。他所撰的《儀顧堂題跋》、《續跋》及《儀
顧堂集》中諸書的跋文九十篇，對書的作者的生平攷證可謂不遺餘力。近人
余嘉錫說：「陸氏富收藏，精鑒別，所著《皕宋樓藏書志》及《穰梨館過眼錄》
皆爲世所稱；又長於校讎之學，著有《群書校補》；是故書（指《儀顧堂題跋》

及《續跋》）於板本文字異同，言之極詳。然余以爲其精博處，尤在能攷作者之行事也。」〔註35〕實則攷作者之行事，在集中的跋文也有不少，不僅是《儀顧堂題跋》。

茲分別論述陸氏在目錄學上的貢獻。

（一）考補《四庫提要》之未詳

陸氏攷作者凡於《四庫提要》所言里貫、仕履、始末未詳者，或雖涉及而不能詳明者，多博採雜史、方志、筆記及文集中的資料詳考，以補其闕略，可謂深得劉氏父子的遺意，規復目錄家法，茲酌各舉例以說明之。

《四庫提要》未敘里貫者，如子部法家類《折獄龜鑑》作者鄭克，陸氏跋其書云：

> 克字武子，開封人，累官承直郎湖南提刑司幹官。（《續跋》卷九）

如子部類書類《古今源流至論別集》的作者黃履翁，《提要》但云：「履翁字吉父，不知其里貫，疑亦閩人也。」不過因《至論》的作者林坰是閩人，因而懷疑履翁也是閩人。陸氏跋其書云：

> 愚案履翁福建崇德縣人，紹定五年進士，以林坰所輯《源流至論》
> 未備，復爲彙輯《別集》十卷，見《閩書》。（《題跋》卷八）

《四庫提要》撰者攷林坰的里貫係據《閩書》，而未知履翁的里貫，同書中亦有記載，可謂失之眉睫之前。

《四庫提要》不知作者爲何許人者，如經部易類宋方實孫淙山《讀周易記》，《提要》云：「實孫不知何許人，惟劉克莊《後村集》有〈實孫樂府跋〉、〈經史說跋〉。」陸氏跋其書則攷云：

> 愚案實孫，字端仲，福建莆田人，慶元五年進士，嘗以所著《易說》
> 上于朝，入史局，著有《讀書》一卷、《讀詩》一卷、《經說》五卷、
> 《讀論語孟中庸大學》四卷、《史論》一卷、《太極說》、《西銘說》
> 及此書。（《題跋》卷一）

如書類元陳師凱《書蔡傳旁通》，《提要》云：「師凱家彭蠡，故自題曰東匯澤，其始末則不可得詳。」而陸氏則攷云：

> 愚案師凱字叔才，都昌人，專究理學，纂《蔡傳旁通》，見《西江人
> 物志》。（《題跋》卷一）

〔註35〕見余嘉錫《論學雜著》〈書儀顧堂題跋後〉。

又如子部藝術類宋郭若虛《圖書見聞志》，《提要》云：「若虛不知何許人，書中有熙寧辛亥冬被命接勞北使爲輔行語，則嘗爲朝官，故得預接伴。陳孫振《書錄解題》云，自序在元豐中稱大父司徒公，未知何人。」陸氏攷云：

> 案若虛，太原人，見《直齋書錄解題》。熙寧三年官供備庫使，尚永安縣主，見王珪《華陽集·東安郡王墓誌》。七年八月丁丑以西京左藏庫副使宋昌言爲遼國賀正旦使，八年爲文思副使，坐使遼不覺翰林司卒逃遼地，降一官，見《續通鑑長編》。（《題跋》卷九）

又如宋慈《洗冤錄》二卷，《存目提要》云：「慈字惠父，始末未詳。是書自序題淳祐丁未，結銜題朝散大夫新除直祕閣湖南提刑充大使行府參議官。」而陸氏則詳攷云：

> 《四庫全書存目·法家類提要》云「始末未詳」；錢竹汀《養新錄》亦不知何許人。愚案宋慈，福建建陽人，嘉定十年進士，少受業於同邑吳稚稚，爲朱子弟子，因得與楊方黃幹李方子論質，學益進，補贛州信豐主簿，遷知長汀縣，擢知常州，歷廣東、江西、湖南提點刑獄，終于直煥章閣，知廣州、廣東安撫大使。淳祐六年卒，年六十四，見《劉後村大全集》。（《題跋》卷六）

蓋《四庫提要》憚於攷訂，往往但憑本書中署銜及序文來紹介作者，皆如此類，實不足以當知人論世。

關於《四庫提要》雖稍涉攷證，但不能詳明，陸氏則攷補之。如經部易類宋倪天隱《周易口義》，《提要》云：

> 天隱始末未詳。葉祖洽作陳襄行狀，稱襄有二妹，一適進士倪天隱，殆即其人。

陸氏考補云：

> 愚案天隱字茅岡，桐廬人，學者稱爲千乘先生，治平熙寧中曾爲合肥學官，嘗作《草堂吟》。晚年主桐廬講席，弟子千人。見彭汝礪《鄱陽集》、黃宗羲《宋元學案》所述。（《題跋》卷一）

又如史部傳記類宋費樞《廉吏傳》，《提要》云：

> 樞字伯樞，成都人。自序題宣和乙巳，蓋作于宋徽宗末年，前有辛次膺序，稱其以藝學中高第，其仕履始末則無考也。

陸氏則考補云：

> 案樞廣都人，祖求熙寧進士，官止眉山令，樞亦登進士第，宣和初

徒步入京師，將至長安，舍旅館，主人婦美少新寡，夜就之，樞不
可，問知乃戶京師販繒人女，因訪其父，俾取而更嫁之，人稱其清。
紹興十六年，以左朝散郎知歸州，見《繫年要錄》一百五十五卷。
（《題跋》卷四）

又如子部雜家類雜攷宋王觀國《學林》，《提要》云：

觀國字至道，長沙人，其事蹟不見于《宋史》，《湖廣通志》亦未之
載。

陸氏攷云：

愚案觀國政和九年進士，簽書川陝節度判官，以招諭逋逃勞轉一官，
紹興初官左承務郎，知汀州、寧化縣主管，內勸農事兼兵馬監押，
累升祠部郎中。十四年御史李文會劾觀國，與直學士院劉才邵皆萬
俟卨腹心，出知邵州。見《繫年要錄》、《宰輔編年錄》、《群經音辨
後跋》、劉才邵《檆溪居士集》、慕容彥《逢掞文堂集》。（《題跋》卷
八）

又如子部道家類宋杜道堅《文子纘義》，《提要》云：

道堅字南谷，當塗人，武康計籌山昇元觀道士也，其始末無考。是
書諸家書目，亦罕著於錄。惟考《牟巘陵陽集》有為道堅所作序，
又別有《計籌峰眞率錄》，序稱「洞微先生，常主昇元觀席，德籌宮
錫之寶翰，至今歲某甲，道堅實來，上距祖君十二化，然才百年云
云。」案自高宗內禪居德籌宮時，下至景定壬戌，正一百年，則道
堅當為理宗時人。而李道純〈中和集序〉，乃道堅所作，題大德丙午，
則入元久矣。

雖亦頗涉考證，然未能詳其始末，陸氏據趙孟頫所撰《杜道人碑》，則詳載其
生卒行事。跋其書云：

案道堅字處逸，當塗采石人，自號南谷子，年十四決意為方外遊，
乃辭母去，著道士服。宋度宗賜號輔教大師，武康楊氏請住昇元報
國觀，元兵南渡，道堅謁淮安忠教王，為民請命，與語大悅，入覲
世祖，詔馳驛江南，搜訪遺逸，道堅疏言養賢求賢用賢之道，上嘉
納，使還提點道教，住持杭州宗陽宮。大德七年授杭州路道錄教門
高士眞人，仍領昇元觀事，又于計籌山別立通元觀作攬古之樓，聚
書數萬卷，……延祐五年卒，年八十二。（《題跋》卷九）

又如雜家雜說宋吳炯（應作坰）《五總志》，《提要》云：

> 炯仕履未詳，惟《中興百官題名》記載紹興十三年七月，吳炯為樞
> 密院編修官，八月除浙西提舉，其始末則不可攷見矣。

陸氏跋其書，則詳攷之，謂：

> 案坰興國永興人，祖中復官御史，《宋史》有傳，書中所稱大父事仁
> 宗為御史云云是也。中復為犍為令，土產紅桑、紫竹、荔枝三香，
> 為民害作《三戒詩》，著諸石，事見《方輿勝覽》，與書中所云嘉州
> 歲貢荔枝紅桑云云合。父則禮累官直祕閣，知虢州，著有《北湖集》，
> 崇寧三年編管荊南，見《長編紀事本末》，書中所稱崇寧乙酉謫居荊
> 南，與《北湖集》百憂集行「疇昔罪臣投荊南」之句合。坰紹興十
> 三年七月為樞密院編修官，八月提舉浙西茶鹽，十四年十二月改除
> 兩浙運副，十五年七月奏具便民事，乞令常平司支借錢穀，勸民濬
> 決華高等處沿海三十六浦以泄水勢，庶無淤損民田之患，詔可，累
> 官直徽猷閣、成都府路轉運副使，知荊南府。二十四年五月請祠主
> 管台州崇道觀，時鼎澧茶寇猖獗，殺傷鼎澧巡檢，焚漵浦縣，坰未
> 受命以憂死。嘗編其父則禮所著詩文為《北湖居士集》十卷，見《繫
> 年要錄》、《方輿勝覽》、《咸淳臨安志》、〈北湖集韓駒序〉。（《題跋》
> 卷八）

若此之類例證甚多，不具引述。

（二）書之未載撰人姓氏者，考其作者

我們閱讀一部書，沒有不想知曉此書的作者為誰，其生平行事如何，以
及他的學術思想。這就是孟子所說的知人論世。一般編撰書目的，遇到未載
著者的書，多題「不著撰人」，在《四庫全書總要提要》中此類的書即有不
少。陸心源一生勤學，泛觀博覽，攷編他收藏的善本，凡不載作者的都不厭
其煩，旁搜博採，務求考出作者的姓氏與時代，即或姓氏實無法攷知者，亦
必攷作者著書的時代。如《漢隸分韻》七卷，《四庫總目》將此書編次於元代
之末，《提要》云：「不著撰人名氏，亦無時代。」陸氏跋此書宋刊本云：

> 案《宋史藝文志・小學類》有馬居易《漢隸分韻》七卷，卷數與今
> 本合，則是書乃居易所著也。惟分韻與大定六年王文郁平水韻略同，
> 不用《禮部韻略》，則居易當是金人，非宋人矣。遼金人著述，往往
> 有南宋覆本，如遼釋行均《龍龕手鑑》、金成無已《傷寒論》皆是。

不然，元人所著不得收入《宋史》，金人所刊不得避宋諱也。或曰金人著述，《宋史》誤作宋人，此外有可徵乎？曰成無已《傷寒論》前有金皇統元年嚴器之序，《宋史》既誤爲器之所著，又誤以爲宋人，此書亦猶是也。（《題跋》卷一）

依據史志及書中內容，考本書爲金馬居易所撰，作者不唯不是元人，亦非宋人，而爲北方的金國人。如《雞峰普濟方》三十卷，四庫未收，近代有清道光中汪士鐘《藝芸書舍》覆宋刊本傳世。邵氏《四庫簡明標注補注》著錄題宋張銳撰，丁氏《持靜齋藏書紀要》、《八千卷樓書目》著錄亦同。陸氏跋宋板此書云：

《雞峰普濟方》三十卷……題「馮翊賈兼重校定」七字，相傳以爲張銳著，前後無序跋，目錄亦祇存十葉，莫能明也。（《儀顧堂集》卷十九）

陸氏以張銳是南宋紹興初年太醫局教授，而此書中所述醫案多北宋仁宗、神宗時代事，與張銳的時代不合。書中引前代名醫多稱字，惟獨於唐孫思逸稱眞人，必作者姓孫。書中常自述「兆」如何如何，則作者必名兆。而孫兆爲北宋仁宗時名醫，與此書所述時代合。雞峰爲陝西寶雞縣的陳倉山，兆自稱孫思邈的後代，當是陝人。而張銳乃鄭州人，與雞峰風馬牛不相及。於是舉出五證，考訂此書爲北宋孫兆所撰，跋載《儀顧堂集》卷十九，文過長，不具引。其說成爲定論，如《抱經樓藏書志》載此書，即題宋孫兆撰。其他如《續考古圖》五卷，無撰人，四庫著錄，《提要》僅知爲南宋初人續呂大臨書，其書並附《釋文》一卷，陸氏跋其書云：

《續考古圖》五卷，始見于《讀書敏求記》，不著撰人。《四庫》及《天祿琳琅》所著錄，即遵王藏本，余借潘伯寅尚書藏本付梓，僅據瞿者年籀史知釋文爲趙九成所撰，心疑續圖或亦出九成而無證據，近讀李邴〈嘯堂集古錄序〉有云：「鼎器款識絕少，字畫復多漫滅，及得呂大臨、張九成二家考古圖，雖有典刑，辨識不容無舛。（《題跋》卷三）

不僅考出釋文的作者，並考出《續考古圖》的作者同爲趙九成，可以更正《四庫總目》的著錄。如《至順鎮江志》，四庫未收，阮元得舊鈔本，以之進呈，《四庫未收書目提要》云不著撰人名氏。陸氏根據《乾隆鎮江志·俞希魯傳》，考知此書即元俞希魯所撰，並據《嘉慶丹徒志》，詳述作者的行事（見

《題跋》卷四），於是我們可以知人論世了。又如《歷代故事》一書，陸氏據
無名氏的序文中，有「老見永陽郡王」一語，考知其書爲宋揚次山所輯（《題
跋》卷四）。

亦有雖知作者之姓名，然不知其生存的時代，或有誤題者，陸氏亦爲之
考證。如《群書類編故事》一書，亦係阮元進呈者，其《未收書目提要》根
據《寧波府志》記載作者王罃在明初曾任肇慶太守，而題爲「元王罃撰」。而
陸氏跋其書云：

> 王罃……以宣德五年守肇慶，居九年，調西安，又三年卒，年七十
> 推之，當終于正統六年辛酉，生于洪武五年壬子，其非元人明矣。（《題
> 跋》卷八）

因定王罃實爲明人，而題元者誤。又如宋史炤《通鑑釋文》，四庫未收，而爲
阮元得之進呈者，惟所撰提要，《揅經室外集》未載，尚有阮氏所進提要，原
摺現存故宮博物院，提要云：

> 炤字見可，眉州人，嘗爲右宣義郎，監成都府糧料院，嘉祐治平間
> 爲搢紳所宗，蘇軾兄弟以鄉先生事之。〔註36〕

陸氏跋此書宋槧本云：

> 案宋有三史炤，一爲宋仁宗時人，治平三年官少卿，某州轉運使，
> 見華岳題名。一爲度宗時人，咸淳中官利州路統制，見《宋史》本
> 紀。一則著此書者，據馮時行序，炤字見可，眉山人，……見可著
> 此書，精索粗用深探約見，積十年而後成，年幾七十，好學不衰，
> 序題紹興三十年，則見可之生當在元祐末年，下距咸淳一百八十餘
> 年，上距嘉祐三十年。（《續跋》卷七）

蓋阮氏將作者誤爲仁宗時的史炤，而作者實爲南宋初年人。陸氏書中類此考
訂作者生存的時代者頗多，如考《四庫》著錄的《濟生方》作者嚴用和爲宋
季的醫生（《題跋》卷七），《道德經集解》的作者董思靖爲宋理宗時泉州天慶
觀的道士（《續跋》卷十一）等等，蓋陸氏長於史學，對時代觀念頗爲敏銳，
考辨人事往往自時代著眼。例如他曾收藏有明文衡山（徵明）的一幅〈關山
積雪圖〉卷，上有吳匏菴（寬）、唐六如（寅）兩跋，他僅憑跋文所述的年代，
即斷知此畫卷係屬僞本。他說：

> 衡山題云：「余在京師，友人持郭河陽〈關山積雪〉卷出示，今二十

〔註36〕見吳哲夫〈宛委別藏簡介〉，載《故宮圖書季刊》第一卷第二期。

餘年矣，輒洗筆摹一過。」案衡山行狀以嘉靖癸未貢成均始入都，
實嘉靖三年，時年五十三，謝事二十餘年，當爲嘉靖二十五六年，
年已七十五六矣。六如卒於嘉靖四年，鮑菴卒於宏治四年，安得見
此卷而爲之題跋乎？可爲噴飯。〔註37〕

陸氏嘗批評嚴可均「僅有校釋之能，未得旁通曲證。」〔註38〕故他從事考訂
多能博稽典籍。

（三）考訂古今書名之異同

　　從古至今，典籍浩瀚，有書名相同而內容相異，又有書名雖異而內容相
同者，或亦有經後人更改書名者，陸心源遇到這類問題時，都能加以考訂。
茲各舉例以說明之。

　　如〈六經雅言圖辨跋〉云：

　　明《文淵閣書目》、焦氏《經籍志》、《千頃堂書目》皆著于錄，惟不
　　著二鄭之名。……核其文即四庫所收之鄭樵《六經奧論》也。……
　　《文淵閣書目》有《六經圖辨》，無《六經奧論》，至董氏《元賞齋
　　書目》始有《六經奧論》，可見成化以前無此名，必黎溫刊板所妄改
　　耳。蓋淺人見書題莆陽二鄭而不著其名，但知莆田之有鄭樵，不知
　　有鄭厚，故妄題之，不知二鄭非一鄭也。明人書帕本，大抵如是，
　　所謂刻書而書亡者也。其撰人當從宏治《興化府志》作鄭厚與弟樵
　　同撰者爲近。（《題跋》卷一）

此處考訂《六經雅言圖辨》與《六經奧論》書名雖異而內容實同。

　　又如〈靈樞經跋〉云：

　　愚案《靈樞》即《鍼經》，見于《漢藝文志》、皇甫謐《甲乙經序》，
　　並非後出，靈寶注以鍼有九名改爲「九靈」，又以十二經絡分爲十
　　二卷，王砅又因九靈之名而改爲靈樞，其名益雅，其去古益遠，實
　　一書也。請列五證以明之。皇甫謐《甲乙經序》曰《七略》《藝文志》
　　《黃帝內經》十八篇，今有《鍼經》九卷，《素問》九卷，二九十八
　　卷，即《內經》也。又有《明堂孔穴鍼灸治要》，皆黃帝岐伯選事也，
　　三部同歸，文多重複，乃撰集三部，使事類相從爲十二卷，今檢《甲

〔註37〕〈與宗湘文太守書〉，載《儀顧堂集》卷四。又參見《儀顧堂題跋》卷九，〈跋
　　　　書畫彙考〉。
〔註38〕〈與繆筱山太史書〉，載《儀顧堂集》卷四。

乙經》稱「素問」者,即今之《素問》也,稱黃帝者,驗其文,即
今《靈樞》,別無所謂《鍼經》者,則《鍼經》即《靈樞》可知,其
證一也。《靈樞》卷十九,鍼十二,原篇已云先立《鍼經》,是《鍼
經》之名見于本書,其證二也。王砯云《靈樞》即《黃帝内經》十
八卷之九與皇甫謐同,當是漢以來相傳之舊說,其證三也。楊尚善,
隋初人也,所著《黃帝内經太素》,《黃帝内經明堂類成》,中土久佚,
今由日本傳來,其書採錄《靈樞》,經文與《素問》不分軒輊,與《甲
乙經》同,是漢唐人所稱《内經》合《素問》《鍼經》而言,非專指
《素問》明矣,其證四也。《靈樞》義精詞奧,〈經筋〉等篇,非聖
人不能作,與砯《素問注》相較,精粗深淺相去懸殊,斷非砯所能
偽託,其證五也。(《題跋》卷七)

此舉五證以考訂《靈樞》一書古今書名之異同。

又如〈原本數書九章跋〉云:

《大典》本題作《數學九章》,明文淵閣目同。此本作《數書九章》,
豈明以後人所改歟。(《題跋》卷八)

此處考訂經後人更改書名者。

(四)考古今卷數之多寡

古籍由於編刻之時地不同,或傳錄之源流不同,往往卷數亦有不同,陸
氏遇此問題,必加以考覈。茲舉例說明之。

如〈是齋百一選方跋〉云:

《新刊續添是齋百一選方》二十卷,宋王璆撰,東洋覆元本,《書錄
解題》、《宋史藝文志》皆著于錄,《解題》三十卷,《宋志》二十八
卷,朱竹垞所藏元本亦作二十卷,《曝書亭集》有跋,與此本合,《宋
志》及《解題》殆傳寫之訛耳。(《題跋》卷七)

此辨《宋志》及《書錄解題》之誤。

又如〈宋槧劉後村集跋〉云:

考洪天錫撰〈後村墓志〉,稱後村早負盛名,……士友為四六及五七
言往往祖後村氏,于是前後續新四集二百卷,流布海内,歸然為一
代文宗云云。是《後村集》宋時已刊行,已有前後續別四集二百卷,
此本當為四集之一,以不收淳祐庚戌以後詩證之,其為前集無疑也。
《千頃堂書目》載《後村居士集》五十卷,註曰詩文,當即此本。(《續

跋》卷十二）

此證《後村集》乃《大全集》二百卷中之前集，故僅五十卷而已。

又如〈元槧牧潛集跋〉云：

> 其書不分卷，以類各爲起訖，詩一銘二碑記三序四書五雜著六榜疏
> 七，故喬祖跋祇云一卷也。……至明刻始分爲七卷，四庫本即以明
> 刻著錄，此則元刻祖本也。（《續跋》卷十三）

此考覈古今卷數之不同。

又如〈疑獄集跋〉云：

> 前二卷爲（和）凝所集，後二卷爲（和）㠓所續，南宋時已佚一卷，
> 故晁公武《郡齋讀書志》亦以三卷本著于錄，與此本合，今四庫著
> 錄四卷本，乃後人分第三卷爲兩卷，以足四卷之數，亦非原書也。
> （《題跋》卷六）

此考卷數之存佚及古今分卷之異同。

又如〈影宋抄唐子西集跋〉云：

> 《子西集》，《宋史》本傳、《書錄解題》皆作二十卷，《藝文志》作
> 二十二卷，蓋并三國雜事計之，《讀書志》作十卷，《文獻通考》同，
> 據康佐後序是書本有閩蜀兩刻，而閩本多于蜀本，疑晁所據者蜀本，
> 陳所據者閩本也。（《題跋》卷十一）

此處說明卷數之不同與版刻有關。

（五）考辨古書的真偽

讀書之要，首在鑒別，鑒別之道，首在眞偽，因眞偽不辨，而誤信偽書，
所獲得之知識，即不眞實，所考證之結論，亦不可信。陸心源往往根據目錄
之書來辨別古書之眞偽。如〈粵雅堂刻偽簣竹堂書目跋〉云：

> 《四庫提要》，《簣竹堂書目》六卷，經史子集各一卷，卷首曰制，
> 乃官頒各書及賜書賜勑之類，末卷曰後錄，則其家所刊及自著書，
> 有成化七年自序，大率本之馬氏《經籍考》，別出舉業類，而無詩
> 集，亦略有增損，又別有新書目一卷，附于後，中載夏言王守仁諸
> 人集，蓋其子孫所編云云。案此本卷首雖有聖製而不曰制，又無後
> 錄，亦無附目，卷中有詩集，而無舉業，序末亦無成化紀年，證與
> 文莊自序，固多牴牾，與提要尤無一合，蓋書賈抄撮《文淵閣書
> 目》，改頭換面，以售其欺，決非館臣所見兩淮經進之本也。（《題

跋》卷五）

此據《四庫提要》辨別伍崇曜所刻粵雅堂叢書本《篆竹堂書目》乃後人據文淵閣目刪削之僞本，非葉氏原書。又如〈明抄江鄰幾雜誌跋〉云：

> 休復卒于嘉祐五年，見《歐陽文忠集》，不應述崇寧大觀時事，王介甫生于天禧辛酉，嘉祐初甫三十，官亦未顯，不得稱老，蘇東坡生于景祐三年，嘉祐五年，年二十五，蘇過生卒雖無可考，既爲坡長子，其時年不過十歲，非鄰幾所得見，山谷生于慶曆五年，嘉祐初纔十餘歲，張文潛生皇祐五年，尚未及十歲，休復安得引其詩文，……皆與時代不合，恐醴泉筆錄之名是南宋時人僞造。（《題跋》卷九）

此以書中所引與時代不合，證明此書爲僞書。

近人余嘉錫著《目錄學發微》，分析劉向校書撰敘錄的義例有三：（一）論考作者之行事。（二）論考作者之時代。（三）論考作者之學術。陸氏惟於作者的考訂用力最勤，因他的時代正是在《四庫全書總目》盛行的時代，故在圖書分類方面只能因襲四庫，無所改革。在評介書的大旨得失方面，非專門之學也不易深入，因而只有致力於考訂作者，頗能補四庫的疏失與闕略。余嘉錫在〈書儀顧堂題跋後〉一文中，論陸氏考證之失有三：「一曰辯正未確，二曰引證不詳，三曰持論矛盾。」〔註39〕誠然陸氏的考證難免有疏失之處，如余氏所縷舉者，但以一人之力，考訂數百部書，欲其周詳完善，實不可能。然而他的考訂工夫也甚不乏精竅之處，例如〈跋衢本郡齋讀書志〉（《題跋》卷五），考晁公武的生平，補《四庫提要》之略，雖今人治專書，寫晁氏的傳〔註40〕，所能補陸氏者也甚罕。而且考證之學，後來居上，創始者難爲功，此亦不足爲陸氏病。後來胡玉縉撰《四庫提要補正》，余嘉錫撰《四庫提要辨證》，參考陸氏的書甚多。傅增湘撰《藏園群書題記》，莫伯驥撰《五十萬卷樓群書跋文》，考訂作者，未始不是受陸氏的影響。故余氏雖評陸氏考證有疏失，然而在所撰的《目錄學發微》中仍說他：「陸心源《儀顧堂題跋》，搜採作者事蹟最爲精博。陸氏之學亦偏於賞鑒，惟此一節則軼今人而追古人矣。後之治目錄學者，所宜取法也。」余氏所言並非溢美之辭。〔註41〕

〔註39〕余嘉錫《論學雜著》。
〔註40〕參見劉兆祐著《晁公武及其郡齋讀書志》一書。
〔註41〕亦見《書儀顧堂題跋後》一文。

五、陸心源在版本學上的貢獻

　　陸氏精於版本的賞鑑，爲當時人所贊佩，他所撰的《儀顧堂題跋》合版本校勘考證三者之長，也爲後人所推重。我們要衡量他在版本學上的貢獻，當先瞭解我國版本學發展的歷史。我國的雕版印書雖然源起甚早，但版本學的萌芽卻相當遲。自從明代末季因宋版書廣受藏書家的喜愛和珍惜，書估因緣射利而有僞造宋版的事情不斷發生，藏書家爲了防止吃虧上當，於是有賞鑑家一派的出現，也就是前面所引洪亮吉《北江詩話》中所謂的：「第求精本，獨嗜宋刻，作者之旨意縱未盡窺，而刻書之年月日最所深悉，是謂賞鑑家者是也。」版本賞鑑家仿效書畫的賞鑑，將他所收藏的宋元舊鈔善本的各種情形記述下來，以供同好的參考。這種善本的賞鑑起源於清初錢曾的《讀書敏求記》，《敏求記》中各書的解題不像傳統的目錄介紹作者及書的內容，但討論繕寫刊雕的工拙，《四庫存目提要》稱此書：「述授受之源流，究繕刻之異同，見聞既博，辨別尤精，但以版本而論，亦可謂之賞鑑家矣。」這是我國版本學的萌芽。其後，乾隆嘉慶間于敏中、彭元瑞先後奉詔整理內府昭仁殿所藏的善本，編撰《天祿琳琅書目》及後編，除了記載刊梓年月、刻印工拙外，並記錄收藏的印記，以及書估作僞的情形。嘉慶道光間海寧陳鱣的經籍跋文、吳縣黃丕烈的《百宋一廛賦》注又增記宋元本的版式行款。黃氏所撰的藏書題跋中，頗敘及版本繙雕的本末〔註 42〕。道光七年張金吾《愛日精廬藏書志》，除著錄原書的序跋外，僅記載版本及遞藏的源流。同治中出版的莫友芝《舊本書經眼錄》、丁日昌《持靜齋藏書記要》，除記版本行款外，並增記書中的避諱字。陸心源的《皕宋樓藏書志》出版於光緒八年，《儀顧堂題跋》及《續跋》分別刊印於十六年與十八年。與他同時的藏書家，如吳縣潘祖蔭的《滂喜齋藏書記》、常熟瞿鏞的《鐵琴銅劍樓藏書目錄》、聊城楊紹和海源閣的《楹書隅錄》、宜都楊守敬的《日本訪書志》等或尚未編成，或雖已撰就而未付刊〔註 43〕。故從版本學發展的歷史來看，陸氏的時代，版本賞鑑僅記載版式行款、避諱字、收藏源流、繙雕本末以及書估作僞情形等等。

〔註 42〕　參見昌彼得先生撰〈目錄學的體制〉一文，原載《故宮圖書季刊》第一卷第
　　　　　三、四期，後收入學海出版社出版的《版本目錄學論叢》第二冊。

〔註 43〕　《滂喜齋藏書記》刊於光緒末年。瞿目雖刊版於光緒四、五年間，但未及行
　　　　　世，二十四年始由其孫瞿啓甲訂正印行，又董康刻此目亦在光緒二十三年。《楹
　　　　　書隅錄》編撰雖在同治中，但刊行則在光緒二十年。楊氏《日本訪書志》刊
　　　　　於光緒二十三年。

因此我們分析研究陸氏所撰的藏書目錄與版本題識除了因襲前人外並作進一步的發展，有四點是他在版本學上的貢獻，茲分別論說於後。

（一）考版本的優劣異同

陸氏除了長於考證外，也精於校勘。他的藏書豐富，一書的各種版本也多。所以他每購獲一善本，必取眾本互勘，或借朋友的藏本來校。因古籍經過無數次的輾轉傳播翻刻，難免譌誤脫漏，如非經過校勘，則無以知流傳版本的優劣。校勘的例子，在文集及題跋中隨處可見，如〈北宋本冊府元龜跋〉云：

> 以明季李如京刊本校之，舛誤幾不可讀，如一百九十二末葉「天福四年」上脫二十字；卷一百八十後魏宣武時條所據宋本脫一葉凡六百餘字而以後魏宣武時條之前半與憲宗元和六年條之後半合而為一；……卷五百五十七全卷皆出改竄。……至於一字一句之脫，無卷不有，魯魚亥豕之譌，無頁不有。……粗莽滅裂一至于此，即此四百七十一卷，脫文已達一萬三千餘字，顛倒改竄者三卷，安得全書復出一二正之也。余又藏有舊抄本一千卷，卷首題曰監本新刊《冊府元龜》，然第五百九十三卷末頁亦缺，卷五百二十顛倒，卷五百五十七改竄，卷七百三十缺文與今同，當從南宋本影寫，則是在南宋已鮮善本，此本雖殘，殊可貴也。（《儀顧堂集》卷二十）

這是以宋版校明末本的脫誤。同治九年吳縣孫琴希校刻宋杜範的《清獻集》，曾寄了一部給陸氏，陸氏以明嘉靖黃縮刊本校其本，知其本誤脫之處，不一而足，他曾寫了一封信覆孫氏，內有云：

> 卷七「乞招用邊頭土豪箚不思備禦」以下脫一百七十二字。「其職以出台」以下，乃端平三年五月奏事之下半篇，其上脫二百字。卷八殿院奏事第一箚「凡今之所陳奏」以下脫八十七字。「其今可行」以下乃第二箚之下半篇，其上脫六百七十餘字。蓋王君（孫氏的門生，校刻此書者）所見之本卷七缺一葉，卷八缺二葉，遂誤連為一……卷十三相位條具十二事疏，「繩贓吏甚嚴」下脫「蓋其毒民害國莫此為甚監司之職所以廉察吏治」凡二十字，意傳鈔時脫一行耳。缺葉誤連之弊，明安國刻《諸臣奏議》、《鶴山集》、《容齋隨筆》，乾隆時排字本《元名臣事略》均有此失。蓋信刻書之難，善讀書者之尤難也。〔註44〕

這是以明本校知通行本的脫誤。如〈舊鈔本宛丘集跋〉云：

> 舊抄本……當從宋刊蜀本傳錄者。以聚珍本《柯山集》互校，《柯山集》總計詩騷一千陸百餘首，《宛山集》二千一百餘首，多得詩五百餘首，文賦則大略相同，惟多華陰楊君晁無咎因奉議崔君符夫人墓誌五首。又嘗見抄本《張右史集》六十卷，似更不及，聚珍本《柯山集》百卷本不可見，當以此本爲最備矣。(《題跋》卷一)

這是以鈔本校聚珍本的脫誤。

陸氏亦往往廣蒐各種不同的版本，讎校文字異同，以鑑別各版之優劣全缺。如〈元槧元文類跋〉云：

> 《元文類》刊本余所見凡五：一爲翠微精舍本，刊于元至正初；一爲明晉藩本，題曰《元文類》，刊于嘉靖時；一爲明坊刊細字本，題曰《校元文類》，當刊于明初；一爲修德堂本，刻于明季；一即此本，乃此書祖本也。……西湖書院之版，明時尚存，缺葉爛斷甚多，晉藩本行款與西湖同，而缺爛甚多，當以後印西湖本翻雕者，翠微本卷四十一缺下半卷，當據至元四年西湖未修補本付雕，而增〈考亭書院記〉，明初本又從翠微本出，而妄有所增，修德本，則又據坊刊細字本重雕者，五本之中，以西湖本爲最，此則又西湖本之最善者也。(《續跋》卷十四)

又如〈跋宋刊明補本賈子新書〉云：

> 案是書北宋刊本無聞，淳熙辛丑程給事爲湖南漕使刊置潭州州學，據胡价跋，字句譌舛，以無他本可校，未能是正，正德中陸宗相守長沙得殘版數十片，因補刊成之，見黃寶序，是其中尚有宋淳熙殘版，特不多耳。正德十年吉藩又據陸本重刊于江西，余官閩時，從楊雪滄中翰借校，與此本行款悉同，其後何元朗、程榮、何鏜諸本皆從此出，惟所據之本摹印有先後，全缺有不同耳。宋本不可見，得此亦不失爲買王得羊矣。此本勝于吉藩本，吉藩本勝于程榮本，程榮本勝于何鏜本。明刻諸本，以何元朗爲最劣耳。(《題跋》卷六)

又如〈跋蘭雪堂本春秋繁露〉云：

> 以《漢魏叢書》本校一過，卷十三多〈四時之副第五十五〉一篇，〈人副天數第五十六〉多篇首「天德施地德化」云云三百九十六字；卷十六〈止雨第七十五〉「皆齋三日」下多「各衣時衣」云云一百八十

字；卷十二〈陰陽終始第四十八〉「至于冬而止空虛」下多「太陽乃得兆就」云云二十四字，皆與《永樂大典》本合，卷十六〈求雨第七十四〉「他皆如前」下「秋暴巫」上與「神農求雨第十九日……人舞」四十餘字相連屬，篇末「女子欲和而樂」下「接神書又曰開神山神淵積薪夜繫鼓譟而燔之為其旱也」二十三字，是宋本已如此矣，《續漢志》注所引無「神農求雨」以下四十餘字，當有刪節，盧抱經刊本遂據以削之，並改「神書又曰」二十三字為小注，未免喧賓奪主矣。此外字句之間，頗有勝于《大典》本者，如求雨七十四「其神后稷祭之以母鮑五」，各本皆脫「母鮑」二字，《大典》本亦同，此本不脫，與劉昭《續漢志》注杜氏《通典》同其一端也，蓋《大典》本雖與此本同出宋本，《大典》本輾轉抄錄，脫譌在所不免，此則以宋本摹印，奪譌自少，宜乎近來藏書家與宋本同珍也。（《續跋》卷三）

又如〈跋雙柏堂仿宋丁黼本越絕書〉云：

是書明刊甚多，此本之外，有趙恆本，有張佳允本、有吳琯《古今逸史》本、程榮《漢魏叢書》本、何鐘《漢魏叢書》本，論者以田汝成序本為最善，愚謂以此本為最善耳。（《續跋》卷七）

此類校勘傳世各種版本，而鑑定其優劣，對於學者選取版本助益甚大。陸氏一生校勘的書頗多，他曾選擇版本較好的，或傳世稀少的，於光緒二年開始，陸續付刊印，迄十四年止，一共刊雕了五十一種，分為三編，即現今傳世的《十萬卷樓叢書》。此外又別重刊宋本《石林奏議》及《爾雅單疏本》兩種，後者並附校勘記。陸氏又將所校三十九種書中，凡通行本所有脫漏或佚文輯出，合為一帙，名曰《群書校補》，凡一百卷。清代以校勘名家的很多，早者如陸貽典、何焯，近者如盧文弨、陳鱣，但以宋元舊槧以校傳本的，均不如陸氏之多。將校勘所獲佚文輯出以匡補通行本之失，前者雖亦有盧文弨的《群書拾補》三十七卷、蔣光煦的《斠補隅錄》十七卷，但不及陸氏之豐碩。而校勘傳世版本，以鑑別其優劣，更是超越前人，這是他在版本學上重要貢獻之一。

（二）敘述諸書的版刻源流

要判斷一部書版本的好壞，除了校勘以外，假如能知道其本之所從出，則對其本的優劣大概也可以瞭解一半以上。在嘉慶中黃丕烈所寫的各書題

跋，常常涉及繡雕的本末，故蕘圃很能鑑別版本的優劣。陸氏喜讀各書的序跋，《皕宋樓藏書志》即用元馬端臨《文獻通考・經籍考》、清朱彝尊《經義考》、張金吾《愛日精廬藏書志》的前例，將各書的序文抄爲一帙而編成。自宋以降序跋中常涉及刊雕之事，故陸氏對於各書版本的源流相當詳悉，常於題跋中娓娓敘述。如〈跋宋板讀史管見〉云：

> 據大正序，淳熙以前無刊本，至大正官溫陵始刊于州治之中和堂，乃此書初刊本也。其後嘉定十一年其孫某守衡陽刊于郡齋，并爲三十卷，與《書錄解題》合，有猶子大壯序，明季有重刊本，即四庫附存其目之本也。《姚牧庵集》有此書序，謂宋時江南宣郡有刊版，入元版歸興文署，學官劉安重刊之，牧庵嘗得致堂手薰數紙，今摹諸卷首，是此書在宋凡三刊，元人又重刊之，其爲當時所重可知。(《題跋》卷五)

〈跋說苑〉云：

> 劉向《說苑》二十卷，明楚府刊大字本。是書明凡五刻，有四川蜀府本，嘉靖何良俊本、程榮《漢魏叢書》本、何鏜《漢魏叢書》本及此而已。何鏜本出于程榮，程榮本出于何良俊。(《題跋》卷六)

各書繡雕的淵源既然了解，則版本的優劣自可立判。如〈跋正統本元豐類稿〉云：

> 《類藁》始刻于元豐中，再刻于開禧之趙汝礪，三刻于大德丁思敬，正統中毘陵趙琬得抄本，授宜興令鄒旦，且復從侍郎周忱得官本參校付梓，所謂官本者，當即元刊耳，元刊之後，以此本爲最古，書賈往往割去鄒姜兩跋，以充元刊。(《題跋》卷十一)

〈跋弘治本東坡七集〉云：

> 東坡著述生前已版行，崇寧初奉詔毀版，南宋則有杭本、蜀本、吉州本、建安麻沙本，明仁宗時嘗以內閣所藏宋本命工翻刻，工未畢而升遐。成化中海虞程某爲吉州守，求得宋曹訓刊本，與仁宗所刊未完新本重校付梓，又以《和陶詩》合舊本所無者編爲《續集》十三卷，《宋史藝文志》、《郡齋讀書志》、《直齋書錄解題》所著錄與此本同，惟無《應詔集、續集》，而有《和陶詩》四卷。《應詔集》皆策論，爲當時應試之作，諸本皆無，爲蜀本所獨，亦見《書錄解題》。《續集》始于是刻，故晁陳皆不著錄，宋刻《東坡集》，今不可得，

當以此本爲最古矣。(《題跋》卷十一)

〈跋明覆宋本春秋集傳纂例〉云:

> 是書慶曆間有朱臨刊本,見《天一閣書目》,後有蜀小字本,見《袁清容集》,金有平陽府刊本,見《吳淵穎集》,元有江西刊本,龔刊所祖,與此不同,疑出元江西刊本,此則行密字小,當祖蜀小字本。

(《續跋》卷二)

〈跋宋槧夷堅志〉云:

> 《夷堅志》四百二十卷,或刊于蜀,或刊于婺,或刊于杭。此八十卷則刊于建寧學署,至元而蜀浙之版已亡,惟建版尚存,缺四十三版,張紹先爲福建提學,命天祐尋訪舊本,因從周宏羽借得浙本補刊完全,此則元修後印本也。(《續跋》卷十一)

〈跋宋槧宋朝文鑑〉云:

> 先是此書祇有建寧書坊刊本,文字脫誤,嘉泰甲子梁溪沈有開知徽州,參校訂正刊于郡齋,嘉定十五年辛巳趙彥适以東萊家本改補三萬餘字刊而新之,端平元年四明劉炳守新安,又于東萊家塾得正誤續本,命新安錄事劉崇卿參以他集,刪改三千有奇,見沈有開趙适劉炳序跋,與嚴州刊小字本,多所不同,小字本當出建寧坊本,此則以呂氏家塾薰訂正者也。(《續跋》卷十四)

陸氏題跋中類此敘述版刻源流的甚多,遠超軼黃蕘圃的題跋,這是陸氏在版本學上的重要貢獻之二。

(三)考訂版刻之時地

孫從添《藏書紀要》曾說:

> 夫藏書而不知鑑別,猶瞽之辨色,聾之聽音。雖其心未嘗不好,而才不足以濟之。徒爲有識者所笑,甚無謂也。如某書係何朝何地著作?刻於何時?何人翻刻?何人抄錄?何人底本?何人收藏?如何爲宋元刻本?刻於南北朝何時何地?如何爲宋元精舊鈔本?必須眼力精熟,考究確切。

前代的賞鑑家多憑經驗鑑定版本爲宋爲元,甚罕提出鑑定的方法。陸心源長於考證,故對於自己所收藏的書籍多能作詳細的考訂,以確定版刻的時代與地點。陸氏依據史料、序跋、版式、行款、牌記、字體、紙張、墨色、避諱字等條件考訂一書之版本。今舉例以說明之。

〈宋婺州本五經正文跋〉云：

> 自來藏書家罕有以《五經》正文著錄者，惟欽定《天祿琳琅書目》有宋刊五經，行密字展，與此相似，亦不言何人所刊，以愚考之，當爲南宋婺州刊本。案《景定建康志》卷三十三所列諸經正文凡四，曰監本、曰川本、曰建本、曰婺本。諸刻經文今不數見，而他書之所存者尚多，以余所藏，蜀則有《春秋》杜注、《周禮》鄭注、《前後漢書》、《文臣文選》；監則有單疏《爾雅》、《前後漢書》、單《吳志》、《通鑑》、《武經七書》、《廣韻》、《冊府元龜》、《宋文鑑》；建則有十行本諸經注疏，杜注《左傳》、許本《說文》、纂圖《周禮》、纂圖《禮記》、《北史》、《新唐書》、《方輿勝覽》、《王右丞集》、《山谷詩注》、《陸狀元通鑑》；婺則有《尚書》，《周禮》殘本。蜀本皆大字疏行，監本比川本略小，建本字又小于監本，而非巾箱，惟婺本重言《尚書》、《周禮》兩書，款格狹小，與此書近，字體方勁，亦復相同，證以《建康志》定爲婺本當不謬耳。宋帝諱自孝宗以前皆缺避，光宗諱惇字不缺，當是孝宗時所刻。（《題跋》卷一）

又〈宋槧婺州九經跋〉亦云：

> 余向藏《五經》正文，審爲婺州刻，今得此本，參互考訂，益信前言之不誣，請列二證以明之。《景定建康·書籍志》所列諸經正文，婺州本有《周禮》，無《儀禮》，此本亦有《周禮》無《儀禮》，其證一也。陳仲魚所藏婺本《點校重言重意互注尚書》，〈大禹謨〉「降水」儆予不作「洚水」，夔夔「齋慄」不作「齊慄」……皆與婺本《尚書》同，與唐石經合，其證二也。（《續跋》卷一）

這是依據史料及版式、避諱情形，以考訂係孝宗時刻於浙江婺州。

〈北宋蜀大字本春秋經傳集解跋〉云：

> 是書雖無刊刻年月，余審定爲蜀大字本。何以明之？岳珂〈九經三傳沿革例〉列當時經傳凡二十本，大字本有四：一爲京師舊本、一爲蜀本、一爲蜀學重刊本，一爲建本。但建本有句讀，此本無句讀，則非建本明矣。又考異條曰：『哀公十年石乞曰：「此事也克則爲卿，不克則烹。」諸本多無「也」字，蜀大字本、興國本、建大字本有「也」字，今從之。』據此則京大字本無「也」字，今此本有「也」字，則非京本又明矣。興國本有句讀與建本同，此本無句

讀而有「也」字，則非興國本建本而爲蜀大字本無疑矣。(《儀顧堂集》卷十六)

這也是依據史料及版式而確定其書之版刻地點。

〈宋槧白氏六帖類聚跋〉云：

　　《白氏六帖事類聚》三十卷、宋仁宗時刊本，每葉二十六行，每行二十六七字不等，小字雙行，每卷有目連屬篇目，匡敬恆皆缺筆，貞字不缺，蓋仁宗時刊本也。分十二冊，卷一二爲第一冊……，二十八至三十爲第十二冊，版心有帖一至帖十二等字，余見常熟瞿氏北宋本《史記》分三十冊，版心亦如此，蓋北宋時舊式，至南宋而無此式矣。(《題跋》卷八)

此據避諱字及版式而確定其刊刻時代。

〈宋槧浣花集跋〉云：

　　宋諱有缺有不缺，每葉二十行，每行十八字，與臨安睦親坊陳宅本《孟東野集》行款匡格皆同，當亦南宋書棚本也。(《續跋》卷十二)

此據版式行款定一書之版刻時地。

〈元槧元印清容集跋〉云：

　　每葉二十行，每行十六字，字皆趙體，與元刊《玉海》相似，當爲同時所刊。(《續跋》卷十三)

此據字體鑒別版刻之時代。

〈宋板歐公本末跋〉云：

　　字兼歐柳，紙墨精良，紙背乃延祐四年官冊，蓋元初印行。(《題跋》卷二)

此據字體及紙張，考訂刊印的時代。

〈宋本孔子家語跋〉云：

　　宋刊大字本，每頁十八行，行十七行，……即汲古閣祕本書目所稱北宋蜀大字本，爲東坡所藏，有東坡折角玉印者也。……愚案瑗字爲孝宗爲皇子時原名，書中瑗字缺避，則非北宋本可知。字亦圓潤，非顏歐體，鄙意疑爲紹興監本，東坡印亦甚劣，其爲後代偽造無疑，子晉殆爲所愚耳。(《題跋》卷六)

又〈宋槧宋印韓昌黎集跋〉云：

　　即《百宋一廛賦》之小字本，所謂字畫方勁，尚未有註，北宋槧本

者也。今考粗敍所經靚之靚，或密若昏媾之媾，央央叛還遷之遷，……
凡高宗御諱嫌名皆爲字不成，他如融泥煦柔茂之煦、殷其如阜之
殷，……皆缺諱甚謹，惟愼字不缺，當爲紹興中刊，非北宋本也。
菎圃誤矣。（《續跋》卷十二）

此據避諱字及字體攷版刻時代，並辨前人之誤。

〈宋槧通鑑考異跋〉云：

楚王殷之殷，寒朗之朗，王匡之匡、敬暉之敬、李守貞之貞、蕭旲
之旲，楊思勗之勗，楊愼矜之愼，構異謀之構，有缺有不缺，字體
與三山蔡氏所刻《陸狀元通鑑》相近，且多破體，當爲孝宗時閩中
坊本。（《題跋》卷三）

此據避諱字知其書刻於宋孝宗朝，由避諱不謹嚴知爲坊刻，再由字體確定刻
於閩中。

〈宋刻玉篇殘本跋〉云：

南宋時蜀浙閩坊刻最爲風行，閩刻往往于書之前後別爲題識，序述
刊刻原委，其末則曰博雅君子，幸毋忽諸，乃書估惡札，蜀浙本則
無此種語。此書字體與余所見宋季三山蔡氏所刻内簡尺牘、《陸狀元
通鑑》相同，證以篆法、前題語，其爲宋季元初閩中坊刻無疑也。（《題
跋》卷一）

此以字體與題語確定其版刻之時代與地點。

陸氏於《題跋》、《續跋》與《儀顧堂集》中，以避諱字確定一書之刊刻
時代，且辨正前人之錯誤，可說俯拾可得。然陸氏的考證，並非盡當，如所
考的《韓昌黎集》，國立故宮博物院藏有四十卷的全帙及十卷殘本，避諱已至
愼字，是孝宗時浙江刻本〔註45〕，陸氏偶失檢，或其藏本不全，所見「愼」
字不多。不過他能提出鑑別的方法，已使版本學的研究向前邁了一步，這是
他在這方面的貢獻之三。

（四）鑑訂書估作偽

宋板書作偽的風氣，始於明代。明高濂著《尊生八牋》，其〈燕閒清賞牋〉
曾說：

近日作假宋板書者，神妙莫測，將新刻摹宋板書，特抄微黄厚實竹

〔註45〕見《國立故宮博物院宋本圖錄》。

紙，或用川中繭紙，或用糊褙方簾綿紙，或用孩兒白鹿紙，筒捲、
用搥細細敲過，名之曰刮，以墨浸去臭味印成。或將新刻板中，殘
缺一二要處；或溼黴三五張，破碎重補，或改刻開卷一二序文年號，
或貼過今人注刻名氏，留空，另刻小印，將宋人姓氏扣填兩頭角處；
或用沙石磨去一角；或作一二缺痕；或置蛀櫃中，令虫蝕作透漏蛀
孔；或以鐵線燒紅，鎚書本子，委曲成眼，一二轉折，種種與新不
同。用紙裝襯綾錦套壳，入手重實，光膩可觀。初非今書彷彿，以
惑售者。或札夥囤，令人先聲，指爲故家某姓所遺，百計瞽人，莫
可窺測。

由此可見僞造宋版書的技術，明末之人已無所不用其極。到了清代，技術更
爲進步，不但僞宋，且僞元、僞明。其作僞方法，千奇百怪，稍一不愼，即
受其欺。在《天祿琳琅書目》及《後編》中即舉出了若干以明版抽除序文，
加鈐僞印，冒充宋版的例子。陸氏號稱精鑒，對於書估作僞，當然能予識別，
在其題跋中曾舉出若干例子，如〈明覆宋呂東萊讀詩記跋〉云：

前有淳熙壬寅朱子序、嘉靖辛卯陸鈇序。……宋諱有缺筆，蓋從宋
本翻雕者。……書雖嘉靖刻，流傳甚罕，書賈往往割去陸序，以充
宋本，世亦有受其欺者。(《續跋》卷一)

又如〈明景泰本道園學古錄跋〉云：

至正元年閩憲僉幹克莊刻于福建，至正九年江西肅政廉訪使劉伯溫
改爲大字重刊之，大字版不久即亡，景泰七年鄭達知崑山，過太倉
之興福寺，得建本于寺僧暕，與主簿南海黃仕達捐貲刻于東禪寺，
四閱月而畢工，建本無序，歐陽元序及致伯溫書，則成化中葉盛從
道園四世孫吳江虞湜家就大字本鉤摹補刊者也。每葉二十六行，每
行二十三字，版心或刊「道園學古錄幾」，或刊「學古幾」，學多作
孝、錄多作彔，當即以建本翻刻者，明嘉靖覆景泰本，行款匡格皆
同，惟重增目改入各卷之內，吳兔牀所藏本爲人割去葉盛跋、歐陽
札、鄭達序，題跋記遂誤以爲元刊，不知鐫刻有歐序者，乃大字本
也，莫友芝《經眼錄》誤同，不免爲書賈所愚矣。(《續跋》卷十三)

又如〈游明本史記跋〉云：

《史記》《集解》《索隱》合刊本，每葉二十八行，每行二十五字，
從元中統刊本翻雕，世所謂元槧游明本也。愚以《江西通志》〈選舉

志〉〈人物志〉考之，游明字大昇，正統九年舉人，景泰二年進士，天順末官福建提學僉事，又九年而後卒，計其生已在元亡之後，安得謂之元本乎？是書行款紙質與建安余氏勤有書堂所刊相似，疑爲大昇官福建時所刊，當有序跋，必爲書賈割去耳。明成化以前刊本與元本款式相仿，書賈往往割裂以充元槧，此其一也。（《儀顧堂集》卷十六）

這些都是陸氏說明若干的明刻本，往往被書賈割去明人序文而僞充宋元版，收藏家不慎，也有爲所騙的。但也有一種作僞，不是冒充宋元，而是將不全的書，僞造成足本。蓋書籍全本與殘本，其價值相去甚遠，是以書賈每每挖改目錄，移綴卷次，以充全本。這種作僞的方法，則是前人很少言及的。如〈宋槧唐百家詩選殘本跋〉云：

《唐百家詩選》存卷一至卷五、卷十一至十五。……書賈欲充完本，自十一以後首行末行卷字下及版心數目字皆挖改，幸有挖之未淨者，原書卷第，細審尚可辨。（《續跋》卷十四）

又如〈足本草堂雅集書後〉云：

考顧嗣立《元詩選小傳》有云：向來藏書家奉《草堂雅集》爲祕寶，兵燹之餘，獨缺卷首，近者朱竹垞太史從琴川毛氏得《草堂雅集》鈔本一冊，閱之乃首卷敬仲詩也，由是言之，則《雅集》首卷國初已不可見，作僞者既以卷十一之陳基詩爲首卷，又割卷十二之彭罙以下爲十一卷，以充宋本，當時亦莫辨其僞也。此本首尾完具，不但遠勝浙本，以視顧氏所見首卷僅有敬仲詩者，亦迥不侔矣。（《儀顧堂集》卷十九）

陸氏對於辨證書估作僞雖然在題跋中述及的不多，但他率先提出以殘本刎改僞充全本，也是書估造假的手法之一，足供後來收藏家的參考，這也是他在版本學上的一小小貢獻。

除了上述的幾點而外，陸氏在版本學上也證實了宋版版心有黑口的問題。自明以來的藏書家多認爲宋版皆白口，版心作黑口起於元明。明葉盛云：「宋時所刻書，其匡廓中摺行上下，不留黑牌。」〔註46〕是以自明以來的藏書家見到黑口本，不敢定爲宋版。直到清嘉慶中黃丕烈始發其覆，黃氏〈跋宋刊新定續志〉云：

〔註46〕《水東日記》卷十四，「二程遺書」條。

啓包見板口闊而黑，觀之則新志續志是也。心疑爲非宋刊，即持示
同人。賣書人如錢聽默，藏書家如周香嚴，皆素稱識書者，然但詫
爲未見書，而宋刻與否，初不敢以意定也。惟西賓顧澗蘋與余賞
析，謂非宋刻而何？因思余所藏《中興館閣續錄》，有咸淳時補版，
皆似此紙墨款式，間有闊黑口者。可知宋刻書，非必定白口或細黑
口也。〔註47〕

陸氏〈跋宋本黃勉齋集〉亦云：

昔人謂宋板無黑口，此本上下皆小黑口，愚所見十行本《北史》、《景
定嚴州續志》、《中興館閣錄》中咸淳修板、《揮麈錄》、《王注蘇詩》，
皆與此同。然則黑口之興當在宋季，而不始於元矣。(《儀顧堂集》
卷二十)

此種證實在版本鑑別上甚有意義，自後成爲定論。故民國初年葉德輝答日本
松崎鶴雄來信詢問關於版式的問題，即答云：「大抵雙線白口多宋版，單線黑
口南宋末麻沙本多有之，至元相沿成例。」〔註48〕

　　清代的學者常說：「明人刻書而書亡」，究竟它包含的意義是什麼，卻很
少見於著述，直到近人葉德輝撰《書林清話》，在卷七中有論明書帕本之謬、
刻書改換名目之謬，刻書添改脫誤、及明人不知刻書等四章，才使我們了解
清代學者所發的感嘆，並非無的放矢。其實此意在陸氏的題跋中經常作具體
的說明，茲酌舉數例如下：

〈元槧李太白詩註跋〉云：

明郭雲鵬刊本增雜文爲三十卷，註則刪削過半，有全章削去者，有
一章刪去四五百言，而留一二句者，又增以禎卿云云，使古書面目
幾無一存，殊爲謬妄。(《續跋》卷十二)

明嘉靖中東吳郭雲鵬刻分類補注李詩，近代還有人把它視作覆宋刻的善本，
商務印書館收入四部叢刊中，如非陸氏的校勘，我們還不知它是明人刻書妄
爲增刪惡習下的產物。如〈跋金刊張子和醫書〉云：

卷一至卷三題曰「太醫張子和先生儒門事類」，……卷十題曰「太醫
張子和先生三法六門」。……嘉靖本總題爲「儒門事親」，已名是而
實非，又分割卷第，顛倒前後，全本真面目幾無一存。……金本《神

〔註47〕《菇圃藏書題識》卷三，此書今歸國立中央圖書館。
〔註48〕《書林餘話》卷下。

效方》後有七古一首、七絕四首，嘉靖本有錄無書，其他分兩之參差，字句之譌奪，尤難枚舉，即如神效方接骨藥半兩銅錢乃古半兩錢也，嘉靖本譌爲銅錢半兩，郢書而燕說矣。(《儀顧堂集》卷十九)

增刪原書猶可以理解，而改換書名，以意顛倒文字致失去原義，則不可原諒。又如〈跋舊鈔本三山志〉云：

此書從宋本傳鈔，尚存四十卷舊式，近從閩中楊雪滄侍讀借得明萬曆刊四十二卷，對校一過，補缺張一葉，補正數百字。明刊本卷四內外城濠門脫小注正文六百餘字；卷八祠廟門會應廟條下脫小注三百餘字；卷十墾田門園林山地條下脫小注一千五百餘字，戶口門今額主客丁條下脫小注五百九十餘字；卷十一官莊田門官莊租粟錢條下脫小注二百六十餘字；卷十二贍學田門豆麥雜子條下脫小注九百餘字，景祐四年條下脫小注七百餘字，職田門職田二十頃條下脫小注四百五十餘字，租課田條下脫小注一千五百八十餘字；卷十四州縣役人門在城三縣社首副條下脫小注二百餘字；卷十七歲收門小注全脫約五千餘字；卷三十二科名門淳祐十年方逢時榜脫陳無咎至王同叔三十四人，而誤以惇祐四年劉夢炎榜用淼至張全二十七人羼入。此外零星脫落又不下數千字，明人刊書粗莽滅裂，眞有刊如不刊之歎矣。(《儀顧堂集》卷十七)

明人刻書動輒脫落譌誤，無怪乎陸氏有「刊如不刊」的感嘆了。此類具體例子，因陸氏喜歡校勘，故在題跋中列舉甚多。陸氏在版本目錄學方面的造詣與貢獻，使他在當代的藏書家中，無疑地成爲一佼佼者，而挺出同輩之上了。

（本文原載《故宮季刊》第十六卷第三、四期，1982 年春夏號）

參考書目

1. 《宋史翼》四十卷，清陸心源撰，清光緒間刊《潛園總集》本。
2. 《元祐黨人傳》十卷，清陸心源撰，清光緒間刊《潛園總集》本。
3. 《補疑年錄》四卷，清錢椒撰，清光緒間刊《潛園總集》本。
4. 《三續疑年錄》十卷，清陸心源撰，清光緒間刊《潛園總集》本。
5. 《碑傳集補》六十卷《卷首》二卷《卷末》二卷，閔爾昌輯，藝文印書館影印本。
6. 《水東日記》四十卷，明葉盛撰，民國 54 年學生書局影印《中國史學叢

書》本。

7. 《湖州府志》九十六卷，清宗源瀚修，清同治十三年刊本。

8. 《歸安縣志》五十二卷，清陸心源撰，清光緒七年刊本。

9. 《藏書紀事詩》七卷，清葉昌熾撰，世界書局排印本。

10. 《廣東藏書紀事詩》一卷，徐紹棨撰，民國 57 年大華印書館影印本。

11. 〈清代藏書家考〉，洪有豐撰，《圖書館學季刊》第一卷第一期。

12. 〈清代私家藏書概略〉，袁同禮撰，《圖書館學季刊》第一卷第一期。

13. 《靜嘉堂文庫略史》，張鍫譯，木鐸出版社排印本（《文史集林》第一輯）。

14. 《金石學錄補》四卷，清陸心源撰，清光緒間刊《潛園總集》本。

15. 《千甓亭古塼錄》六卷《續錄》四卷，清陸心源撰，清光緒間刊《潛園總集》本。

16. 《千甓亭古塼圖釋》二十卷，清陸心源撰，清光緒間刊《潛園總集》本。

17. 《燕閒清賞箋》一卷，明高濂撰，世界書局影印《藝術叢編》第一集本。

18. 《吳興金石記》十六卷，清陸心源撰，清光緒間刊《潛園總集》本。

19. 《出三藏記集》十七卷，梁僧佑撰，《中華大藏經》本。

20. 《大唐內典錄》十卷《續錄》一卷，唐釋道宣撰，《中華大藏經》本。

21. 《開元釋教錄》三十卷，唐釋智昇撰，《中華大藏經》本。

22. 《郡齋讀書志》二十卷，宋晁公武撰，民國 60 年廣文書局影印清王先謙校刊本。

23. 《晁公武及其郡齋讀書志》，劉兆祐撰，嘉新研究論文第一八一種。

24. 《直齋書錄解題》二十二卷，宋陳振孫撰，廣文書局影印清武殿輯《永樂大典》本。

25. 《文獻通考·經籍考》七十六卷，元馬端臨撰，新興書局影印本。

26. 《讀書敏求記校證》四卷，清錢曾撰，章鈺校證，民國 56 年廣文書局影印《書目叢編》本。

27. 《經義考》二百九十八卷，清朱彝尊撰，中華書局《四部備要》本。

28. 《天祿琳琅書目》十卷《後編》二十卷，清于敏中、彭元瑞等編，廣文書局影印清光緒長沙王氏校刊本。

29. 《四庫全書總目》二百卷，清紀昀等撰，藝文印書館影印本。

30. 《四庫提要補正》六十卷，胡玉縉撰，民國 56 年楊家駱影印《四庫大辭典》本。

31. 《四庫提要辨證》二十四卷，余嘉錫撰，藝文印書館影印本。

32. 《四庫簡明目錄標注》二卷，清邵懿辰撰，邵燦補，世界書局影印本。

33. 《四庫未收書目》五卷，清阮元撰，藝文印書館影印《四庫全書總目》附編本。

34. 〈委宛別藏簡介〉，吳哲夫撰，《故宮圖書季刊》第一卷第二期。

35. 《蕘圃藏書題識》十卷《補遺》一卷，清黃丕烈撰，民國 56 年廣文書局影印《書目叢編》本。

36. 《百宋一廛賦注》一卷，清黃丕烈撰民國 56 年廣文書局影印《書目續編》本。

37. 《經籍跋文》一卷，清陳鱣撰，清道光八年刊本。

38. 《藏書紀要》一卷，清孫從添撰，民國 56 年廣文書局影印《書目續編》本。

39. 《愛日精廬藏書志》三十六卷《續志》四卷，清張金吾撰，清光緒十三年吳縣徐氏靈芬閣木活字本。

40. 《鄭堂讀書記》七十一卷，清周中孚撰，商務印書館排印《國學基本叢書》本。

41. 《開有益齋讀書志》六十卷《續志》一卷，清朱緒曾撰，民國 48 年廣文書局影印《書目三編》本。

42. 《鐵琴銅劍樓藏書目錄》二十四卷，清瞿鏞撰，民國 56 年廣文書局影印《書目叢編》本。

43. 《楹書隅錄》五卷《續編》四卷，清楊紹和撰，民國 56 年廣文書局影印《書目叢編》本。

44. 《滂喜齋藏書記》二卷《附錄》一卷，清潘祖蔭撰，民國 56 年廣文書局影印《書目叢編》本。。

45. 《日本訪書志》十六卷，清楊守敬撰，民國 56 年廣文書局影印《書目叢編》本。

46. 《皕宋樓藏書志》一百二十卷《續志》四卷，清陸心源撰，清光緒間刊《潛園總集》本（又民國 56 年廣文書局影印《書目續編》本）。

47. 《群書校補》一百卷，清陸心源輯，清光緒間刊《潛園總集》本。

48. 《儀顧堂題跋》十六卷《續跋》十六卷，清陸心源撰，清光緒間刊《潛園總》集本（又民國 56 年廣文書局影印《書目續編》本）。

49. 〈皕宋樓藏書源流考〉，日本島田翰撰，附《皕宋樓藏書志》卷首及《藏書紀事詩》卷末。

50. 《持靜齋藏書紀要》二卷，清丁日昌撰，莫友芝輯，清同治間刊本。

51. 《八千卷樓書目》二十卷，清丁丙撰，民國 59 年廣文書局影印《書目四編》本。

52. 《抱經樓藏書志》六十四卷，沈德壽撰，民國 13 年慈谿沈氏排印本。

53. 《藏園群書題記初集》八卷《續集》六卷，傅增湘撰，民國間排印本。

54. 《書林清話》十卷，葉德輝撰，文史哲出版社影印觀古堂葉氏刊本。

55. 《書舶庸談》九卷，董康撰，民國 60 年世界書局影印董氏誦芬室刊本。

56. 《余嘉錫論學雜著》，余嘉錫撰，河洛出版社排印本。

57. 《國立故宮博物院宋本圖錄》，吳哲夫撰，民國 66 年國立故宮博物院出版。

58. 《版本目錄學論叢》，昌彼得撰，學海出版社印本。

59. 《中國目錄學資料選輯》，昌彼得輯，文史哲出版社影印本。

60. 《穰梨館過眼錄》四十卷《續錄》十六卷，清陸心源撰，清光緒間刊《潛園總集》本。

61. 《鮚埼亭集》三十八卷，清全祖望撰，上海商務印書館影印原刊本（《四部叢刊初編》）。

62. 《北江詩話》六卷，清洪亮吉撰，新興書局影印《筆記小說大觀六編》本。

63. 《儀顧堂集》二十卷，清陸心源撰，民國 59 年台聯國風出版社影印本。

64. 《春在堂雜文》六編十卷，清俞樾撰，清光緒二十五年刊《春在堂全書》本。

65. 《藝風堂文續集》八卷，清繆荃孫撰，民國初年刊本。

66. 《唐文拾遺》八十卷《唐文續拾》十六卷，清陸心源撰，清光緒間刊《潛園總集》本。

67. 《宋詩紀事補遺》一百卷《小傳補正》四卷，清陸心源撰，清光緒間刊《潛園總集》本。

68. 《吳興詩存》四十卷，清陸心源撰，清光緒間刊《潛園總集》本。

瑞卿先生在古典文獻學上的貢獻*

一、前　言

　　西洋人有名諺語說：「我們常常怪人家知道我們的事情不多，其實我們應該怪自己向人家敘述自己的太少。」對於昌彼得先生而言，這句諺語是切合不過了。在今天的臺灣，甚至臺灣的學術界，又有多少人對於昌先生的學術事功有了解的呢？不說別的，就以他的名字叫「彼得」爲例，能有幾人知道這位從不上教堂的傳統學者會起個洋名字呢？原來他家兄弟以「卿」字爲排行用字，他行三，本名「瑞卿」，後來因爲去了漢口讀基督教小學，老師爲他起了個「彼得」的聖名。因而他就將「瑞卿」作爲號，而以「彼得」爲名了。這只是他生平諸事的一端，由此可見一斑。更重要的是過去幾十年中，昌先生在學術研究上的成就，在服務社會國家方面的貢獻，由於他謙謙君子，不喜歡吹捧自己，因而爲外人知的實在很少了。茲值先生八十晉五華誕前夕，門人晚輩們爲他籌備慶祝論文集之時，大家認爲有必要將先生的有關成就事功，特闢專章書於卷首，以作爲對先生的崇敬之意。潘美月教授讓我在這篇《瑞卿先生在古典文獻學上的貢獻》專文啓個頭、結結尾，我欣然應命，感到十分榮幸。以下就是我們對昌先生在不同時代、不同領域中成就與貢獻的簡述，掛漏之處是難免的，尚請方家君子見諒。（陳捷先）

二、服務國立中央圖書館期間

　　先生於民國三十四年進入國立中央圖書館，至民國四十八年止，共十四

---

* 與陳捷先、陳仕華合撰。

年，其間有三件事最為先生所樂道：

（一）確定中國套色印刷的年代

中國的朱墨套色本究竟創始於何時？明泰昌元年，烏程閔氏所刻《朱墨套印本記鈔》，前有陳繼儒序云：「自馮道，毋昭裔為宰相，一變為雕板。布衣畢昇，再變為活板。閔氏三變而為硃評。」清俞樾《春在堂隨筆》亦言：「明萬曆間，烏程閔齊伋始刱朱墨本。」後世皆信其說，近代研究印刷史之學者亦認為中國兩色套印刷發明於萬曆末年，亦即西元十七世紀之初期。

民國三十六年國立中央圖書館於南京購得元刻朱墨套印本《金鋼經》一卷，姚秦鳩摩羅什譯，元釋思聰注解，經摺裝，經文大字，印以丹朱，註釋雙行，印以墨色，每半頁五行，行大字十二，小字二十四。據卷末跋文，知此本為後至元六年（1340）中興路資福寺刊雕，完成則在至正初年（1341）。

因此民國三十七年《國立中央圖書館善本正目初輯》出版，著錄此書。若干版本學家初未目驗其書，於其刻版時代，或持懷疑態度。先生從此本之字體紙張、墨色及刊印情形觀之，認為雕印時代絕不晚於十六世紀，並從文獻記載中取得印證。考明胡應麟《少室山房筆叢·經籍會通》卷四云：「凡印有朱者，有墨者，有靛者；有單印者，有雙印者，雙印與朱必貴重用之。」胡氏所著《經籍會通》，據序撰成於明萬曆十七年（1589），在閔氏開始朱墨套印諸書之前二十餘年，足證朱墨印書法非閔氏所創。先生以為胡氏所謂「雙印」，係指兩色印刷，因古代朱色顏料係用銀朱，其價昂，而套印費工，故胡氏言必貴重用之，此或為前代朱印本及朱墨本傳世稀少之主因。閔氏套色之書，朱色暗褐而無光澤，遠不如此元印本。閔氏以廉價顏料取代丹砂，故能推廣其術而大量印書。先生以此元刻朱墨本《金剛經》為實證，將中國套色技術之起始年代推前了二百餘年。

（二）編纂《明代版畫選》

中國自古以圖書並稱，《漢書藝文志》所載的兵書，很多都註有圖若干卷，《隋書經籍志》也有載有《周官禮圖》、《山海經圖讚》等等，可見古書大都有附圖，如此不僅增加美觀，更能將文字的意義藉生動的畫面表達出來，給人以深刻的印象。到了唐代印刷術發明以後，書中插畫也用雕版印刷來代替筆繪。這種木刻水印的圖畫，我們就稱它為「版畫」，所以版畫可以說是繪、刻、印三種藝術的結晶。中國的版畫起源很早，唐懿宗咸通九年（868）雕印

的《金剛經》，卷首就有一幅「祇樹給孤獨園」圖，這是現存的中國最早的一部雕版書，也是最早的版畫。從唐末到五代，我們所看到的版畫，都是宗教性的。宋代以後，版畫逐漸普遍，已不限於佛教的作品，其他書籍中也附有許多插圖。換句話說，宋元時期的版畫，基本上擺脫了宗教的羈絆，開始為廣大群眾所需要的文學作品或日用書籍而服務，因而給版畫的發展開闢了更為寬闊的園地，也使得版畫到了明代能大放異彩。

到了明代，版畫的發展已到了鼎盛時期，它的成就，遠超過宋元，也是清代版畫所望塵莫及的。明代的版畫之所以有輝煌的成就，是由於雕版印刷業的興盛。從雕版業的發達來說，當時安徽、江蘇、浙江和福建，都曾盛極一時。雕版印刷的盛行，在當時的情況來看，無疑地給版畫的發展提供了最有利的條件。當時社會上對於各種書籍需要量擴大，也刺激了雕版印刷業者不得不提高產量，更不得不提高品質，因此，明代的雕版印刷，更加的專業化，而各地的刻工，也就競相發展，以致形成了各地區有各地區的派別，在雕版藝術上，就出現了各種各樣的風格，因而使得明代這一時期的版畫，有了更有利的發展條件。還有，到了明代，大畫家出來為雕版作畫的也不在少數，這樣對於版畫的發展與提高可以說是一個很好的條件，有名的吳派畫家唐寅，便曾為《西廂記》作插畫，一位傑出的風俗畫家仇英，便曾為《列女傳》的插畫起了稿。明末的陳洪綬，更是一位對版畫有很大貢獻的畫家，他所畫的《離騷》的插圖，更是別開新徑，放射出異樣的光彩，至今仍為世人所稱道。崇禎間所刻的《名山圖》，其中便出自鄭千里、趙文度、劉叔憲及藍田叔等名家之手。這些都是足以說明當時畫家對於版畫的興趣與熱忱。當然，文學作品的繁榮，特別是傳奇戲曲的發達，為版畫藝術提供了寬闊的天地。

明代的版畫，在戲曲小說的插圖上顯得特別豐富。當時戲曲小說興起時，便擴展了版畫創作的園地，也提供了版畫創作的新內容。換言之，木刻插圖的興起，木刻插圖在創作上的成就，也加強了戲曲小說在民間的影響。就明代來說，特別是到了中葉以後，坊間所出版的戲曲小說，幾乎沒有不加插圖，書商推銷書籍，也往往以有精美的插圖來做廣告。從明代版畫的發展來看，戲曲小說的插圖印行的數量最多，而且銷路也特別大，這些豐富而多彩的戲曲小說插圖，它們生動地反映了不少有關歷史的，或是現實社會中種種有意義的生活面貌。人生的悲劇、喜劇，種種可歌可泣的以及悲歡離合的故事，都在木刻插畫圖中表露無遺。戲曲小說的插圖，不僅幫助了讀者理解

這部原書的精神，並且加深了讀者對書中人物的瞭解及對原書的印象。除了戲曲小說的插圖，明代的版畫也還有一種我們稱爲「畫譜」。這種畫譜有專刻山水的，如《西湖遊覽志》、《海內奇觀》《名山圖》等；有專刻人物的，如《人鏡陽秋》、《女範編》、《帝鑑圖說》等；有專刻翎毛花卉的，如《雪齋竹譜》、《花鳥譜》、《十竹齋畫譜》等；有刻兵法武器的，如《神器譜》等；有刻譜錄的，如《方氏墨譜》、《程氏墨苑》等；有專摹刻前人名畫的，如《歷代名家畫譜》、《唐六如畫譜》等。

國家圖書館收藏的明代附圖之典籍甚多，繪雕俱精，多珍本秘籍。先生任職該館特藏組多年，披覽之餘，乃覺有廣爲流傳之必要，於是擇明代極盛時期版畫十四種，列舉如下：

1. 《牡丹亭還魂》　　　　　　明萬曆四十五年刊本
2. 《雪齋竹譜》　　　　　　　明萬曆四十六年刊本
3. 《程氏墨苑》　　　　　　　明萬曆間滋蘭堂原刊本
4. 《五言唐詩畫譜》　　　　　明萬曆間集雅齋刊本
5. 《唐解元仿古今畫譜》　　　明萬曆間清繪齋刊本
6. 《花鳥譜》　　　　　　　　明天啓元年集雅齋刊本
7. 《青樓韻語廣集》　　　　　明崇禎四年刊本
8. 《琵琶記》　　　　　　　　明烏程閔氏朱墨套印本
9. 《十竹齋畫譜》　　　　　　明崇禎四年刊彩色套印本
10. 《吳騷集》　　　　　　　　明武林張琦校刊本
11. 《吳騷二集》　　　　　　　明末刊本
12. 《四聲猿》　　　　　　　　明末刊本
13. 《李卓吾先生批評浣紗記》　明末刊本
14. 《新刻魏仲雪先生批點會眞記》　明末刊本

每種均有介紹、目錄及附圖，全書選輯精美插畫共二百幅，仿原式精印，於民國五十八年，由國立中央圖書館出版。此《版畫選》問世後，國內外愛好版畫之學者，爭相購閱，由此先生聲名遠播，並先後應邀前往法國巴黎法蘭西斯學院、英國劍橋大學以及倫敦大學演講。先生不僅整理文獻，其傳播藝術文化之功，更不可沒。

（三）完成《說郛考》

《說郛》一書係元代陶宗儀纂輯歷朝雜史傳記、稗官小說諸書而成，收

錄繁富。陶氏生當元末明初，頗見異本，故是書甚爲後人所重視，《四書提要》評之曰：「斷簡殘篇，往往而在，佚文瑣事，時有徵焉，固亦考證之淵海。」明代以來，其書迭經郁文博及明末人士之竄亂重編，已失原貌，而傳世亦頗有異同。清代以來，從事《說郛》之研究者，僅管庭芬《海昌藝文志》載海寧陳師曾撰《說郛書目考》十卷，惜未刻而稿散佚，北平圖書館尚藏其殘帙三卷，見該館藏書目。民國十三年（1924）法儒伯希和撰〈說郛考〉一文，刊載於《通報》，二十一年馮承鈞譯載於《北京圖書館館刊》第六卷第六朝。其文援引宏富，於陶氏之生平，《說郛》之編纂與校訂原委，版本源流，均有所考證。惟伯氏遠處海外，資料不足，尚多存疑，仍待續考。民國二十七年（1938）日本京都文化研究所司書渡邊幸三以該所與近衛家及京都帝大所藏諸本《重編說郛》，參證比勘，頗有發現，復撰《說郛考》，載於該所《東方學報》第九冊，於伯氏之說頗多訂正或補充。民國三十二年中法漢學研究所圖書館館員景培元復據渡邊氏之考訂，參酌各種版本，撰成《說郛版本考》，載三十四年該館館刊創刊號。

　　民國四十三年秋，國立中央圖書館在臺復館，先生奉派主掌特藏組職務，奉蔣慰堂館長之命，考訂遷臺善本書籍，編目出版，先生浸淫其中數載，遍覽該館所藏善本古籍。因校編諸叢刻子目，對《說郛》一書版本之錯綜而生興趣。乃於該館書目出版之後，於《說郛》所收之書時聚各本比勘，漸識其優劣異同。民國四十八年，李濟、沈剛伯兩位先生因美國哈佛燕京學社之贊助，在臺成立中國東亞學術研究計畫委員會，獎掖研究，以發展學術。先生承慰堂先生之鼓勵，提出對《說郛》一書之研究計畫，獲得東亞委員會之補助，而撰成《說郛考》一書，由該會刊載於年報第一期。次年，先生復得東亞委員會之補助，繼續研究《說郛》之作者，撰成〈陶宗儀生年考〉，刊載於《大陸雜誌》第二十六卷十一期；〈陶宗儀先生年譜初稿〉，刊載於《東海大學圖書館學報》第七、八期。此後先生對《說郛考》一書，時萌重訂之意，然公私兩忙，遲至民國六十七年，始加以重訂補正。六十八年由文史哲出版社出版。全書上篇爲源流考，共分十二章：(1)緒論。(2)陶宗儀家世。(3)陶宗儀之生平。(4)說郛之纂輯。(5)郁文博刪校說郛辨僞。(6)郁文博本之刊雕。(7)陶珽與重編說郛。(8)通行本重編說郛非原編印本考。(9)重編說郛版之始末。(10)重編說郛與郁文博本之關係。(11)張宗祥校明鈔本說郛。(12)說郛之評價。下篇爲書目考，先生將《說郛》收錄之書目七百餘種，加以考訂，每

書考其源流存佚，略述著者生平及流傳之版本。附篇爲〈陶宗儀生年考〉及〈陶南村先生年譜初稿〉。書末附〈說郛子目書名著者綜合索引〉。先生治學之篤實謹嚴，搜集資料不遺餘力之精神，實令我輩爲之折服，先生亦自詡爲「畢生以傳播文獻爲矢志的宗陶老人」。（潘美月）

三、服務國立故宮博物院期間

先生於民國四十八年轉任國立故宮博物院圖書文獻處處長，後升任該院副院長。至民國八十九年榮退，其間長達四十多年之久，對圖書文獻之搜集、整理及典藏，其功不可沒，此僅舉犖犖大者，餘者不可勝數，且眾所皆知。

（一）接收沈氏研易樓藏書

國立故宮博物院院藏善本古籍，除了自南京移運來臺之十五萬冊外，尚有近年來各界捐贈之四千餘冊。其中最值得大書特書者，乃沈仲濤氏捐贈之一千一百六十九冊。沈氏原籍浙江山陰，其先祖沈復粲先生爲乾嘉高士，所居鳴野山房即用以庋藏群籍。沈氏幼承庭訓，酷愛藏書，後遷居上海，更著意蒐訪遺書，累藏宋元明珍本至數千冊。平日喜研《周易》，故名所居之處爲「研易樓」。民國三十八年以所藏珍品護運來臺，惜部分古籍善本隨太平輪而沉沒，僅存千餘冊。民國六十九年冬，沈氏八十九歲高齡，深感守書不易，擬將藏書捐贈公家機構，時瑞卿先生爲國立故宮博物院圖書文獻處處長，乃前往拜訪沈氏，言談甚歡，沈氏欣然同意，將所藏悉數捐贈該院，計九十種一千一百六十九冊。於是先生加以考訂，計宋版三十二，元版十七，宋版而以元版配補者一，明版三十一，清版四，手稿本二，書抄本三。其中如宋版《詩本義》，淳熙十六年原刊《晦庵集》，寶慶元年廣東刊《集注杜詩》，嘉定間國子監刊《禮部韻略》，淳熙元年刊《昌黎集》，建安余氏萬卷堂刊《穀梁集解》，淳祐刊《西山讀書記》，咸淳刊《古今文章正印》及元版《近思錄》，悉爲海內孤本。先生爲有效發揮珍本祕笈之學術功能，建議將其中數部納入該院影印善本叢書中，並加以考訂各書版刻源流及優劣異同，以饗讀者。沈氏捐書全目雖於民國七十一年載入該院出版之《善本書籍總目》之中，先生以目錄簡略，尚不足以見原書之精善，乃與文獻處之吳哲夫、張月雲、王福壽諸位先生，進而爲之一一考編，撰寫書志，並附書影，編成《國立故宮博物院藏沈氏研易樓善本圖錄》，於民國七十五年十二月出版，以公之學林。

（二）影印元刊本《大元聖政國朝典章》

國立故宮博物院收藏元坊刊本《大元聖政國朝典章》六十卷，此書凡分大類十，每類下又各分門目，共計三百七十三目，每目下列舉條格事例，自一條至二十餘條不等，起中統以迄延祐，最晚者爲延祐七年十一月事。此書前後無序跋，書中亦未載編輯者姓名，不詳何人編纂，何時刊版，且《元史》未載此事。於是先生據《元史英宗本紀》及《元史仁宗本紀》，乃知仁宗延祐二年曾命李孟等纂輯歷朝格例，且已編輯成書，當即《元史刑法志》所云之《風憲宏綱》。至英宗之時復命儒臣取前書而加以損益，即《大元通制》，先生以爲此《元典章》之修纂，《元史》既無一字提及，當非官修之書。先生據殘本《大元通制》之分類，與此《元典章》分門不同，且前者所錄條格皆據中央尚書、中書兩省各部及御史臺、宣徽院、太醫院等檔案，而《元典章》所錄雖頗有中央各部之檔，然以抄錄各地方行省，尤以江浙江西行省之檔爲多，先生由此確定《元典章》絕非前代學者所云之官書。

至於此本之刊刻時地，張允亮所編《故宮善本書目》，題爲元至治二年建陽坊刻。先生觀此刻之版式字體，亦同意其刊刻地點，惟刊刻年代則尚有可議者，於是先生就本書之內容，推斷《元典章》之刊版，當始於延祐五年，而成書於延祐七年底，英宗登基以後。

此書元刻除內府一帙外，民間未見有著錄者，惟鈔本見於後代書目著錄者不下五六家。先生疑今傳諸抄本無論影抄或傳抄，似皆出此元刻，而輾轉傳抄，致訛誤衍生。且清季以來江南藏書家無一人提及元刻，乃知此刻本爲孤本秘笈。先生以爲是書所載皆案牘之文，未免瑣碎猥雜，然採錄繁富，於蒙元一朝開國典章制度，頗可考見，足供治元史者之參考。惟四庫館臣以其出於吏胥鈔記，存其目而不錄。然在數百年後，史料殘闕之今日而言，實爲無價之寶。因此先生乃奉慰堂院長之命，於民國六十一年以院藏孤本影印行世。（潘美月）

四、編纂《四庫全書索引叢刊》

民國七十三年八月，臺灣商務印書館決定影印故宮博物院所藏文淵閣《四庫全書》，預定分爲十期，在五年內竣工。此一出版界盛事，當時深獲國內外學術界、文化界人士一致的讚佩。先生所撰〈影印四書全書的意義〉即認爲此項出版有歷史、文化、校勘、提供四庫學研究資料與便利等等意義。清乾隆間編纂《四庫全書》不論其動機如何，但《全書》是中國國故的一次大整

理，古籍精華的集成，則學者尚無異詞。但是全書纂修之時，主事者因抄繕工程浩鉅，爲省篇幅，將書前原有序目，多刪去不錄。復因書中或有纂改、更動、重定，故編次與通行本亦未盡相同，其取檢已難，更何況書類宏富，卷帙浩繁。是以全書在資料方面之供利用與研究甚爲不便。欲使此一中華文化鉅製能供學者研究取資，非有索引不足以爲功。

有鑑於此，先生遂於民國七十三年六月倡議於「中華文化復興運動推行委員會」下設置「四庫全書索引編纂小組」。向「行政院文化建設委員會」申請經費。當時陳奇祿院士身兼文建會主委與文復會秘書長，故任召集人。王壽南教授任副召集人，先生任副召集人兼總編輯，吳哲夫、莊芳榮二先生任副總編輯。小組編輯聘任文史系所畢業生擔任，歷任編輯共有十九人。小組成立後，先生發凡起例，自七十三年八月至八十一年七月止，陸續出版四種索引，皆委由臺灣商務印書館發行，每冊以十六開書冊裝訂，前有陳奇祿先生總序，次則爲先生各分冊之序。茲將索引介紹如下：

（一）《遼金元三史國語解索引》　一冊（1049頁）

依《欽定遼金元三史國語解》編纂，可便於由清以前之刊本檢索四庫本遼金元三朝之名物。此索引釐爲遼金元史三部份，每部再析爲甲乙兩部，甲部由四庫本譯文查檢他書異譯；乙部則反是，以求檢索方便。

（二）《四庫全書文集篇目分類索引》　五冊（4092頁）

爲利用文集資料，文集篇目分類索引有莫大的功效，王重民氏所編《清人文集篇目索引》首創其功。四庫所收文集既非斷代，館臣又多刪其卷首篇目。因此編成此索引，頗便於學者。本索引以四庫全書文集之篇目爲主，並增以史部詔令奏議之篇目，及地理類之藝文。此外，凡四庫著錄之書之序跋，亦悉予編錄。依文章性質分三部：學術文、傳記文、雜文。

1. 學術文之部

略倣四部分類以經史子集提綱列目，經部釐爲十類，史部十六類，子部十七類，集部六類。各類中篇目較多，流別繁碎者，則再分析子目。其排列方式有以篇目或作者姓名爲主者。共收二十一萬餘條目。

2. 傳記文之部

計分碑傳男、碑傳女、贈序、壽序、祭告、贊頌、雜類等七類；其下再分子目若干，排列方式以傳主姓氏爲綱，同姓名者再以其名之筆畫爲序。共

收條目四萬三千餘條。

3. 雜文之部

分為書啓、碑記、辭賦、雜文四大類，其下再分子目若干，其中書啓以作者為綱目。共收條目九萬餘條。

（三）《四庫全書傳記資料索引》　三冊（2200 頁）

凡四庫著錄之正史、別史、傳記、地理人物門、目錄類、集部別集、總集，所收之家傳、墓志碑銘等，以及他類圖書凡載有歷代人物者，均予析出編纂。索引分正編及附編字號索引。共收條目三十五萬條。

（四）《四庫全書藝術類分類索引》　六冊（4181 頁）

所收範疇有四處：史部目錄類金石之屬、子部雜家類雜品之屬、藝術類及譜錄類器物之屬。此索引分為三部：論述分類索引、人名字號索引、作品收見索引。

我國索引之編纂，起自於明末崇禎十五年耶穌會士陽瑪諾譯印《聖經直解》，是屬於書後索引。後來蔚為風氣，乾嘉學者章學誠於《校讎通義》亦多倡導，先生多稱揚實齋目錄之學，於索引一項認為章氏「識見卓越，不能不令人欽敬」，而先生亦身體力行，嘗編就《明人傳記資料索引》、《宋人傳記資料索引》，於人物之傳記不限在史書中找材料。開啓了尋檢傳記資料的廣度。而《四庫全書索引叢刊》的編成，更可發揮《四庫全書》之利用價值。此大型叢刊之編輯，既展現臺灣整理古籍之能力，也訓練了學術人才，意義確是非凡。

小組工作進行期間，先生每於週三上午與王、吳二先生來，編輯環侍左右，逐一提問，先生排解難惑，至午時而無倦容。當時編輯薪資微薄，先生以「讀書又能領薪水」自嘲，並謂編索引乃服務學界，且引《哈佛燕京引得叢刊》之成就為勉。民國八十年文復會改組，而先生每以小組行將解散，編務無以為繼為憾。凡此種種，如在目前，則又已歷十餘載矣。而先生服務學界之精神，必能惕勵後學。（陳仕華）

五、為聯合報國學文獻館搜集歷史檔案

聯合報系創辦人王惕吾先生在世時，為了回饋社會，在民國七十年（1981）九月十六日成立了聯合報文化基金會，其下特設唯一的附屬單位——國學文獻館。報系為什麼要設立一個國學文獻館呢？有一份文件說明了

緣由：

> 茲為達到復興與光大中華文化之目的，聯合報有感於三十年來，社
> 會各界對本報之愛護與支持，擬回饋讀者，服務社會，特於民國七
> 十年九月十六日正式成立聯合報文化基金會，其下設國學文獻館，
> 將有計劃、有系統蒐集海外中國學文獻資料，並予整理、流通、宣
> 揚以與中央圖書館所屬之漢學資料服務中心，相互配合，以協助
> 完成建立臺灣為世界漢學中心之宏願。吾人熟知：西洋人研究中國
> 文化，稱為「漢學」，或曰「華學」；惟以國人自稱「國學」名之為
> 宜。……調查搜訪海內外所現存我國歷史文獻、典籍資料，以及近
> 代學人研究成果，予以製成微片集藏、宣揚流通，並提供資料服務，
> 期使世界有志國學研究之學人，從此毋須他求，俱可藉本館達到其
> 目的。

　　這份創立緣起的文章是根據昌彼得先生文稿而寫成的，由此可知昌先生與該館的關係一斑了。事實上因為聯合報系之主管們與昌先生很熟，他們不但請昌先生代為設計繪製創館的藍圖，同時也委託昌先生妥覓主持該館業務的人選。當時昌先生是故宮博物院的特任主管官員，當然無法分身為報系工作，於是他推薦了美國普林斯頓大學東亞圖書館退休館長童世綱先生。童先生聞名中外，報系欣然同意，各方也共慶得人，不過後來因童先生身體不適，未能來臺履新。

　　在報系慶賀三十週年，文化基金會成立在即的當時，昌先生找我去臨時為籌備建館工作，正如昌先生進入中央圖書館工作一樣，讓我套用他的話說：我也誤打誤闖的進入了聯合報系。

　　國學文獻館在臺北學界活躍了十五個年頭，後來因為惕吾先生的辭世，政局的變遷，報系政策的改變以及我退休移民海外種種原因，該館於民國八十五年底正式結束。十五年的時間不算過長，但國學文獻館卻也作了不少工作，而且其中不少事務是與昌先生有關的，現在就分列幾項，以作說明：

（一）收集海外族譜資料

　　族譜資料與國史、方志向為研究中國歷史與人物的三大資料寶庫。而臺灣一地族譜資料收藏特少。昌先生有鑒於此，在鉤劃建館藍圖時，即以收集海外收藏中國族譜為大目標之一。其後國學文獻館購得美、日、各地中國族譜微捲資料萬種，並藉以推動族譜學研究、尋根運動以及開辦族譜研習班

等等，在臺灣學界與社會掀起熱潮，這些事不能不歸功於昌先生的有先見之明。

（二）召開國際學術會議

國學文獻館在十五年中，在報系大力支援下作了不少對報系而言是「不務正業」的事，其中尤以召開國際學術會一事，對學界影響甚深，值得一述。該館自 1972 年起即連續舉辦「亞洲族譜學術研討會」九次，七次在臺北舉行，另外兩次分別在香港與大陸揚州召開。每次會議都有三、四十人發表論文，論文集在會後也都刊印出版。又自 1986 年起至閉館之時，幾乎每年召開一次「中國域外漢籍國際學術會議」，而且這些國際集會的地點又分別在臺北、東京、福岡、夏威夷、漢城、大邱等地，與會學者經常是數十人至百人，會議論文集前後共出版九屆，對中國學術研究做出不少貢獻。1992 年該館又籌開了「第三十五屆世界阿爾泰學會議」（The 35th PIAC），這是一次大型國際性會議，出席學者共有來自於亞、歐、美、非學者一百多人，也是亞洲地區第一次獲得主辦此一會議，頗為臺灣學界爭光。以上這些國際會議多蒙昌先生指導，特別是在臺北召開時，與會學者到故宮博物院參觀，昌先生必鼎力賜助，展出院中各類珍藏，為會議增加光寵。

（三）出版論集圖書文獻

如前所述，國學文獻館召開過九次亞洲族譜會及十次中國域外漢籍學術討論會，這些會議的論文集除了八、九兩屆族譜會議與第九屆域外漢籍會，因閉館經費無著未能出版外，其餘各會議的論文集都已問世。又「臺灣地區開闢史料學術研討會」及「第三十五屆世界阿爾泰學會」的論文集都於會後刊行。國學文獻館還出版了一些工具書，如：《中國歷代詩文別集聯合書目》、《國學文獻館現藏中國族譜資料目錄初輯》、《國學文獻館現藏中國族譜序例選刊初輯》等，都是實用的，有助於讀者查閱資料的。國學文獻館又得昌先生協助，影印並發行了故宮博物院珍藏的清末道、咸、同、光四朝的《起居注冊》，將深藏大內「外間不得共見」的世界僅存史料，公諸於世，一時頗得學界好評。康熙、雍正兩朝的也已編輯完竣，因為館務結束而未能發行。

（四）館藏資料捐贈故宮

民國八十五年（1996）秋冬間，國學文獻館已完成階段性任務，宣告閉

館。館藏大量微捲族譜、文集資料如何善後,頗成問題。有人主張交聯合報系圖書館存藏,我個人則認為文獻資料應以供大眾便利閱覽為佳,於是又請教昌先生並請協助。最後報系同意將全部資料捐贈故宮博物院,繼續為學界與社會大眾提供參考之資。我欣喜這批資料有如此良好的歸宿,也感謝昌先生在這方面鼎力的安排。

綜上可知:國學文獻館從開館到閉館,昌先生都扮演了主要而有積極意義的角色,可是他始終沒有在館裡掛過任何名義,領過任何津貼,他是真心誠意的為中國學研究服務的,為學界與國家服務的。房玄齡等重纂《晉書》時,稱讚晉代聞人李柜「公家之事,知無不為」,昌先生又何嘗不是如此呢?

(陳捷先)

(本文原載《昌彼得教授八秩晉五壽慶論文集》,2005 年 12 月)

談卷子
──中國圖書形制的演變

　　蔡倫用廉價的原料造紙，使它更適宜於書寫，可以說是我國文化史上的一重大發明。然而，紙在發明的初期並沒有立刻成爲通行的書寫材料。後漢崔瑗與葛元甫的信曾說：「今遣送《許子》十卷，貧不及素，但以紙耳。」（《北堂書鈔》卷一○四）可見流俗成習，以爲用紙書寫是不恭敬的，所以紙發明以後，竹帛仍然沒有完全廢除。《後漢書‧儒林傳》記載漢獻帝西遷時，內府的縑帛圖書，軍人取爲帷囊；《隋書‧經籍志》也記載晉秘書監荀勗著《中經新簿》：「盛以縹囊，書用湘素。」一直到東晉桓玄才下令說：「古無紙，故用簡，非敬也；今諸用簡者，皆以黃紙代之。」（《初學記》卷十二）從此以後，竹帛終歸於淘汰。

紙書的形制

　　紙寫圖書在形式上承襲了簡冊與帛書。漢晉時代的紙幅大小如何，已不可考。唐代的紙幅，據宋程大昌《演繁露》引唐《李義山集》新書序言：「治紙工率一幅以墨爲邊準，用十六行式，率一行不過十一字。」李商隱所說的字幅可寫十六行、行十一字；雖與近世敦煌所出六朝以至唐代的寫經紙幅，不盡相同，但字有大小，李氏所指的或是通常的情形。唐以前的紙幅就前代的記載及近代發現的遺物來看，大抵高不過一呎，長度不過一呎半至兩呎，古紙的幅度，大概也與之相若。這種標準的長度可印證當年荀勗用以抄寫竹書的「二尺之紙」。爲了模倣帛書的形制，於是將若干張紙以漿糊粘成長幅，紙與紙的接合處，通常有押縫或印章，在末端附一根軸捲起來收藏。每一卷是一單位，一本書可能是一卷或數卷，視內容長短而定。爲了便於直行書寫，

使行與行有間隔空隙，用鉛將紙上下劃線分別界欄，寬度與簡牘相仿，恰好能容一行，即唐人所謂的「邊準」，宋人所謂的「解行」，明清以來所謂的「絲欄」，展開卷子，一行行的文字，就好像簡冊的編連一樣（圖一）。

圖一：「新修本草」古鈔卷子本（軸標帶）

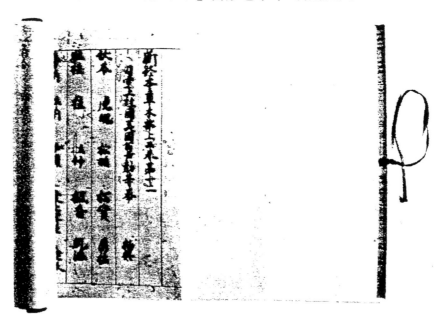

卷子書寫有一定的格式，通常每卷起首寫篇名，如果一書不止一卷，還要寫明卷次。下面空數字，再寫全書總名，再空數字，寫撰者姓名，這就是所謂「小題在上，大題在下，撰人姓名又在大題之下。」（圖二）全書末尾，往往有一行，寫著抄書姓名、年月和地點，有時還記有寫書的原因。這些都為印刷術發明後的雕版書籍承襲了下來。

卷子的裝潢

古人得書不易，故對書愛護備至，為了防止蛀蝕，多用黃檗樹木的汁來染紙，叫做「裝潢」。後魏賈思勰《齊民要術》卷三曾說：

> 凡打紙欲生，生則堅厚，特宜入潢。凡潢紙，減白便是，不宜太深，深則年久色闇也。人浸藥熟，即棄渣，直用純汁，費而無益。藥熟漉汁，搗而煮之，布囊壓訖，復搗煮之，三搗三煮，添和純汁者，費省功倍，又彌明淨。寫書經夏熱後入潢，縫不綻解。其新寫者，

須以熨斗縫縫，熨而潢之。

這是一篇最早最詳細的潢紙法的記載。這個方法似早在紙普遍應用於書寫後不久便開始了。黃蘗是芸香科的喬木，皮外白，內呈黃色，其效用能避蠹殺蛀蟲，故古人用來染紙，所以古紙多呈黃色。古人有「黃卷青燈」之語，對此卷軸，始知其言之親切。

圖二：敦煌印出唐人寫卷子本《尚書》

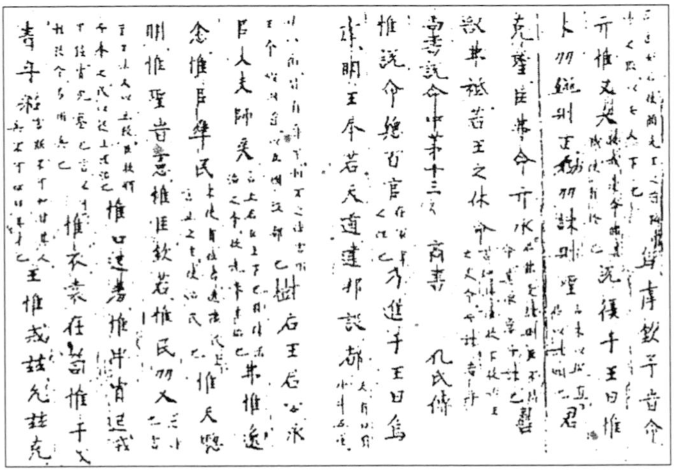

（每卷開始先寫篇名篇次，下註書名及作者，因為古書篇卷可以單行，故以篇名為主）

因為古紙多呈黃色，古人抄寫書的時候遇有寫錯的地方，恐怕刮洗傷紙，貼紙又容易脫落，於是用雌黃塗抹在寫錯的字上面。雌黃是一種礦物，與雄黃相類，《齊民要術》中也記載了一段研製雌黃的方法，將雌黃先在青硬石上用水研磨，後曝乾；再經過兩次在磁碗中研磨曝乾，然後調以膠，用杵臼擣熟製成丸，陰乾，用時，以水研磨即可，如此即可永不剝落。因它的顏色與裝潢過的紙色相似，可以塗滅字跡。所以古人用來校書，將改正的字寫在所塗的雌黃的上面。就像現代作水彩畫，在畫錯的地方塗上鉛粉，然後再畫的情形一樣。晉人王衍善於談論，遇到自己引經據典有引錯的時候，輒隨口改正，當時人謂為「口中雌黃」，就是拿校勘圖書來作比喻。後代常用「信口雌黃」一語來形容人胡亂發言，則已經失去了雌黃原來的意義了。

卷軸的裝飾

卷子書需要常時閱讀舒卷，紙張容易破裂，所以有時還要另用紙裱在卷

子背面，裱背要做到不起縐、不厚硬，才算上乘。除了裱背以外，裝治卷子還要製作軸、褾、帶、籤，今分別說明之：

（一）軸

卷心用軸，是為了便於舒卷，卷子中間的軸，通常是竹木製的，露在外邊的兩端，往往有用琉璃、玳瑁、象牙、珊瑚、紫檀、雕漆，甚至金玉等貴重材料來裝飾。有些人甚至以此來區別書籍。據《隋書‧經籍志》的記載，隋煬帝即位以後，將秘閣藏書區分為三品，上品紅琉璃軸，中品紺琉璃軸，下品漆軸。又據《玉海》所載，唐玄宗開元時藏於集賢院的書，經書用細白牙軸、黃帶、紅牙籤，史書用細青牙軸、縹帶、綠牙籤，子書用紫檀軸、紫帶、碧牙籤，集部書用綠牙軸、朱帶、白牙籤。這也就是清代《四庫全書》封面用四種顏色來區別經史子集的張本。以上所舉二例，乃是帝王用來表示闊綽，而其圖書又全是珍品，所以裝軸亦備極奢侈。至於一般人家，普通都用木質或竹質的軸。稍為講究一點的，就把軸的兩端鑲飾起來。唐張彥遠《法書要錄》曾說：「褚河南監制之卷，率紫檀軸首，白檀身。」就是一例。近代在敦煌石室發現的南北朝時代的卷子，其中的軸有些是用漆木做的，有些是用細竹做的。

（二）褾

軸是在卷子的左端──也就是末端，經常捲在裡面。卷子的右端開首的部分常露在外面，容易污損破壞，所以較重要的書籍，就用其他質料粘連於卷首，以資保護，叫做「褾」，俗稱「包頭」（圖三）。褾的材料通常用紙，也有用絲織品的，如綾羅絹錦等等，顏色也各有不同。武平一《徐氏法書》記載唐

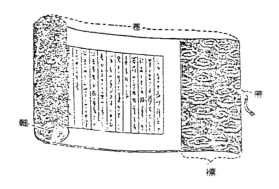

圖三：卷軸褾帶

太宗所裝的都是紫羅褾，梁朝所裝的為青綾褾，安樂公主用黃麻紙褾。當卷軸演變成冊葉形式後，這褾便成為書冊的封面。

（三）帶

褾的前端，又繫上一種絲織品的東西，以便捆紮之用，叫做「帶」。帶亦

分各種各樣的顏色，帶的顏色有時亦代表書籍的性質和類別。陳徐陵《玉台新詠》序說的「散此縹繩」，指的就是這個帶子。

（四）籤

卷子平放在書架上，軸端向外，便於抽出或插入，叫做「插架」（圖四）。但這樣就看不見書名了，所以古人為了便於檢取，在卷軸上懸掛上寫明書名卷數的籤牌，以資識別，叫做「籤」，有如後代的書籤。籤普通是用骨頭做的，也有用牙、玉或其他珍品做的。所分的顏色，其作用和褾、帶相同。例如唐朝李泌藏書三萬卷，用紅牙籤表示經書，綠牙籤表示史書，青牙籤表示子書，白牙籤表示文集。韓愈贈李泌的詩曾說：「鄴侯家多書，插架三萬軸，一一懸牙籤，新若手未觸。」可見當時對卷軸裝飾的考究了。

圖四：插架

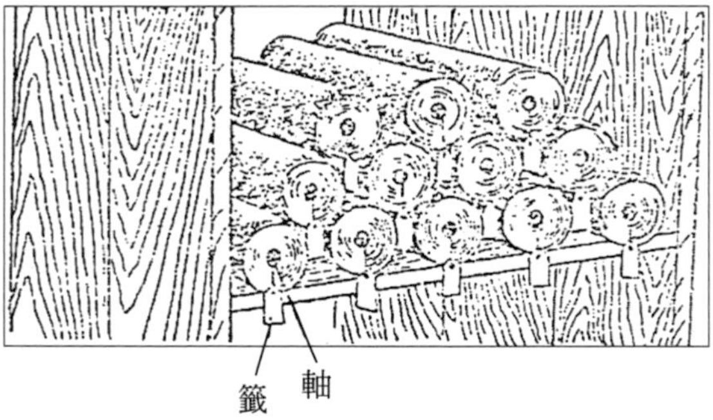

籤　軸

卷軸書外的附屬品──帙

為了保護卷軸以防磨損，則在卷子外包裹以「帙」。《說文解字》說：「帙，書衣也。」古時用絲織品做帙的例子很多，如《漢書‧楊厚傳》說：「厚祖父春卿自殺，臨命，戒其子曰：『吾縑帙中，有先祖所傳秘記，為漢家用，爾其修之。』」又《北堂書鈔》引《晉中興書》云：「傅玄盛書，有素縑帙、布帙、絹帙。」此外更有細竹織成的，如羅振玉《鳴沙山石室秘錄》說：「敦煌所出卷子，其外皆用細竹織簾包之。」

古時每帙所包裹的卷數，依卷軸的大小而定。大約每帙可包十卷，如晉葛洪《西京雜記‧序》說：「劉子駿《漢書》一百卷，無首尾，始甲終癸，為十帙，帙十卷，合為百卷。」梁《昭明太子集》前有梁〈簡文帝序〉云：「凡二帙二十卷。」唐陸德明《經典釋文‧序》說：「合為三帙，三十卷，號曰經

典釋文。」亦有一帙五卷，如《北堂書鈔》引梁阮孝緒《七錄》說：「大抵五卷以上為一帙。」總之，卷軸形式的書不管有多少卷，通常都是以各種不同花色的布帛包裹保護。後來卷軸書改為冊子，但其裝置的形制仍由書畫卷軸保留了下來（圖五）。

（本文原載《故宮文物月刊》第一卷第四期，1983 年 7 月）

圖五：東晉紙卷

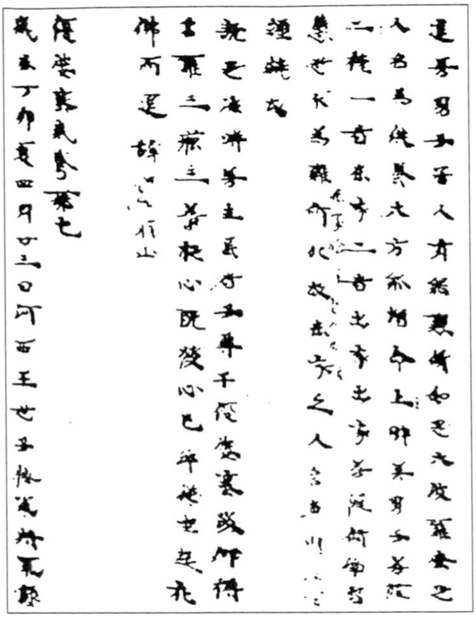

（新疆吐谷渾發現的公元四世紀的佛經寫卷，每行間劃有欄線）

談葉子
——中國圖書形制的演變

　　自從後漢和帝時蔡倫發明了造紙的方法，直到唐代以前，我國的圖書都作卷軸形式。紙寫卷子圖書比起簡冊來固然要輕便得多了，然而經過長時間的使用，也漸漸感到不便。主要是卷子的本身很長，往往長達數丈，反覆誦讀，舒捲都相當麻煩費事，假如從頭到尾順讀，舒捲的麻煩倒也可以忍受。倘若僅需檢查一件記載、或是一個字的查對，必須把全卷或大半卷軸都展開，在時間上實在很不經濟。古代有幾種僅供查檢的書籍：一種是類似現代字典的字書，如漢許慎的《說文解字》、梁顧野王的《玉篇》等；一種是類似現代的百科全書的類書，如曹魏時編的《皇覽》、梁劉孝標的《類苑》，到了唐代更出現了許多大部頭的類書，如《藝文類聚》、《北堂書鈔》、《初學記》、《白孔六帖》等，這些都是時常參考用的書，作卷軸式查閱是極不方便的。一種是音韻方面的書，如隋陸法言的《切韻》、唐孫愐的《唐韻》等，在詩學發達的唐代，使用相當頻繁，唱酬咏哦之際，需要隨時翻檢。卷軸式圖書既然不便於查檢，於是不得不謀求改良。改良的第一步則是變「卷子」為「葉子」。

葉子名稱的由來

　　唐代以前，印度尚不知造紙。《大唐西域記》卷十一載：

　　　　恭建那補羅國王宮城北不遠，有多羅樹林，周三十餘里。其葉長廣，

　　　　其色光潤，諸國書寫，莫不採用。

多羅樹又名貝多樹，它的葉子簡稱為貝葉。印度的佛教經典都是用當地所盛產的貝多羅樹葉裁成長方形，經過製作後來書寫的。自漢明帝時佛教傳入我

國後，歷經南北朝，至隋唐而極盛。印度及西域的僧人來我國傳教，以及我國和尚往印度求經，所攜來的都是這種貝葉梵文經。如北齊文宣帝請那連提黎耶舍翻譯佛經，將宮中所藏梵本一千餘夾送往天平寺中（《續高僧傳》卷二），唐玄奘法師自印度運回佛經六百五十七部、五百二十夾（《慈恩法師傳》），即是二個比較顯著的例子。貝葉經的裝置法，是在積若干葉後，上下用板夾住，再以繩綑紮。佛經係用梵文書寫，所以這種裝置又稱爲梵夾裝。這種一張張單葉的經，如果要查某一段或某一句或某一字時，只要檢出那一葉就可以了，不必像卷軸一樣把全卷或大半卷都展開。中國卷軸圖書的改良，第一步就是模仿印度的貝葉經，不再將一張張的紙粘成長幅，只要保持原來的單張積起來收存，這就是宋人所謂的「葉子」。關於「葉子」名稱的起源，明末潘之恆在《葉子譜題辭》中曾說：「葉子，古貝葉之遺製。」（《續說郛》卷三十九）清末葉德輝亦曾加以考證，《書林清話》卷一云：

> 吾嘗疑葉名之緣起，當本於佛經之梵貝書。釋氏書言西域無紙，以貝多樹葉寫經，亦稱經文爲梵夾書，此則以一翻爲一葉，其名實頗符。不然，艸木之葉，於典冊之式何涉哉（〈書之稱葉〉）。

這種推論，相當可信，中國的圖書爲什麼稱一張爲一葉，即源於此。

（宋版經摺裝，若裁開即是唐宋五代流行的一種貝葉式葉子）

葉子之制起始的時代

「葉子」起始於什麼時候？尚無記載可考。宋歐陽修《歸田錄》卷二云：

> 葉子格者，自唐中世以後有之。說者曰：「因人
> 有姓葉，號葉子青（原註：一作清，或作晉）者，
> 撰此格，因以爲名。」此說非是。唐人藏書皆作
> 卷軸，其後有葉子，其制似今策子。凡文字有備
> 檢用者，卷軸難數卷舒，故以葉子寫之，如吳彩
> 鸞《唐韻》、李郃《彩選》之類是也。骰子格本
> 備檢用，故亦以葉子寫之，因以爲名爾。

根據歐陽修的說法，葉子格自唐中世以後才有，其制係
仿「葉子」而作，則「葉子」的起始必較早，至遲應當
在唐中世以前。再根據其他記載來看，大約在唐代初
年，中國圖書就已經有作「葉子」式的。唐釋道宣的
《續高僧傳》及宋釋贊寧的《宋高僧傳》中，記載自唐
太宗貞觀以後，有一個特異的現象，即和尙誦經，每每
以通若干紙來計數，與所記唐以前的和尙讀經以卷數計
不同，這可能與「葉子」有關。道宣《續高僧傳》卷三
十五云：

> 貞觀二十一年（647），海鹽縣鄱陽府君神因常祭
> 降祝曰：「爲請聰法師講《涅盤經》。」道俗奉迎，
> 旛花相接，遂往就講，餘數紙在。

這段記載中值得注意的是「餘數紙在」四個字，假如他
的《涅盤經》是卷子的話，一卷首尾相連，必不致於留
下幾張紙，可見不是卷軸，而是散葉，才有遺落的事情
發生。

　　《宋高僧傳》卷五〈釋一行傳〉載：

> 玄宗詔入，謂行曰：「師有何能？」對曰：「略能
> 記覽，他無所長。」帝遂命中官取書籍以示之。行周覽方畢，覆其
> 本，記念精熟，如素所習，唱數幅後，帝不覺降榻稽首曰：「師實聖
> 人也！」

此處說「覆其本」，不言掩卷，下並云「唱數幅」，可見內府典籍也有作「葉
子」式的。唐代的「葉子」，大概是由佛教經典首先採用，然後再漸及於其他
書籍。唐孫樵《讀開元雜報》云：

（以梵文抄寫的貝葉經
裝置情形，每葉穿有兩
孔，以繩縛綮）

樵曩於襄漢間得數十幅書，繫日條事，不立首末。（《孫可之文集》
卷十）

可見孫樵所藏的《開元雜報》是作幅葉裝。唐李賀送〈沈亞之歌〉云：

白藤交穿織書笈，短策齊裁如梵夾。（《歌詩編》卷一）

可見沈亞之的藏書是作梵夾裝。此類的例子在唐人著作中還有很多，足以證
明「葉子」制在初唐已開始了，盛唐以後漸漸推廣。

「葉子」的裝置

「葉子」既然是一張張的散葉，必須加以裝置，才不容易散失。裝置的
方法，一種是用夾，一種是用函。夾是仿印度貝葉經的方法，函的本義為容，
有如盒子。古代有所謂玉函、石函，都是用來盛裝珍貴的物品。唐以前用來
護書的只有書帙，並無書函的記載。根據文獻，用函裝書最早起始於唐。唐
代詩人孟郊〈讀經詩〉云：

垂老抱佛腳，教妻讀黃經。經黃名小品，一紙千明星。……拂拭塵
几案，開函就孤亭。儒書難借索，僧織繞芳馨。（《孟東野詩集》卷
九）

用函裝書，當在改卷軸為葉子以後，後來書冊盛行，尚一直沿用這種方法來
保護圖書。

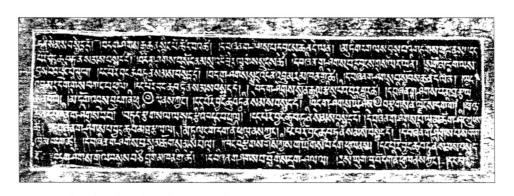

（清代藏文寫大藏經葉子，雖未穿孔，中間亦留有二孔跡，係貝葉經的遺制）

葉子的形制

唐代的「葉子」，雖說是仿自印度貝葉經，但形制則略有改變。貝葉經的
形式，因貝葉的大小受天然的限制，而梵文是由左向右橫寫，所以形成上下
甚窄的狹長形。但是這種形式，用我國由上而下直行的文字寫讀起來就不太

適合了，所以唐代的「葉子」不能不變其制。根據前人的記載及近代發現的遺物來看，大約有兩種形式：

　　一種雖然作扁長方形，但是上下加高。寬與高的比例約在二比一以至三比二之間。而唐代紙幅寬與高的比例，亦大約爲三比二，「葉子」大概就是以一幅爲一葉。這種「葉子」因爲紙幅比較寬大，爲了便於翻閱，唐人多採用硬黃紙。清卞永譽《式古堂書畫彙考》卷八著錄了一部唐貞元十一年釋義道所寫的《法華》，卞氏注云：

> 小楷書，硬黃箋本。高八寸，闊一尺六寸，凡二十七幅，每行四十
> 字。

又元虞集〈寫韻軒記〉云：

> 世傳吳仙（彩鸞）嘗寫韻於此軒，以之得名。予昔在圖書之府及好
> 事之家，往往有其所寫唐韻。凡見三四本，皆硬黃書之，紙素芳潔，
> 界畫精整。（《道園學古錄》卷三十八）

所謂硬黃的意義，宋張世南《游宦紀聞》卷五說：

> 硬黃，謂置紙熱熨斗上，以黃蠟塗勻，儼如枕角，毫釐必見。

本來是供作臨摹書法用的，唐人以葉子寫佛經及韻書往往用硬黃箋者，似乎是取其硬挺，翻閱收檢都比較方便，像後代的書畫，作冊葉裝置時，必裱在硬紙上一樣。

　　葉子的另一種形式，與貝葉無異，所不同的只是變貝葉的橫式爲豎式，成爲上下高闊，左右狹窄。如清乾隆十一年四川潼川琴泉寺寶塔中所出，王蜀時代（919～925）宰相王諧手寫的葉子《法華經》，沈清官潼川知府時購到了五葉，每葉五行，每行十六字，後歸於繆荃孫，見《藝風藏書續記》卷二。又伯希和在敦煌石室中獲得了漢乾祐三年（950）刻印的《陀羅尼咒》七葉，此七葉咒文係從一個版一次印成，而後裁開的（見卡特原著，富路特增訂《中國印刷術的發明及其西傳》第八章註十二）。上面所舉的兩種貝葉式葉子，雖然是五代時的遺物，不過五代時所採用的這種形式，很可能淵源於唐代。

（以梵文書寫的貝葉經單葉，中有兩孔，以備穿繩）

（宋元通行的蝴蝶裝的單葉，即係葉子的一葉，故歐陽修説：似今冊子）

葉子的演變

「葉子」比起卷軸來，無疑地是進了一步，查檢起來要方便得多。但是它不像卷子黏連在一起，當然比較容易散失錯亂。所以歐陽修説，凡有常備檢閲的書，才用葉子來寫，這恐怕是葉子不太流行的主要原因。於是又從而改進，這種改進，係沿著兩種不同形式的葉子分途發展，由貝葉式的葉子演進成爲摺疊本，幅葉式的葉子則演進成爲宋元通行的蝴蝶裝。這時雕版印刷術早已發明，並且相當地普遍了。

（本文原載《故宮文物月刊》第一卷第五期，1983 年 8 月）

印刷術的發明

印刷術的起源

　　印刷術是我國對於世界文化四大貢獻之一。我們都知道在印刷術還沒有發明以前，一切書籍全靠抄寫來流傳，一本書如果我們需要一百部，就得抄寫一百次，所以在那個時期，書籍的傳佈就非常的緩慢，讀書人想得到一部書也就非常的困難。但是自從印刷術發明以後，只要將書籍雕成版片，就可以從版片上成千成萬的刷印出來，這樣，書籍可以大量的生產，讀書人不用自己抄寫，就可以得到他所需要的書了。我們生在印刷事業極度發達的今日，把印刷書籍看作很平常自然的事情，很難想像古時候的人讀書的艱難困苦，五代蜀相毋昭裔為布衣時，家貧，曾向人借《文選》、《初學記》，人有難色，發憤他日若顯貴，一定要刻書贈送學者，後來果然實現了他的諾言。由這一則故事就可以體會到印刷術對世界文化的貢獻是如何的偉大了。我們可以斷言，如果沒有印刷術的發明，那麼我們的學術文化絕不能像今天這樣的光輝燦爛，人類的生活內容也不能像現在的豐富多彩。

何謂印刷術？

　　印刷術就是將文字製成印版，在它上面加墨，印到紙上而成為讀物的方法。印刷術通常可分為兩種，一種是雕版印刷，也叫做整版印刷，就是將文字反刻在一塊木版上，在這整塊木版上加墨印刷的方法（圖一）；一種是活字印刷，就是先刻成一個個反的單字（圖二），將每個單字拼湊成一塊塊版，再就版上加墨印刷的方法。這兩種印刷的方法，都是中國人發明的，我們先發

圖一：書版（清同治淡水廳志原版）

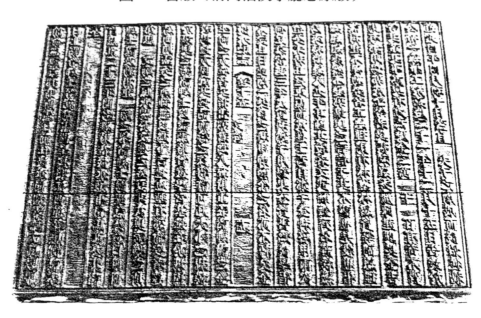

明了雕版印刷，後來又發明了活字印刷。雖然活字印刷是現代印刷術的主要方法，絕大多數的現代書籍是用活字印刷術印成的，所以它的發明對現代文化的關係更加重要。但是沒有雕版印刷術作為先驅是不會有活字印刷術的發明，因此本文先介紹雕版印刷術。這種印刷術可以說是我國古代的人民在長期使用印章和石刻的基礎上發明出來的。

圖二：木活字及所鈐印的文字

印章對於雕版印刷術發明的影響

印章對於雕版印刷的發明，無疑地有直接的影響，我們可以說雕版印刷，乃是印章的擴大。我國至遲自殷商以來就已經習慣用印章作為憑信，把姓名或職銜寫成反文刻在木石玉銅或象牙上成為印章。印章上刻文字有兩種方式：一種是凹入的，叫做陰文；另一種是凸起的，叫做陽文。印章初期施用於封泥上作為封緘之用，陽文印施於封泥，便成凹字，陰文印施於封泥，便成凸字

（圖三），漢代用封泥最盛，而封泥凸字較凹字清楚，這是漢印以陰文爲主的原因。南北朝時封泥與簡牘廢而不用，一切文書全改用紙，始用紅色印泥在紙上蓋用朱印。反字陽文印，用紅色印泥印於白紙上，則呈正文紅字，故又稱朱文。反字陰文印，用紅色印泥印於白紙，則呈正文白字，故又稱白文（圖四）。朱文比白文醒目且美麗，這是六朝官印多用陽文的原因。反字陽文印章可以說是雕版印刷的直接祖先，從某一種意義上來說，雕版印刷所用印版，可以說就是一塊放大了的印章。早年東晉初年，葛洪在他所著《抱朴子》一書裡就說到一種可以容納一百二十字的印章。可見那時印章的面積已經逐漸擴大了，這種大印章幾乎與後來的雕版相似，只是那時僅知道鈐蓋，尚不知道刷印的方法。

<table>
<tr><td>圖三：封泥</td><td>圖四：朱文印與白文印</td></tr>
</table>

圖三：封泥

圖四：朱文印與白文印

（由陰文印鈐在泥上而成凸出的「新野丞印」四字）　　（上爲朱文印，下爲白文印）

摹搨對於雕版印刷術發明的影響

把文字正寫刻在石碑上，在中國可以說很早就有了。現存最古的石刻有先秦時代的石鼓文（圖五），石鼓文乃是秦襄公凱旋紀功之文。秦始皇以後刻石紀功的事情更爲普遍。後漢靈帝於熹平四年（175），命令當時書法最好的蔡邕會同一些學者，把七種（《易》、《書》、《詩》、《儀禮》、《春秋》、《公羊傳》、《論語》）儒家經典的文字加以校正，寫在石碑上。由工人加以刊刻，作爲官校的定本，豎立於洛陽太學門前，稱爲漢熹平石經，以供全國讀書人來校勘

圖五：石鼓全形及其文字的拓本

或傳抄。曹魏正始年間又重刻過一次。但抄寫終究是一件緩慢而費工的事，而且還可能抄錯，於是人們就想法尋找出一種可以從石上直接將文字迻錄下來的方法。將一張白色薄紙舖於碑文上，以毛刷或軟拍稍加壓力於紙面，使之進入所有碑之凹陷部分，用棉球醮墨在紙上細打，由於石刻的字都是凹入石內的正寫的文字，經過這樣處理，附著在字上的紙便凹入石內，不能受墨，因此揭下來就成為黑底白字的拓本（圖六），這種方法就叫做摹搨。摹搨方法何時發明，雖不太清楚，但最早應在紙的發明及其使用以後，根據《隋書‧經籍志》的記載：「梁有今字石經《鄭氏尚書》八卷，亡。」此處石經既稱卷，當屬石經的紙拓本，足證蕭梁時代拓碑已普遍使用。摹搨在技術方面雖然與雕版印刷不同，但對於墨的使用多少可以提供一點技術。摹搨對於雕版印刷的啓發，是間接的。中國雕版印刷術的發明，無疑地就是在上述兩種技術聯合運用下所產生的。

唐代以前尚無雕版印刷

中國的印刷術究竟起始於什麼時候？史冊上沒有明白的記載。唐代已有雕版印刷，不但有文獻可考，而且有實物證明（詳後）。然而唐代以前究否已有雕版印刷？歷來研究這個問題的人，有主張雕版印刷術是隋代發明的。這種看法，發端於明朝的陸深。他的《河汾燕閒錄》卷上說：

隋開皇十三年十二月八日敕：廢像遺經悉令雕造，此印書之始。

圖六：漢熹平石經殘石

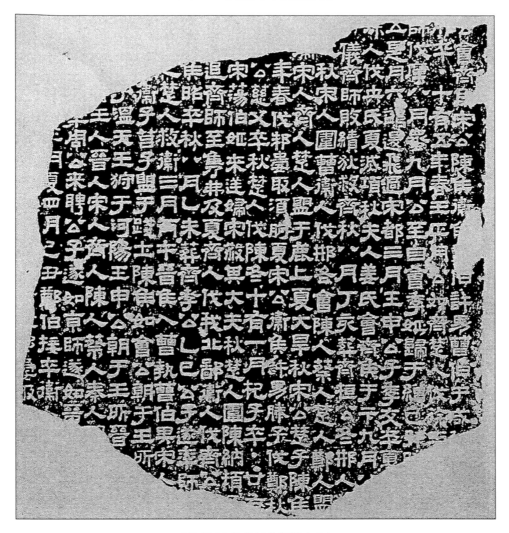

（民國 23 年在河南洛陽出土）

明胡應麟不但認為陸深的話係指印書之始，而且把「雕造」改為「雕版」。《少室山房筆叢‧經籍會通》卷四說：

> 載閱陸深《河汾燕閒錄》云：隋文帝開皇十三年十二月八日勅廢像遺經，悉令雕版，此印書之始。據斯說則印書實自隋朝始。

又說：

> 徧綜前論，則雕本肇自隋時，行於唐世，擴於五代，精於宋人，此余參酌諸家確然可信者也。

他們所根據的是隋費長方的《歷代三寶記》。但《歷代三寶記》卷十二的原文是：

> 開皇十三年十二月八日，隋皇帝佛弟子姓名敬白：「……屬用代亂
> 常，侮懷聖跡，塔寺毀廢，經像淪亡……弟子往籍三寶因緣，今膺
> 千年昌運；作民父母，思極黎元。重顯尊容，再崇神化。頹基毀跡，
> 更事莊嚴；廢像遺經，悉令雕撰。」

因爲隋朝以前，北周武帝大毀佛教，很多經像被毀壞，隋文帝承北周武帝之後，乃大興佛教，雕佛像，撰佛經，大建寺廟。此處雕撰即指雕像撰經，陸深誤以撰爲造，而認爲是雕造經板，到了胡應麟又改爲雕版，從陸深以後，明清有許多記載，都說雕版印刷隋朝已開始，其實《歷代三寶記》的「廢像遺經，悉令雕撰」與雕版印刷毫無關係。

孫毓修在他的《中國雕版源流考》一書裡，曾引《敦煌石室書錄》；說有太平興國五年翻雕隋刊本《大隋求陀羅尼經》，因而說雕版印刷開始於隋朝，其實這是錯誤的。因爲這陀羅尼經原是法國人伯希和（Prot. P. Pelliot）於敦煌千佛洞中所發現的，現藏巴黎圖書館。「大隋」僅是「大隨」的另一寫法，「大隨求」乃佛教成語，就是陀羅尼的意思，並非指隋朝，而且經末有「太平興國五年六月二十五日雕版畢工手記」一行（圖七），並無翻雕的字樣，所以這完全是北宋刻本，而不是翻刻隋朝的。

此外，斯坦因（M. A. Stein）在 1913 年至 1916 年曾在吐魯蕃發現一張殘紙片，上有「……官私……延昌三十四年甲寅……家有惡狗，行人慎之」兩行殘文。延昌三十金年，當隋開皇十四年（595），這一殘片，現藏英國。那時英國人認爲這是中國的印刷品，因而認爲那時期以前中國就已經發明印刷術了。但後來秦德萊（B. Schindler）利用紫外光及紅內光將此紙張照相，用顯微鏡檢查，並與大英博物館所存最古印本《金剛經》及其他寫本分別作比較研究，研究的結果證實這不是印刷品；而且根據這張紙片的文字像是貼在門口或牆上的，似乎沒有雕印許多份的必要。

總之，無論文獻或實物，全找不出隋朝已經發明雕版印刷的證據。因此，我們現在可以作一結論，就是唐朝以前尚無雕版印刷。

印刷術發明的時期問題

現在許多學者都認爲雕版印刷的發明是在唐朝，但唐朝經歷了三百年之

圖七：宋太平興國五年（980）李知順刻印大隨求陀羅尼咒

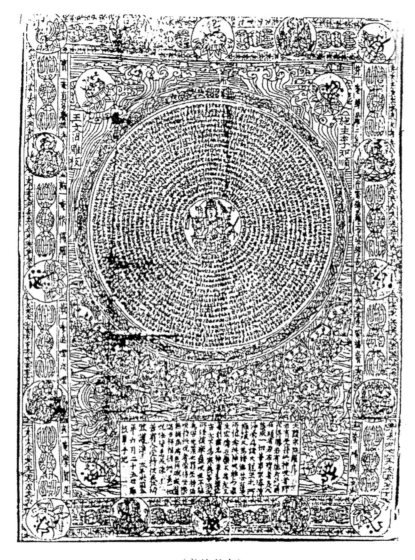

（敦煌所出）

久，究竟雕版印刷的發明是在哪一時期呢？我們只有從唐人文獻或現存的唐刻本中去尋找可靠的資料。

在中國現存的文獻中，敘及印書的事，最早不過九世紀初期的中唐時代，現存的印刷品中，亦無早於盛唐時代的。但據文獻，在唐代初年卻有印佛像的事。唐馮贄《雲仙雜記》卷五引《僧園逸錄》說：

玄奘以回鋒紙印普賢像，施於四眾，每歲五馱無餘。

雖然《雲仙雜記》一書，前人對它懷疑的很多，以為是宋人偽作，但據唐釋慧立所撰《大慈恩寺三藏法師傳》載玄奘法師曾「造像十俱胝」，「俱胝」是梵文中一個數目字的譯音，據《一切經音義》解釋為一億，或一千萬，也有解釋作十萬或百萬的，不論俱胝作十萬、百萬、或千萬來解釋，十俱胝總是一個相當龐大的數字。造十俱胝的像絕不可能為雕像或繪像，只有一種情形，用印刷的方法，才可能有那麼許多。故《雲仙雜記》引《僧園逸錄》所說玄奘印普賢像施人的事，實與玄奘傳的記載相合。玄奘法師生於隋開皇二十年（600），卒於唐高宗麟德元年（664）。692年，義淨寄回中國的《南海寄歸內法傳》有「印絹紙」之記載。玄奘圓寂之年。不過在義淨寄歸該傳的二十八年以前，然則玄奘印施佛像自極可能。玄奘以回鋒紙印普賢像，可能是將佛像刻成印章式樣，醮墨鈐蓋在紙上，印成佛像（圖八），在方法上雖然還沒有脫離印章使用的範疇，但由僅是憑信的作用，演進到可使圖像印製迅速的概念，在人類的思維上，卻有了不同的意義。雖然距離文字的印刷，可能還有一段歷程，但有這種思想作為動力，相信不會太遠。若說在七世紀末，中國雕版印刷術就已經開始萌芽了，應該是可以相信的。

圖八：金屬佛印章及其鈐蓋出的佛陀像紙卷

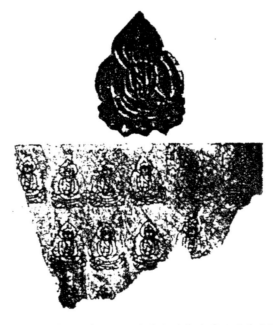

（這類的佛陀像卷子，近代在新疆各地發現了甚多）

現存唐人文獻中提到雕版印刷的有好幾處，最明確而有年月可考的是馮宿所上的奏文。《全唐文》卷六二四〈馮宿請禁印時憲書疏〉說：

> 準勅禁斷印曆日版，劍南兩川及淮南道皆以板印曆日鬻於市，每歲
> 司天台未奏頒下新曆，其印曆已滿天下，有乖敬授之道。

馮宿於唐文宗太和九年（835），出爲劍南東川節度使，這個奏文可能就在這一年上的；恰好《舊唐書・文宗本紀》記載：

> 太和九年十二月丁丑勅諸道府，不得私置曆日板。

由此可知在此時已有印刷的日曆了。元稹在長慶四年（824）替白居易的《白氏長慶集》作〈序〉說：

> 然而二十年間，禁省觀寺郵候牆壁之上，無不書；王公妾婦牛童馬
> 走之口無不道。至於繕寫模勒衒賣於市井，或持之以交酒茗者，處
> 處皆是。

元氏又自注說：

> 楊越間，多作書，模勒樂天及予雜詩，賣于市肆之中也。

「模勒」就是印刷，可見在那個時候不僅有印刷的日曆，而且已有印刷的詩文集。《司空表聖文集》卷九〈爲東都敬愛寺講律僧惠確化募雕版律疏〉說：

> 今者以日光舊疏，龍象弘持，京寺盛筵，天人信受。□迷後學，競
> 扇異端；自洛城罔遇，時交乃焚；印本漸虞散失，欲更雕鍥。

這裡所謂，「洛城罔遇，時交乃焚」之語，是指唐武宗會昌五年（845）毀佛像的事情而言，可見在會昌以前就有印刷的佛經了。范攄《雲溪友議》卷下〈羨門遠篇〉說：

> 紇干尚書泉，苦求龍虎之舟，十五餘稔。及鎮江右，乃大延方術之
> 士，作《劉弘傳》，雕印數千本，以寄中朝及四海精心燒煉之者。

考紇干泉在唐宣宗大中年間（847～859）爲江西觀察使，雕印《劉弘傳》，當在此時，可見那時已有印刷的道教作品了。王讜《唐語林》卷七說：

> 僖宗入蜀，太史曆不及江東，而市有印賣者，每差互朔晦。貨者各
> 徵節候，因爭執。

唐僖宗逃入成都是在中和元年（881），可知那個時候江東的印刷業已經非常興盛了。隨著唐僖宗到成都的柳玭，在他的《家訓・序》裡說：

> 中和三年癸卯夏，鑾輿在蜀之三年也。余爲中書舍人。旬休，閱書
> 於重城之東南，其書多陰陽、雜記、占夢、相宅、九宮、互緯之流；

又有字書、小學。率雕版印紙，浸染不可盡曉。（據《舊五代史》卷
四十三〈唐明宗紀第九〉注引）

從這段記載，我們知道那時成都不僅有印刷的歷書，而且有其他的書籍了。
根據唐人的記載，我們知道自中唐以來，刻書之風已經非常盛行，而且也可
以知道我國最早刻書的地方是吳蜀；因為這兩處都是盛產森林的地方，也是
當時生產紙張的地方。唐懿宗咸通年間在長安留學的日本和尚宗叡攜帶回國
的書籍目錄《新書寫請來法門等目錄》，有四川印子《唐韻》一部五卷，《玉
篇》一部三十卷，所謂「四川印子」就是「四川刻本」的古稱。可見四川印
書之多，雕版印刷之盛，很可能四川就是雕版印刷的發源地。

從以上資料，可以看出中晚唐時刻書地域之廣，與刻書事業之盛，由此
可以推測在中唐以前印刷術早已發明了，只是早期的印刷術可能只流行於民
間，因此沒有史料記載。現存記有年代最早的印刷品，是敦煌所出，現藏大
英博物館的唐懿宗咸通九年（868）王玠刻印的《金剛經》（圖九）。根據《金
剛經》雕印之精美，可以證明當時的印刷術已經經歷了長期的演進，至少可
以往前推一百年以上。還有鄰近中國的日本與韓國，是接受唐代文化薰陶最
深的兩個國家，都曾派遣許多學生到當時的首都長安留學。日本現存最早的
印本，是由稱德天皇於西元 764 年下令著手，迄 770 年印畢的《百萬塔陀羅

圖九：咸通九年（868）王玠印金剛經卷子的首尾，題記

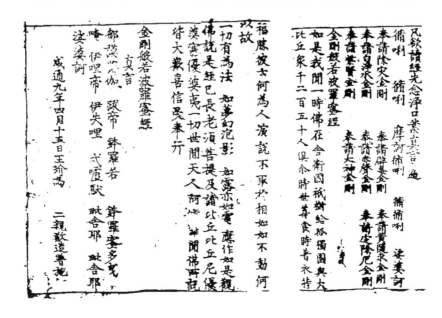

尼經》，而由曾在長安留學達十九年之久的東宮學士吉備眞備所主持。吉備眞備之建議以印刷來代替手寫，極可能他在留學期間曾目睹這種新方法，而回國仿效。韓國現存最早的印本是 1966 年 10 月 13 日在慶州市佛國寺釋迦塔中的所發現的《無垢淨光大陀羅尼經》。據考證此經卷雕印於西元 704 年～751年。以新羅與唐代文化關係之密切，則此經之雕印也極可能是受中國的影響。由此旁證來推測，在七世紀末八世紀初葉，我國一定已經發明了印刷術。總之，我國雕版印刷術的起源，至遲也應該是在盛唐，因爲當時我國的國力和文化都已發展到鼎盛狀態，很可能發明了印刷術。後來因安祿山之亂，唐朝逐漸衰微，又經唐武宗會昌五年的禁佛，以及唐末的黃巢之亂，所以許多唐代珍貴的印刷品便毀於兵火，難於保存，因此，盛唐的印本也就沒有流傳下來。

（本文原載《故宮文物月刊》第一卷第六期，1983 年 9 月）

談版式

雕版印刷術的發明給了書籍制度以極大的影響，書籍由卷軸逐漸蛻化而成冊葉。為了說明這一個過程，為了說明書籍形態因採用印刷術而起的變化，我們首先要談談雕版的式樣。

所謂版式就是一塊書版的格式。我國雕版印刷的書都是單面印刷。紙面上印版所佔的面積叫做版面。版面以外的餘紙，上邊叫天頭，下邊叫地腳。敦煌所出，唐五代的印刷品，有很多是單頁的，另外又有北漢隱帝乾祐二年刻本佛經，現藏大英博物院，為摺疊本，共有八葉；五代雕印的《切韻》殘紙十六葉，現藏巴黎圖書館，此本每葉三十四行，每行的字數有二十四、二十五、二十七、二十九及三十等五種，係五種不同的版刻，以三十四行為一版，每版的版數刻在每葉正文的最後面。這些唐五代刻本和宋以後刻本比較，最大的不同是沒有版心。以下所要介紹雕版印書的各部分名稱（圖一），大抵是指宋以後刻本而言。

邊　欄

書版四周圍以墨線，叫做版匡，又稱為邊欄。書版四周只有一道粗墨線的，稱為單欄。在粗墨線之內，又附一道細墨線的，稱為雙欄。上下兩邊沒有細線，僅左右兩邊有細線的，稱為左右雙欄。上下左右全有細線的，稱為四周雙欄，俗又稱為文武邊欄。

版　心

書版的中央留有一條不刻正文的部位叫版心。版心的作用是在將印刷葉對摺起來時作為標準，以免參差不齊，因為宋元時代流行蝴蝶裝，文字向裡對摺，此部位在中心故名；明初以後改行包背裝及線裝，文字摺向外面，此

圖一：版刻行款

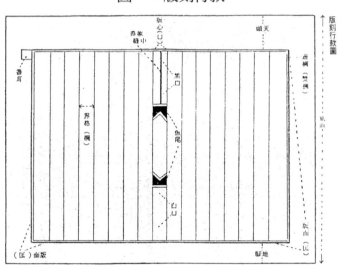

部位也變成向外部位，故又名版口。版心有專為折疊時作標記用的象鼻和魚尾，茲分述於下：

（一）象鼻

版心的上下各有一道橫線，從此橫線至上下邊欄形成上下各一個空格，叫做象鼻。象鼻中空白的稱為白口；中間有一道細黑線的稱為細黑口或小黑口或線口；若為粗黑線或全黑的稱為大黑口或闊黑口。如果上象鼻中刻有書名的，稱為花口（圖二）。

圖二

白口　　　　　　　　闊黑口　　　　　　　　小黑口

（二）魚尾

版心中間離上面約四分之一高的地方有一「﹁」形，稱爲魚尾。僅有一魚尾者，稱爲單魚尾；有時版心下半也有一個魚尾，稱爲雙魚尾，如下端無魚尾就畫一道橫線。上下魚尾的分叉處是全版面的中線，也就是對摺時的標準線。上下魚尾之間係供刻記書名、卷數及葉次。

書耳與耳題

有的書在邊欄外左上角或右上角附刻一個小匡，稱爲書耳或耳格或耳子。書耳中所刻的文字，稱爲耳題（圖三）。或雖無書耳，而於左右邊欄之上角有題記的，亦稱爲耳題。

白匡、墨等、墨蓋子

古人刻書，書中闕文處用空白方形匡（□）的，稱爲白匡，白匡源於古書抄本，後世刻本，亦用其例。用墨塊（■）的，稱爲墨釘或墨等或等子，表示校勘正確的時候，另行補刻。南宋時陳道人所刻書棚本，就有許多墨等（圖四）。墨等上刻有陰文（墨地白字）的，稱爲墨蓋子。

墨　圍

書中所刻的小墨匡，匡中題簡單的詞語，通常多爲表示注疏或標題等用的，稱爲墨圍（圖五）。

圖三：書耳　　　　　圖四：墨等 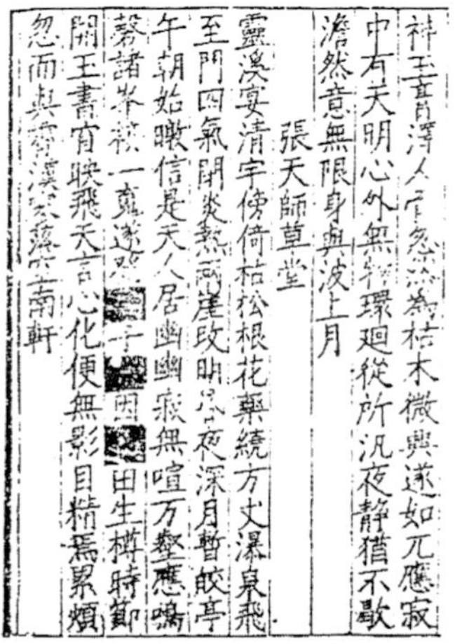　　　　　圖五：墨圍

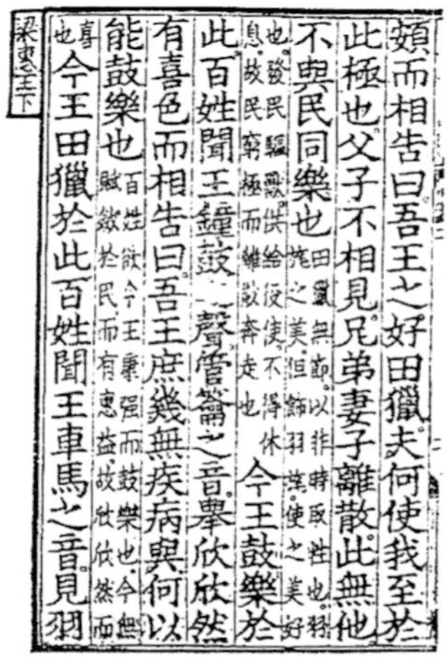

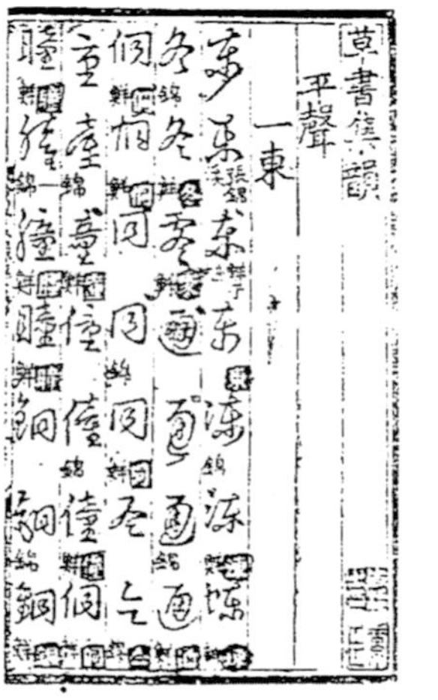

書眉、眉批

版匡上端之餘紙，稱為書眉。書眉中之批語，稱為眉批（圖六）。

木 記

序文後或目錄後，或各卷卷末，刻有圖記或牌記的，稱為木記。圖記有作鐘、鼎、爵、鬲等形的（圖七）。牌記亦稱為墨圍，多長方形，也有作橢圓形的，又有無邊匡的（圖八）。牌記通常記刻書者的堂名或姓名，刻書年月或有或無，詳略不一。

圖六：眉批　　　　　　　　圖七：木記、爵形木記

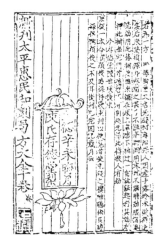
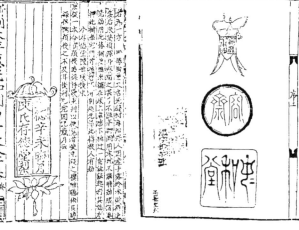

圖八：牌記

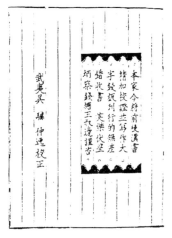

寫書人及刻書人姓名

　　古書多是倩名手書寫稿本，然後上刻的，也有自己書寫的，這種記載，往往見於序跋題識，或簡單的記在版口或卷尾。至於刻書人的姓名，則多半刻在版心的下側或邊欄之外。

插　圖

　　我國自古以圖書並稱，《漢書‧藝文志》所載的兵書，很多都注有圖若干卷，《隋書‧經籍志》也載有《周官禮圖》、《山海經圖讚》等等，由此可知書之有插圖，遠在雕版印刷術發明以前。書中附圖，不僅增加美觀，更能將文字的意義藉生動的畫面表達出來，給人深刻的印象。到了唐代雕版印刷術發明以後，書籍中往往附有插圖，到了明末，書籍之附有插圖的，實不勝數（圖九）。

圖九：書中插圖

版式與鑑別古書版本

　　版式因時代而有不同，因此版式乃是鑑別古書版本的方法之一。明高濂《燕閒清賞牋》、屠隆《考槃餘事》卷一都說宋版多單線，而葉德輝答日本松崎鶴雄的信中（《書林餘話》卷下）卻說宋版多雙線。依據傳世的宋版書來看，大抵以上下單欄，左右雙欄為多，四周單欄或雙欄為少。一般說來，南宋以後通行左右雙欄，若以單欄或雙欄來審定是否宋版，並不是絕對可靠的。膽

　　其次談到版心的問題，一般來講，宋版書大都是白口，版心上方記本版字數，上下魚尾之間刻書名（不刻全名）、卷數及葉次，下象鼻中記刻工姓名或單記一字（圖十）。自南宋末年又開始有版心上下作黑口的，到元代及明代初年更為盛行。明正德嘉靖間覆刻宋版的風氣漸盛，於是版心又變為通行白口，不過罕有記載字數及刻工的。正德嘉靖間又有開始將書名改刻在上象鼻內，且書名全刻，形成花口（圖十一），萬曆以後成為定式。自明以來的藏書家多認為宋版皆白口，版心作黑口起於元明。明葉盛說：「宋時所刻書，其匡廓中摺行上下，不留黑牌。」（《水東日記》卷十四，二程遺書條）是以自明以來的藏書家見到黑口本，不敢定為宋版。清嘉慶時代的大藏書家黃蕘圃自認為看了很多宋版書，曾經下過結論說：「宋本從無闊黑口者。」及見宋景定

圖十　　　　　　　　　　圖十一

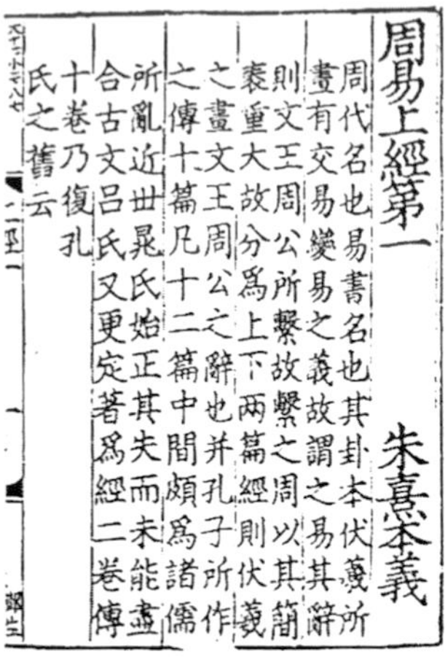

（宋版書的版心上刻本版數字，
書名、葉次、刻工姓名）

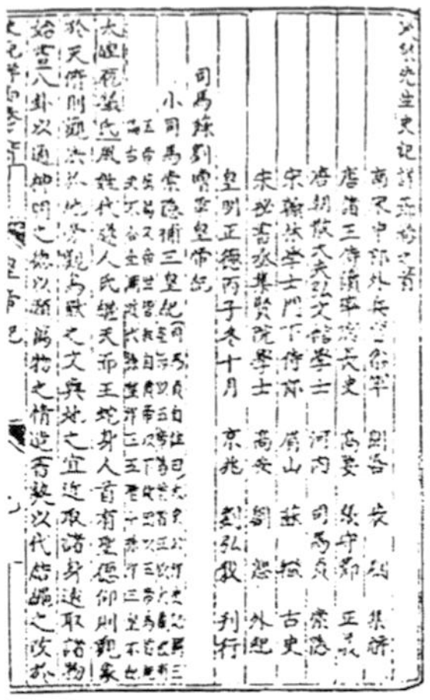

（正德嘉靖間，書名全刻在
上象鼻內，形成花口）

間所刻《新定嚴州續志》，版心闊而黑，疑非宋刻，後與顧千里仔細研究，乃肯定為宋版，於是說：

> 因思余所藏《中興館續錄》，有咸淳時補版，皆似此紙墨款式，間有闊黑口者，可知宋刻書，非必白口或細黑口也。蓋古書甚富，人所見未必能盡，欲執一二種以定之，何能無誤耶？（《蕘圃藏書題識》卷三）

此處所言《新定續志》及《中興館閣錄》兩書，均藏於國立中央圖書館，蕘圃之說，可以覆按。清末藏書家陸心源〈跋宋本黃勉齋集〉也說：

> 昔人謂宋版無黑口，此本上下皆小黑口，愚所見十行本《北史》、《景定嚴州續志》、《中興館閣錄》中咸淳修版、《揮麈錄》、《王注蘇詩》，皆與此同。然則黑口之興當在宋季，而不始於元矣。（《儀顧堂集》卷二十）

此種證實在版本鑑別上甚有意義，自後成為定論。所以民國初年葉德輝答日本松崎鶴雄來信詢問關於版式的問題，即回答說：「大抵雙線白口多宋版，單線黑口南宋末麻沙本多有之，至元相沿成例。」又元刻最顯著的特點是版心作黑口，但這是就一般情況而言，並非元刻即無白口，如元刻《玉海》即是白口，可證。由此可知白口黑口不能作為宋元刻本之唯一區別點。

談到書耳之制，南宋刻本大抵都有書耳，因為宋代流行蝴蝶裝，書耳在

左欄之外，翻閱時適當觸手之處，因此便於檢讀。自明初改爲包背裝以及後來的線裝，因爲書口向外，邊欄在內，故書耳無用，於是明以後刻本，不再刻書耳了。

　　前面提到木記中的牌記，是鑑別古書版本的最好證據。宋以後的私刻坊刻，大都有牌記，從牌記中可以看出刻書人的姓名或堂名，甚至刻書的時間和地點。所以一見牌記，再看其他各點相合，即可審定其爲何本。惟須謹防假牌記，因這證據最容易使人相信，故作假的牌記騙人的也就更多了。如明五峰閣翻刻的宋刻本《東都事略》，也有「眉山程舍人宅刊行，已申上司，不許覆板」兩行牌記。宋刻最普通的版式，是版心上記字數，下記刻工姓名，書中多諱字，而五峰閣刻的一一照樣刻。有經驗者，一看紙色便知是翻刻，但初學者就很容易受騙。審別版本，僅據一點，極易上作僞者圈套，不可不慎。

　　宋代刻書通行小題（篇名）在上，大題（書名）在下，撰者姓名又在大題之下，每卷前載列該卷的卷目，下連屬正文（圖十二），因爲係承襲唐代卷子本的款式，但刻宋人著作用此式的則不多。又卷末大名往往僅間正文一行（圖十三），與後代刻本不同，在宋刻中，這一格式是最特殊的，後代刻本則不常見。

（本文原載《故宮文物月刊》第一卷第八期，1983 年 11 月）

圖十二：宋代刻書　　　　圖十三：宋刻卷末大名僅間正文一行

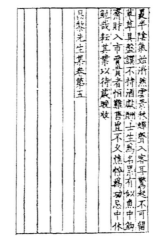

（篇名在上，書名其下，撰者姓名在書名之下）

唐代的刻書

　　中國的雕版印刷在盛唐以前就已經發明了，到了唐代後期，不但文獻中有不少關於雕版印刷的記載，而且敦煌發現了雕印的《金剛經》與日曆，成都出土了雕印的《陀羅尼經》。文獻的記載與實物的發現，均可證明唐代後期的印刷已相當發達。

文獻的記載

　　（一）元稹《白氏長慶集》序裡曾提到在那二十年期，白居易的詩倍受讀者的喜愛，已到了「禁省觀寺郵候牆壁之上，無不書；王公妾婦牛童馬走之口無不道」的地步，於是揚越一帶的人民，便雕印了白居易及元稹的詩文。元稹此序作於長慶四年（824），可見在長慶四年以前就有雕版印刷的詩文集，這是《元氏長慶集》及《白氏長慶集》的最早刻本。

　　（二）《冊府元龜》卷一六〇及《全唐文》卷六二四有馮宿所上的奏文。馮宿於唐文宗太和九年（835），出為劍南東川節度使，他指出當時劍南兩川及淮南道的人民常用木版印刷日曆，在市場出售，每年司天台（即天文台）還沒有頒發新日曆，這種民間印刷的日曆已經佈滿天下了。由此可知，西元九世紀上半期四川及長江下游一帶版印日曆的風氣極盛，並且出售印曆已遍及全國。

　　（三）《司空表聖文集》卷九〈為東都敬愛寺講律僧惠確化募雕版律疏〉一文，題下小注「共八百紙」。文中提到在這時以前寺中原有雕版印刷的《日光舊疏》，在唐武宗禁佛時散失。武宗禁佛是在會昌五年（845），可見在九世紀中葉《日光舊疏》已有印本了。

　　（四）日本僧人《惠遠律師書目錄》中著錄：「《降三世十八會》印子一卷」印子即印本，惠遠于宣宗大中元年（847）歸國，可見在 847 年以前，《降三世十八會》已有印本了。

　　（五）范攄《雲溪友議》卷下提到紇干泉鎮江右，作〈劉弘傳〉，雕印數千本。紇干泉在大中元年（847）至三年（849）時，任江西觀察使，由此可知，847～849 年間，江西雕印了〈劉弘傳〉，且多達數千本，可見當時江西雕版印刷之盛。

　　（六）日本僧人宗叡《新書寫請來法門等目錄》中著錄：「西川印子《唐韻》一部五卷，同印子《玉篇》一部三十卷。」宗叡於咸通三年（862）到中國留學，咸通六年（865）返回日本時攜去經卷凡一百四十三卷，經卷之外，復攜去西川印子《唐韻》及《玉篇》。可見在 865 年以前，五卷的《唐韻》，三十卷的《玉篇》已有四川刻本了。

　　（七）宋王讜《唐語林》卷七記載，唐僖宗逃到成都，因交通不便，所以太史曆書不頒發江東，而日曆乃民間所急切需要的，因而私印售者甚多，因爲印得多，所以各家印的，朔望就有不相合的，於是發生了爭執。僖宗入蜀在中和元年（881），可知那個時候江東有不同的各種印本曆書。

　　（八）宋葉寘《愛日齋叢鈔》引〈柳玭家訓序〉記載，中和三年（883）夏，柳玭（隨著唐僖宗到成都，時爲中書舍人）於旬休（唐時十日有一日之休息，與今之星期日休息相似）時在成都重城東南（即今蓉城，唐代成都書肆大都在此）所閱之書，多爲雕版印刷的陰陽、雜說、占夢、相宅、九宮、五緯與字書、小學等書，可見當時四川雕印的書籍種類繁多。

實物的發現

（一）唐咸通九年（868）刻本《金剛經》

　　十九世紀末葉，西洋考古之學大盛，於是有些外國考古學家到新疆甘肅一帶來，1907 年在英國印度政府做事的匈牙利人斯坦因（M. A. Stein）發現了敦煌千佛洞莫高窟石室的秘藏，向王道士賄購經卷、圖畫及其他古物，帶回英國，藏在倫敦不列顛博物院。1908 年法國漢學家伯希和（Prof. P. Pelliot）也到敦煌石室取得寫本十餘箱，連往法國，藏在巴黎圖書館。餘下的部分到1909 年歸北平京師圖書館。敦煌石室所藏大部分是寫本，印本很少。此咸通本《金剛經》就是斯坦因在千佛洞所獲得，現藏倫敦。末有刊印年月日一

行：「咸通九年四月十五日王玠爲二親敬造普施。」（見本書〈印刷術的發明〉之圖九）此爲全世界現存刊有年代最古的雕版印本書。這部《金剛經》共有六葉經文及一頁雕版畫，每葉約長二呎半，高近一呎，各葉黏合成一長十六英尺的卷子。首頁爲雕版印畫，釋迦佛坐於正中蓮花座上，對其老徒弟須菩提長老作講話之狀。長老居右側，右膝著地。雕版印畫後，係鳩摩羅什所譯之《金剛般若波羅蜜經》全文，經首冠以淨口眞言，經末亦附眞言。惟其隨文施刻，每行字數不一，每紙行數亦不一致，且長篇不分序次，與宋人版式相距甚遠。然字跡古拙質樸，表現出中國早期刻本自然率眞之氣（圖一）。

圖一：唐咸通九年（868）刻本金剛經

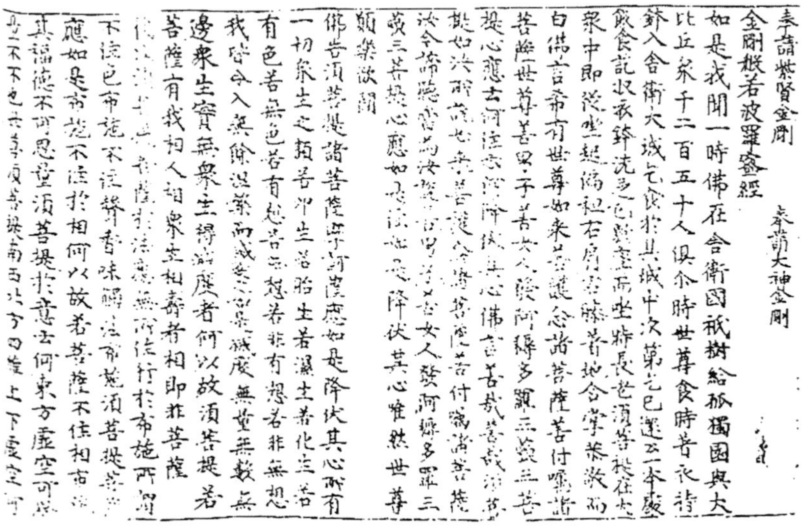
奉請紫賢金剛　奉請大神金剛
金剛般若波羅蜜經
如是我聞一時佛在舍衛國祇樹給孤獨園與大
比丘衆千二百五十人俱尒時世尊食時著衣持
鉢入舍衛大城乞食於其城中次第乞已還至本處
飯食訖收衣鉢洗足已敷座而坐時長老須菩提在大
衆中即從座起偏袒右肩右膝著地合掌恭敬而
白佛言希有世尊如來善護念諸菩薩善付囑諸
菩薩世尊善男子善女人發阿耨多羅三藐三菩
提心應云何住云何降伏其心佛言善哉善哉須菩
提如汝所說如來善護念諸菩薩善付囑諸菩薩
汝今諦聽當為汝說善男子善女人發阿耨多羅三
藐三菩提心應如是住如是降伏其心唯然世尊
願樂欲聞
佛告須菩提諸菩薩摩訶薩應如是降伏其心所有
一切衆生之類若卵生若胎生若濕生若化生若
有色若無色若有想若無想若非有想非無想
我皆令入無餘涅槃而滅度之如是滅度無量無數無
邊衆生實無衆生得滅度者何以故須菩提若
菩薩有我相人相衆生相壽者相即非菩薩
復次須菩提菩薩於法應無所住行於布施所謂
不住色布施不住聲香味觸法布施須菩提菩
應如是布施不住於相何以故若菩薩不住相布
其福德不可思量須菩提於意云何東方虛空可
思量不不也世尊須菩提南西北方四維上下虛空可

（二）唐乾符四年（877）刻本曆書

此亦斯坦因在千佛洞所得到的，現藏英倫博物館。據李書華《中國印刷術起源》中的記載：這是一卷不完全的印版日曆，長約三英尺半，寬約十英寸點八。此日曆上印月日節氣，如六月小，大暑六月中，八月大，秋分等等；附有乾坤八卦等；並有鼠、牛、虎、兔、龍、蛇、馬、羊、猴、雞、狗、豬等圖。鼠、蛇、猴上註有「吉」字（圖二）。此日曆上未載刊刻年代，但日曆爲丁酉年。又日曆中附有年表。小翟理斯由這些線索考訂此日曆爲乾符四年的印曆，這是世界上現存最古的印本曆書。

圖二：唐乾符四年（877）印曆之一頁

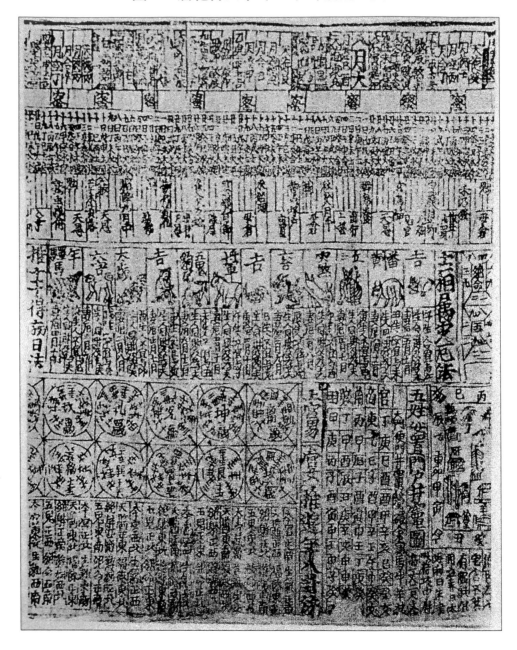

（三）唐中和二年（882）樊賞家刻本曆書

此亦斯坦因在千佛洞所得的，現藏英倫博物館。據李書華《中國印刷術起源》中的記載：斯坦因敦煌蒐集品中，有一張淺黃色紙殘曆，長二十六公

分，寬八公分，係一印曆。此印曆上印字粗黑，印刷技術較乾符四年印曆爲佳。所刊年代爲「中和二年」，標明爲「劍南西川成都樊賞家曆」（圖三）。

（四）唐成都卞家刻本陀羅尼經咒

民國三十三年四月四川大學修築校內的道路，於抵達江邊約五六十米的地方發現了小型墳墓四座，其中三座（相連的）爲小型南宋墓，另外的一座就是發現印本《陀羅尼經咒》的唐墓。《陀羅尼經咒》就裝置在骨架右臂上戴著的銀鐲裏面，最初發現時並不知道裏面有東西，後來因銀質已朽，小處有破損，覺得其中裝有彈性的物品，將銀鐲剖開，才知道是紙。此爲唐代繭紙，爲繭、桑皮、麻加檀木漿所製，故在光線下視之，表面有光澤，甚薄而有韌力，雖然在潮濕中浸潤千餘年之久，但仍能將其舒展。此印本匡高三十一厘米，廣三十四厘米，印本中央爲一小方框，框中刻一菩薩像坐於蓮座之上，六臂手中各執法器，框外圍繞刻一種梵文，咒文外又雕雙框，其中四角刻菩薩像各一，每邊各刻菩薩像三，而間以佛教供品的圖像。印本右邊首題漢文一行：「成都府成都縣□龍池坊□□□近卞□□印賣咒本□□□……」等字（圖四）。字體圓活秀勁，饒具唐人書法的風格，雖係雕版，不若北宋本之方板而顯示雕鑿的痕跡。從字體及刻法論，亦當係唐代的刻本，此爲國內現存最古的印刷品。

圖三：唐中和二年（882）
樊賞家曆印本殘頁

「成都府」三字已漫漶其半；唐代成都稱府，始於唐肅宗至德二年（757），因爲唐代的慣例，凡是天子行幸之地，則改稱爲府。天寶十五年（756）玄宗逃到成都，第二年回到長安遂改蜀郡爲成都府。五代時成都爲前後蜀的都城，故仍稱府；宋初屢有變動，如太平興國六年（981）降爲州，端拱元年（988）又復爲府等。「龍池坊」今不可考，大概在今成都的東北部。

圖四：唐成都卞家刻本陀羅尼經咒

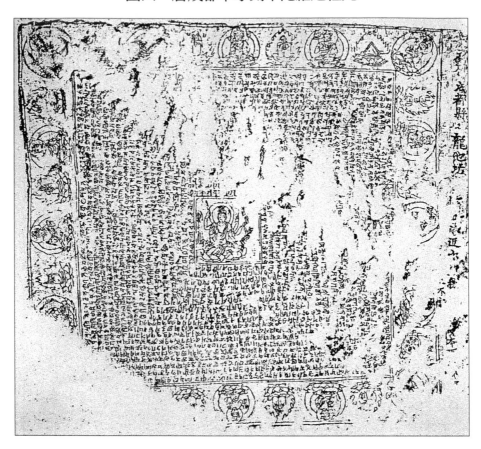

　　根據這印本出土的情況及印本的本身來推斷，它可能是中唐或晚唐的印刷品，這從四川當時雕版發展的情況來看，亦可得到一些旁證。在唐朝末期，四川刻書的風氣既十分興盛，佛教徒利用雕版來印刷經咒，也是極為可能的，而論印刷史者，以為雕版之起其始多為印刷宗教上的宣傳品，以現今所發現的最早的印刷品多為佛教經咒及佛像可證。果真如此，蜀中在唐末能刊刻比較大部的日曆、陰陽、雜記、占夢、相宅、九宮、五緯之流及字書小學之書，那麼比較簡短的佛像經咒的刊刻應在其前，亦是自然之勢。此印本中詳記有雕版及印賣的地方，在研究中國印刷史的掌故上，自是一種很珍貴的資料。

（五）唐光化三年（900）刻本《切韻》

　　此乃伯希和在千佛洞所獲得的，僅存數頁，現藏巴黎圖書館。卡特《中

國印刷術的發明及其西傳》認爲可能是四川所刻印的世俗書籍之一，上面沒有刊刻日期，據伯希和的鑑定，是西元 900 年唐昭宗乾寧七年（案：西元 900 年爲光化三年）雕印的。

此外，卡特認爲唐代刻本，還有《二十四孝經》卷子，形如《金剛經》，今存大英博物館；《陀羅尼經》，今藏巴黎。此經文每將「國」字空白，以避唐諱，則當是唐朝雕印的；又有《觀音經》（以上見卡特《中國印刷術的發明及其西傳》第八章註五）。

另外，敦煌還出了一件佚了紀年的印本殘曆，但保存有「上都東市大刁家大印」字樣（翟理斯編號 8101），上都即長安，這應是晚唐長安東市刁家所印的曆日。爲斯坦因所得，現藏倫敦。

間接的資料

（一）敦煌所出咸通二年（861）寫本《新集備急灸經》，末有「京中李家于東市印」一行，說明此寫本係據李家印本轉錄者。由此可知，《新集備急灸經》有咸通二年以前的京中東市李家刻本。

（二）據李書華《中國印刷術起源》書中的記載：北平圖書館所藏唐人寫經「有」字九號《金剛經》殘本一冊，計十頁。末附「西川過家眞印本」字樣，又有「丁卯年三月十二日八十四老人手寫流傳」字樣。此處所謂「丁卯年三月十二日」，應係唐昭宣帝天祐四年（907）三月十二日。此《金剛經》殘本係一位八十四歲老人依照過家印本重抄者。由此可知，《金剛經》有天祐四年以前西川過家眞印本。

結 語

由以上各種記載及實物看來，唐代後期的印刷，已經相當發達，當時雕印的書籍，有曆書、文集、字書、小學、佛經，還有與道教有關的〈劉弘傳〉以及陰陽占卜等等，刊刻的範圍是相當的廣泛。這些刊印的書籍大多數是人民日常所需要的。當時刻書的地點包括今四川、江蘇、安徽、江西、湖南、河南等處，可以推知當時的刻書事業頗爲盛行。由此遂逐漸走向後來的印刷全盛時代。

（本文原載《故宮文物月刊》第一卷第九期，1983 年 12 月）

五代的印刷

　　從前有些學者認爲雕版印刷術是五代發明的，根據文獻的記載及實物的發現，證明這種說法是錯誤的。不過，國子監刻書倒是從五代開始。五代十國時期，雖然是一個戰亂頻繁的年代，但在雕版印刷術的發展上卻有它的重要性。茲分述於後：

文獻的記載

（一）監刻九經三傳

　　唐代後期的印刷事業，雖然已經相當發達，然而直至唐末儒家經典尙無印本。儒家經典的雕印，始於後唐明宗長興三年（932）。《舊五代史·唐明宗紀》說：

> 長興三年二月辛未，中書奏請依石經文字，刻九經印板，從之。

這是我國官刻經書的開始，而提倡刻經典的是後唐宰相馮道。《冊府元龜》卷六○八〈學校部〉說：

> 後唐宰相馮道、李愚重經學，因言：漢時崇儒，有三字石經，唐朝亦於國學刊刻。今朝廷日不暇給，無能別有刊立。嘗見吳蜀之人鬻印板文字，色類絕多，終不及經典。如經典校定，雕摹流行，深益於文教矣。乃奏聞，敕下儒官田敏等考校經注。敏於經注，長於詩傳，考訂刊正，援引證據，聯爲篇卷，先經奏定，而後雕刻。

馮道歷事唐、晉、遼、漢、周五朝十一帝，其人品雖不足稱道，然而當五代亂世，對於發展印刷，流布經典，貢獻特多，影響於後者亦甚大，這是應該大書特書的。

　　五代國子監雕印儒家經典是以唐開成石經爲藍本（按開成石經所刻的是
《周易》、《尚書》、《毛詩》、《周禮》、《儀禮》、《禮記》、《春秋左傳》、《公羊
傳》、《穀梁傳》、《論語》、《孝經》、《爾雅》等十二經，亦即九經三傳）。宋王
溥《五代會要》卷八說：

> 後唐長興三年二月，中書門下奏請依石經文字，刻《九經》印板。
> 敕令國子監集博士儒徒，將西京石經本，各以所業本經，句度鈔寫
> 注出，仔細看讀。然後催召能雕字匠人，各部隨帙刻印板，廣頒天
> 下。……其年四月敕差太子賓客馬縞、太常丞陳觀、太常博士段顒、
> 路航、尚書屯田員外郎田敏充詳勘官。兼委國子監於諸色選人中，
> 召能書人，端楷寫出，旋付匠人雕刻。

由此可知監刻九經三傳是根據開成石經，而加入注文，校勘者都是專業之博
士或儒生，足見刊刻非常謹慎。

　　九經三傳之外，又附刻《五經文字》及《九經字樣》。《冊府元龜》卷六
〇八〈學校部〉又說：

> 廣順三年六月，田敏獻印板《九經》、《五經文字》、《九經字樣》各
> 二部一百三十策。

根據這段記載，知九經三傳從後唐長興三年（932）開始刊刻，此一浩大的工
程到後周廣順三年（953）才全部完成，歷時二十二年之久。這就是後人所稱
的舊監本，可惜後來都失傳了。

　　上述各經傳及《五經文字》、《九經字樣》各書印成後數年，復雕印《經
典釋文》。《五代會要》卷八說：

> （後周）顯德二年（955）二月，中書門下奏國子監祭酒尹拙狀稱：
> 准敕校刊《經典釋文》三十卷雕造印板，欲請兵部尚書張昭、太常
> 卿田敏同校勘。敕：其《經典釋文》，已經本監官員校勘外，宜差張
> 昭、田敏詳校。

五代國子監刊本，宋時已頗珍貴。王明清家存有李鶚書印本五經（見《揮麈
錄》）；洪邁家有舊監本《周禮》（見《容齋續筆》）；邵博家先人遺書，皆長興
刻本，後僅存《儀禮》一部（見《邵氏聞見後錄》）；陳振孫家有古京本《九
經字樣》一卷，爲其家藏書籍之最古者（見《直齋書錄解題》）。五代監本書，
現今已無一本或任何殘本存世。

（二）毋昭裔刻書

後蜀雕印九經，倡於宰相毋昭裔。《資治通鑑》後周廣順三年（953）載：

> 自唐末以來，所在學校廢絕，（後）毋昭裔出私財百萬營學館，且請刻板印九經，蜀主從之，由是蜀中文學復盛。

由此可知，毋昭裔於後周廣順三年雕印九經，宋孔平仲《珩璜新論》、清吳任臣《十國春秋·毋昭裔傳》均有記載。

毋氏又自行雕印《文選》、《初學記》及《白氏六帖》等書。《宋史》卷四七九〈毋守素傳〉說：

> 父昭裔為蜀宰相，……昭裔性好藏書，在成都令門人句中正、孫逢吉書《文選》、《初學記》、《白氏六帖》鏤板。守素齎至中朝，行於世。

此段但記毋氏刻書之事，宋王明清還說出毋氏刻書的原因。《揮麈餘話》卷二說：

> 毋丘儉（案丘儉乃昭裔之誤）貧賤時，嘗借《文選》於交遊間，其人有難色，發憤異日若貴，當板以鏤之遺學者。後任蜀為宰，遂踐其言刊之。

明焦竑《焦氏筆乘續》卷四記載毋氏刻書的始末更為詳盡，他說：

> 蜀相毋公，蒲津人。先為布衣，嘗從人借《文選》、《初學記》，多有難色。公歎曰：「恨余貧不能力致，他日稍達，願刻板印之，庶及天下學者。」後公果顯於蜀，乃曰：「今可以酬宿願矣。」因命工日夜雕板，印成二書。復雕九經諸史。兩蜀文字，由此大興。泊蜀歸宋，豪族以財賄禍其家者什八九。會藝祖（宋太祖）好書，命使盡取蜀文籍諸印本歸闕，忽見卷尾有毋氏姓名，以問歐陽炯。炯曰：此毋氏家錢自造。藝祖甚悅，即命以板還毋氏。是時其書遍於海內。初，在蜀雕印之日，眾多嗤笑，後家累千金，子孫祿食，嗤笑者往往從而假貸焉。

根據以上資料，知毋昭裔刻有九經、諸史、《文選》、《初學記》、《白氏六帖》，可惜都沒有流傳下來。

（三）其他公私刻書

五代十國刻書，除長興九經及毋昭裔所刻諸書外，其他刻書掌故，記載

的很少。今可考的，有下列幾種：

1. 《道德經廣聖義》

島田翰《古文舊書考》卷二〈雕板源流考〉一文中記載：

> 《道德經廣聖義》，蜀王建永平三年任知玄印板後序云：大蜀廣德先
> 生細志十秋，編成三十卷，題曰：廣聖義焉。蓋章軸既多，卒難繕
> 寫；知玄遂月抽職俸，旋賃良工，雕刻印文，成四百六十餘枚。

由此可知，前蜀王建永平三年（913）任知玄曾雕印杜光庭的《道德經廣聖
義》三十卷。

2. 《禪月集》

貫休《禪月集》，有蜀乾德五年（923）〈曇域後序〉說：

> 尋檢薰草及暗記憶者，約一千首，乃雕刻板印，題號《禪月集》。曇
> 域雖承師訓，藝學無聞，曾奉告言，輒直敘事。時大蜀乾德五年癸
> 未歲十二月十五日序。

由此可知，前蜀乾德五年（923）曇域和尚雕印其師貫休和尚詩稿一千首，題
爲《禪月集》。

3. 《道德經》

《舊五代史》卷七十九〈晉書·高祖紀〉說：

> （天福五年五月）癸亥道士崇眞大師張薦明賜號通元先生。是時帝
> 好《道德經》，嘗召薦明講說其義，帝悦，故有是命。尋令薦明以道
> 德二經雕工印板，令學士和凝別撰新序冠於卷首，俾頒行天下。

由此可知，後晉天福五年（940）晉高祖曾令張薦明雕印《道德經》。

4. 《和凝集》

《舊五代史》卷一七三〈周書·和凝傳〉說：

> （後周和凝）平生爲文章，長於短歌艷曲，尤好聲譽，有集百卷，
> 自篆於板，模印數百帙，分惠於人焉。

由此可知，後周時和凝曾自刻自己的文集一百卷。

5. 《史通》及《玉台新詠》

明豐坊《眞賞齋賦》卷一說：

> 曁乎劉氏《史通》、《玉台新詠》，上有建業文房之印，則南唐之初梓
> 也。

由此可知，南唐時曾雕印《史通》及《玉台新詠》二書。

　　以上五代十國所刻各書，現今無一本或殘本存也。

實物的發現

　　（一）後晉開運四年（947）曹元忠雕印觀音像

　　此乃斯坦因在千佛洞所得到的，現藏英倫博物館。據此印本上部觀音像的右邊「歸義軍節度使檢校太傅曹元忠雕造」一行；觀音像左邊有「大慈大悲救苦觀世音菩薩」一行。印本下部的刻像記有中文十三短行，末刻「于時大晉開運四年丁未歲七月十五日紀」及「匠人雷延美」（圖一）。小翟理斯謂

圖一：五代版印觀世音菩薩

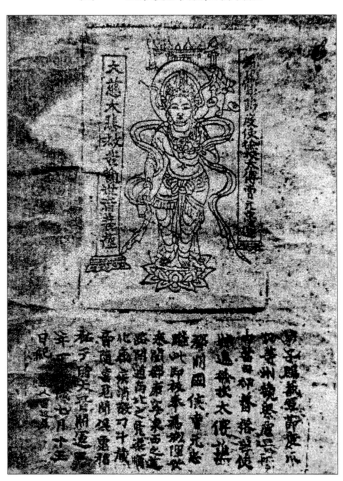

（五代印本，原藏倫敦大英博物館）

此印本，係在一張粗厚的紙上，計長四十六公分，寬二十六公分半。巴黎圖書館所藏者相同。

（二）後晉開運四年（947）曹元忠雕印大聖毗沙門天王像

此亦斯坦因在千佛洞所得到的，現藏英倫博物館。此印本上部印有佛像，旁註：「大聖毗沙門天王」一行（圖二）。印本下部刻有像記，共九十八字。其中有「弟子歸義軍節度使特進檢校太傅譙郡曹元忠請匠人雕此印版」及「于時大晉開運四年丁未歲七月十五日紀」。據小翟理斯稱：印本乃棕黃色粗紙，計長五十五公分半，寬三十二公分。巴黎圖書館所藏者相同。

圖二：毗沙門天王像

（五代印本，原出敦煌，傳世較多）

（三）五代刻本文殊師利菩薩像

清光緒間出敦煌莫高窟，現藏北平圖書館。據《中國版刻圖錄》記載：此印本匡高二六‧八厘米，廣一五‧八厘米，四周雙邊。分上下欄，上欄鐫文殊師利菩薩像，下欄鐫五字心眞言（圖三）。

圖三：文殊師利菩薩像

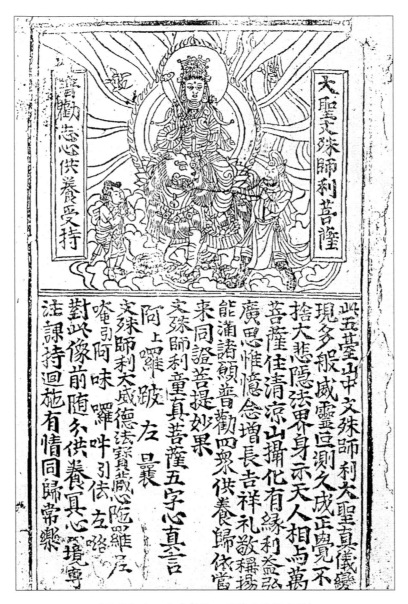

（五代印本，亦出敦煌，現藏北平圖書館）

（四）後漢隱帝乾祐二年（949）曹元忠刻本《金剛經》

此亦斯坦因在千佛洞所得到的，現藏英倫博物館。據李書華《中國印刷術起源》中的記載，小翟理斯稱：原書乃三十二卷的《金剛經》，但此僅為殘本，只有序言、第一卷、第二卷（不完全）及第三十二卷的最後一部份。其結尾處有：

> 弟子歸義軍節度使特進檢校太傅兼御史大夫譙郡開國侯曹元忠普施
> 受持。天福十五年己酉（案己酉年西元 949 年，當後漢隱帝乾祐二
> 年）歲五月十五日記，雕板押衙雷延美。

小翟理斯又稱：此印本並非卷子式樣，乃是八頁小書一冊，計長十四公分，寬十公分。卡特在《中國印刷術的發明及其西傳》一書曾說：「一部印刷粗濫的佛經，代表進步到一種新型書籍過渡的型式，不是卷子而是摺子，這是此種型式書籍中最初的一部份，這部新型的書籍，顯示了卷冊裝訂方式的改變。」巴黎圖書館藏有兩部，均屬殘本。

（五）後漢隱帝乾祐三年（950）刻本《陀羅尼經》

此乃伯希和在千佛洞所得到的，現藏巴黎圖書館。此《陀羅尼經》一共有七頁，是用一塊雕版一次印刷的（據卡特《中國印刷術的發明及西傳》第八章註八）。

（六）五代刻本《唐韻》及《切韻》

《圖書版本學要略》載：「遜清光緒間，法人伯希和，曾在敦煌鳴沙山石室，得《唐韻》及《切韻》兩書，均五代刻本，現藏巴黎圖書館。」李書華《中國印刷術起源》亦說：「此外伯希和在敦煌所得印本，尚有《切韻》殘本，未註明年代。羅振玉所記稱：未見原書，又稱：伯君言乃五代刊本，細書小板。」

（七）後周顯德三年（956）刻本《寶篋印陀羅尼經》

此乃民國六年湖州天寧寺金塗塔中（或云在該寺石幢下象鼻中）發現。據王國維〈顯德刊本寶篋印陀羅尼經跋〉記載：此經高工部營造尺二寸五分，板心高一寸九分半，每行八字或九字。經文共三百三十八行，後空一行，題「寶篋印陀羅尼經」，並前後題三百四十二行。畫前有題記四行，曰：「天下都元帥吳越國王錢弘俶（按後改名俶）印《寶篋印經》八萬四千卷，在寶塔內供養，顯德三年丙辰歲記。」（圖四）

圖四：後周顯德三年印本陀羅尼經

（原藏瑞典皇家博物館）

中國內地所發現有年代的古印本而存世者，以此卷爲最古。卡特說美國藏有一卷，據聞在紐約私人手中。另又瑞典皇室曾收得一卷，現藏於斯德哥爾摩（Stockholm）博物館，曾刊載《遠東古物館館刊》第四十四期。又民國六十年在安徽無爲縣一宋墓中也曾發現了一卷，可見此經卷流傳之廣。

（八）宋乾德三年（965）刻本《寶篋印陀羅尼經》

此乃民國六十年十一月在浙江紹興出土了金塗塔一座，塔內有一木筒，內有藏經一卷，亦《陀羅尼經》，首題「吳越國王敬造八萬四千卷，永充供奉，時乙丑歲記」。乙丑當宋太祖乾德三年，則印時比顯德本晚九年，而比開寶本早十年。

（九）宋開寶八年（975）刻本《寶篋印陀羅尼經》

此乃民國十三年杭州西湖雷峰塔倒塌後發現。據莊嚴〈雷峰塔藏寶篋印陀羅尼經跋〉記載：此經薄麻紙印，裹以黃綾，高一寸二分，板心高六分，長六尺三寸五分。凡二百六十八行，並前後題記六行。共二百七十四行，行十字（間有十一字者）。圖前題記三行，曰：「天下兵馬大元帥吳越國王錢俶造此經八萬四千卷，捨入西關磚塔，永充供奉；乙亥八月日紀。」（圖五）乙亥年乃宋太祖開寶八年，而其時錢俶猶未納土，視作五代刻本亦可。

中外各圖書館博物館藏有此刻本《陀羅尼經》者不少，例如國立中央圖書館藏有該經。又英倫博物館藏有一份；美國國會圖書館及哈佛燕京圖書館亦各藏一份。

（十）吳越錢俶雕印應現觀音像

王國維〈晉開運刻毗沙天王象跋〉中記載：曾見日本久原文庫藏日本僧玄證所摹吳越國印造應現觀音像，下錄眞言共二十四行。末云：「天下大元帥吳越國王錢俶印造」等語（見《觀堂別集》卷三，《海寧王靜安先生遺書》第十二冊）。

結　語

綜合以上各種資料，可以看出，到了五代時期中國印刷事業已經相當發達，其中以河南、四川及浙江等處最爲興盛，所刻書籍，已遍及經史子集各部。最值得注意的是在唐末，印刷術只流行於民間，當時刊印的書籍範圍雖然廣泛，但僅限於大多數人民日常所需要的。到了五代，儒家經典才開始雕

圖五：一切如來心祕全身舍利寶篋印陀羅尼經

（北宋開寶八年吳越國王錢俶刻本）

印。當時，不但有了官刻的經典，並且在士大夫階層內也有了出資刻書的人，可見在上位者及知識份子已經開始利用這新興的印刷技術了。其中以監刻九經三傳在中國印刷史上佔了最重要的地位，它為宋代的國子監刻書開闢了一條道路，這是值得大書特書的。

（本文原載《故宮文物月刊》第一卷第十期，1984 年 1 月）

宋刻九經三傳

　　兩宋時代是雕版印刷術的黃金時代，當時刻書的地點幾乎遍及全國，出版的圖書亦遍及各個知識部門。本文依據史料的記載及傳世的宋刻本，將兩宋時代雕印九經三傳的情形，逐一介紹於後：

一、北宋國子監刻單疏本

　　九經三傳之雕印，始於後唐明宗長興三年，但當時所刻羣經有注無疏。所以北宋國子監於宋太宗端拱元年（988）開始雕印羣經正義。《玉海》卷四十三〈藝文部〉云：

> 端拱元年三月，司業孔維等，奉敕校勘孔穎達《五經正義》百八十卷，詔國子監鏤板行之。《易》則維等四人校勘，李說等六人詳勘，又再校，十月板成以獻。《書》亦如之，二年十月以獻。《春秋》則維等三人校勘，王炳等三人詳校，邵世隆再校，淳化元年十月板成。《詩》則李覺等五人再校，畢道昇等五人詳勘，孔維等五人校勘，淳化三年壬辰四月以獻。《禮記》則胡迪等五人校勘，紀自成等七人再校，李至等詳定，淳化五年五月以獻。

此次所刻《五經正義》，即《周易正義》十四卷、《尚書正義》二十卷、《毛詩正義》四十卷、《禮記正義》七十卷、《春秋左傳正義》三十六卷，共一百八十卷。從端拱元年至淳化五年，歷時七年之久。眞宗咸平四年（1001），繼續刻《周禮》等七經正義。《玉海》卷四十三〈藝文部〉云：

> 至道二年（996），判國子監李至，請命李沆、杜鎬等校定《周禮》、《儀禮》、《公羊》、《穀梁傳》疏，及別纂《孝經》、《論語》、《爾雅》

正義，從之。咸平三年三月癸巳，命祭酒邢昺代領其事。杜鎬、舒雅、李維、孫奭、李慕清、王煥、崔偓佺、劉士元預其事。凡賈公彥《周禮》、《儀禮疏》各五十卷，《公羊疏》三十卷，楊士勛《穀梁疏》十二卷，皆校舊本而成之。《孝經》取元行沖疏，《論語》取梁皇侃疏，《爾雅》取孫炎、高璉疏，約而修之，又二十三卷。四年九月丁亥以獻。賜宴國子監，進秩有差。十月九日，命杭州刻板。

此次所刻七經正義，即《周禮疏》五十卷、《儀禮疏》五十卷、《春秋公羊傳疏》三十卷、《春秋穀梁傳疏》十二卷、《孝經正義》三卷、《論語正義》十卷、《爾雅疏》十卷，共一百六十五卷。加上端拱、淳化間所刻《五經正義》，共十二經（即九經三傳）三百四十五卷。這是北宋國子監刻書的開始，也是羣經義疏有刻本的開始。北宋監刻羣經單疏本，現今已無一本或任何殘本存世，傳世的都是南宋覆刻本。王國維《五代兩宋監本考》一書中，曾經提及北宋刊諸經疏存於世者，臨清徐氏有《周易正義》，日本楓山官庫有《尚書正義》，以上二書書中均避南宋諱，知爲南宋覆刻本無疑（詳後）。

二、北宋國子監覆刻經注本

五代國子監刻九經三傳，其書版入宋後，雖存放於北宋國子監，然而歲久刓損。據《玉海》卷四十三記載，眞宗景德二年（1005）開始覆刻長興九經，至天禧五年（1021）始告完成，歷時十八年。此次所刻羣經注本，據王國維《五代兩宋監本考》所載，即《周易》九卷《略例》一卷（王弼注），《尚書》十三卷（孔氏傳），《毛詩》二十卷（鄭氏箋），《周禮》十二卷（鄭氏注），《儀禮》十七卷（鄭氏注），《禮記》二十卷（鄭氏注），《春秋經傳集解》三十卷（杜氏），《春秋公羊經傳解詁》十二卷（何休學），《春秋穀梁傳》十二卷（范寧集解），《孝經》一卷（御製序並注），《論語》十卷（何晏集解），《爾雅》三卷（郭璞注）。此北宋國子監覆刻九經三傳經本，現今已無傳世。

三、南宋國子監覆刻單疏本

北宋國子監所刻書版，大多儲存於汴京國學，靖康金虜之禍，遂不可問。宋徐夢莘《三朝北盟會編》卷九十八引趙子砥《燕雲錄》云：

靖康丙午（元年）冬，金人既破京城，當時下鴻臚寺取經板一千七百斤。是時子砥實爲寺丞，兼是宗室，使之管押，隨從北行。丁未

（二年）五月，至燕山府。

又《靖康要錄》卷十五云：

> 靖康二年二月二日，壞司天台渾儀，輸軍前。虜圖明堂九鼎，觀之，
> 不取。止索三館文籍圖書、國子監書版。

由以上記載，我們知道汴京陷後，北宋三館文籍圖書、國子監書版，全部爲
金人擄掠而去。所以宋高宗南渡以後，遂計劃覆刻北宋監本。《玉海》卷四十
三〈藝文部〉云：

> 紹興九年九月七日，詔下州郡，索國子監元頒善本，校對鏤板。十
> 五年閏十一月，博士王之望請羣經義疏未有板者，令臨安府雕造。
> 二十一年五月，詔令國子監訪尋五經三館舊監本刻板。上曰：「其他
> 闕書，亦令次第鏤板，雖重皆（或作有）所費，亦不惜也。」由是
> 經籍復全。

又宋李心傳《建炎以來朝野雜記》亦云：

> 監本書籍，紹興末年所刊，國初艱難以來，固未暇及。九年九月，
> 張彥實待制爲尚書郎，始請下諸道州學，取舊監本書籍，鏤板頒行，
> 從之。然所取多殘闕，胡胄監刊六經無《禮記》，正史無《漢書》。
> 二十一年五月，輔臣復以爲言。上謂秦益公曰：「監中其他闕書，亦
> 令次第鏤板。雖重有費，亦不惜。」由是經籍復全。

根據以上資料，則北宋監本，至紹興年間均曾覆刻。王國維《五代兩宋監本
考》，認爲南宋國子監曾刻九經三傳正文，經注本及單疏本。此說是否可以盡
信，現今已無法作肯定的論斷。不過，今世流傳的單疏本九經三傳，可以確
定是南宋紹興年間國子監刻本。惟宋高宗南渡以後，內府物力艱難，所謂國
子監本，其實都是臨安府及各州郡所刻，所以魏了翁〈六經正誤序〉及岳珂
〈九經三傳沿革例〉都說「南渡監本，盡取諸江南諸州。」以下分別敘述南
宋監刻單疏本羣經流傳的情形：

（一）《周易正義》十四卷（圖一）

唐孔穎達疏。傅增湘《藏園羣書題記續集》有〈宋監本周易正義跋〉，對
於本書雕印年代及收藏流傳之緒都有詳細的記載，今擇要錄之：

> 按此書雕刊年月，取本書列銜與《玉海》證之，正相符合。《玉海》
> 卷四十三云：「端拱元年三月（詳前）……」世傳此書爲北宋初刊本，
> 乃據進書題端拱元年而言，戢詳檢卷中桓構等字皆已缺筆，則爲南

圖一：《周易正義》

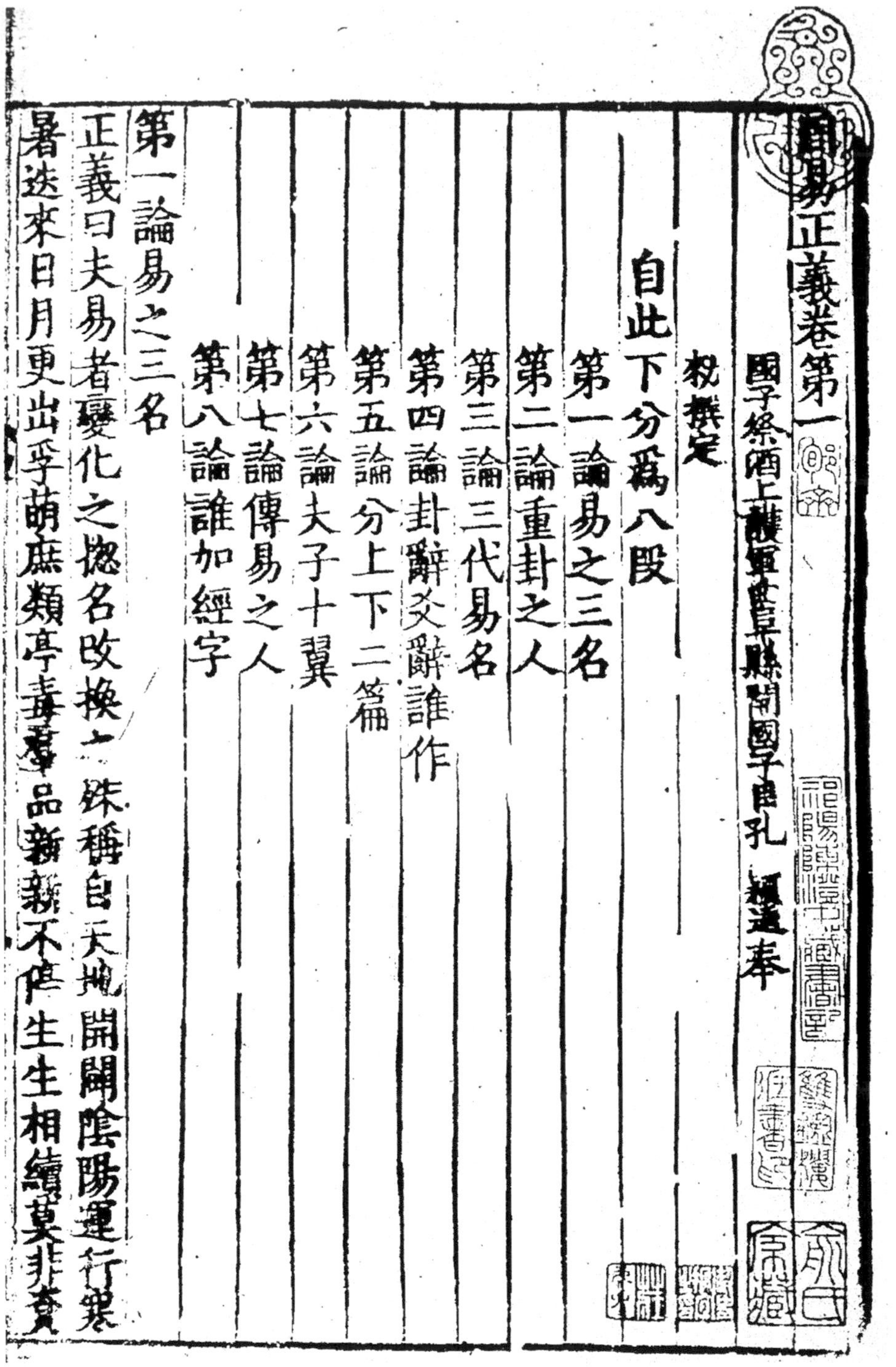

周易正義卷第一

國子祭酒上護軍曲阜縣開國子臣孔穎達奉

敕撰定

自此下分爲八段

第一論易之三名
第二論重卦之人
第三論三代易名
第四論卦辭爻辭誰作
第五論分上下二篇
第六論夫子十翼
第七論傳易之人
第八論誰加經字

第一論易之三名

正義曰夫易者變化之總名改換之殊稱自天地開闢陰陽運行寒暑迭來日月更出孚萌庶類亭毒群品新新不停生生相續莫非資

> 渡覆雕可知。考《玉海》載紹興九年九月七日（詳前）……。循是推之，則五經正義覆刊當在紹興九年以後二十一年以前，再證以廟諱之闕避，雕工之姓名，刻書之風氣，益可推勘得實，正不必侈言北宋監本以爲重也。

由此可知，傳世的《周易正義》是宋紹興年間覆刻本，不是北宋監本。傅氏又說：

> 至於流傳之緒可攷見者，宋代藏俞玉吾家，有林屋山人石澗讀易樓諸印。明代藏唐伯虎，有墨記一行。入清代則歸於季滄葦，有藏印二方，延令書目所題《周易正義》四冊者也。後歸徐星伯，有翁覃溪手跋一行，又題一行，別有高松堂及莊虎孫二印，其人無聞，意當在季氏之後，徐氏以前矣。

此《周易正義》，後歸道州何氏，再歸臨清徐監丞梧生，監丞逝世，傅氏從監丞之子聖與處以高價購得，傅氏有影印本傳世。

《中國版刻圖錄》有宋刻遞修本《周易正義》。此本匡高二三・三厘米，廣一五・七厘米。每半葉十五行，每行二十六字。白口，左右雙邊。宋諱缺筆至構字。刻工包端、王政、朱宥、章宇、陳常、顧仲、弓成、王允成、李詢、徐高等，皆南宋初年杭州地區名匠。根據《玉海》的記載，推知此書當是紹興十五年以後南宋監本，近年傅增湘印本，即據此帙影印。

根據以上各書的記載，知南宋監刻《周易》單疏本今尚存世。

圖二：《尚書正義》

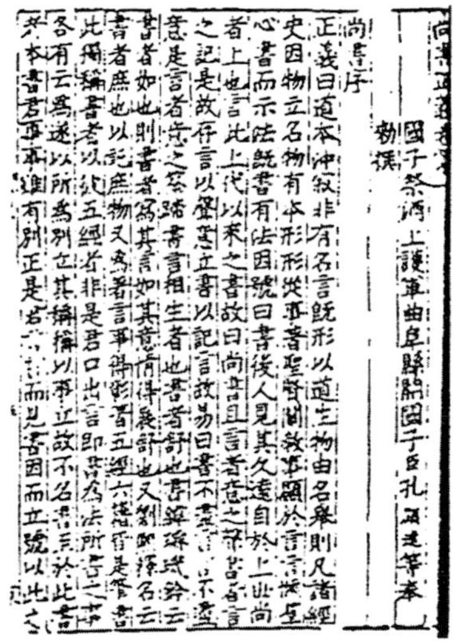
國子祭酒上護軍曲阜縣開國子臣孔穎達等奉
勅撰
尚書序
正義曰道本沖寂非有名言既形以道生物由名舉則凡諸經
史因物立名物有本形形從事著聖賢闡教事顯於言言惣是
心書而示法既書有法因號曰書後人見其久遠自於上世尚
者上也言此上代以來之書故曰尚書且言者意之聲書者言
之記是故存言以聲意立書以記言故易曰書不盡言言不盡
意是言者意之聲書者言相生者也書者舒也書緯璇璣鈐云
書者如也則書者寫其言如其意情得展舒也又劉熙釋名云
書者庶也以記庶物又為著言事得彰著五經六籍皆是筆書
此獨稱書者以彼五經者非是君口出言即書為法所書之事
各有云為遂以所為別立其稱稱以事立故不名書至於此書
本書君事事雖有別正是君言言而見書因而立號以此之

（二）《尚書正義》三十卷（圖二）

唐孔穎達疏。此《尚書》單疏本，我國久無傳本，所以各家藏書志不曾著錄。此書現藏日本帝國圖書寮。《圖書寮典籍解題》有宋版《尚書正義》二十卷十七冊，單疏本，每半葉十五行，疏文單行，每行二十四字。白口，有刻工姓名，左右雙邊，匡高二三厘米、廣一七厘米。玄、敬、儆、驚、弘、殷、鏡、胤、炯、貞、讓、愼等字闕筆，知爲孝宗時刻本。本書可能是正安三年（元成宗五年，1301）以前來華僧人圓種帶回日本的，

最初藏在金澤文庫，不知何時流出坊間。其後本書卷一爲商人伊勢屋源七所得，其餘各卷藏在鎌倉圓覺寺的歸源庵。寬政八年（明憲宗三年，1467）幕府醫官多紀元簡得此書殘卷，後又訪查而得其餘各卷，一併獻給幕府。享和三年（清仁宗八年，1803），爲楓山文庫所藏。明治維新後爲內閣所藏，明治二十四年（清德宗十七年，1891）三月才歸圖書寮。本書卷二、卷四、卷十、卷十四、卷十六末均有金澤文庫印，除此之外，第一冊及第十五冊尚有歸源墨印。昭和四年（民國十八年，1929）大阪每日新聞社曾據此本影印，上海商務印書館，又據此本影印，收入《四部叢刊三編》中。

日本《帝國圖書寮漢籍善本書目》著錄此書，曾稱讚說：「字劃端雅，有率更（歐陽詢）遺意，鐫刻精絕，紙墨俱古，天水舊槧，此爲甲觀。」

（三）《毛詩正義》四十卷

唐孔穎達疏。此《毛詩》單疏本，我國久無傳本，所以各家藏書志不曾著錄。此書現藏日本東京竹添井井居士家，缺首七卷，存三十三卷。劉承幹跋嘉業堂刊單疏本《毛詩正義》云：

> 阮氏未見此本，祇據山井鼎所引，時有不合。《毛詩》經注本二十卷，注疏本二十卷。此四十卷爲單疏本，宋紹興九年翻刻淳化本，每半葉十五行，行二十五字，高七寸四分，廣五寸，首行「毛詩正義卷一」，次行「唐國子監祭酒曲阜縣開國子臣孔穎達等奉敕撰定」，後有初刊重刻官銜。原書藏日本東京竹添井井居士家，從之影寫，因付梓人以傳。補阮本校勘記者甚多。

又張元濟〈儀禮疏跋〉云：

> 京都內藤氏藏有《毛詩疏》，僅闕三卷，亦有影印之訊。

根據以上資料，《尙書》單疏本，日本藏有兩部。劉氏影刊本收入《嘉業堂叢書》中。

（四）《儀禮》五十卷（圖三）

唐賈公彥等疏。此本每半葉十五行，行二十七字。屈師翼鵬先生〈十三經注疏板刻述略〉云：

> 《儀禮疏》本黃菟圃故物，《百宋一廛賦注》所謂「奇中之奇，寶中之寶」者也，後歸汪閬源，閬源曾影印之（案《儀禮疏》凡五十卷，汪氏藏本缺卷三十二卷至三十七，故覆刻本亦缺此六卷），今《四部

　　叢刊續編》所影印者，即汪氏覆本也。（《書傭論學集》）
由此可知，《儀禮》單疏本，今尚存於世間，然已非全帙，五十卷缺卷三十二
至三十七，存者四十有四卷。

圖三：《儀禮疏》　　　　　　　　　圖四：《禮記正義》

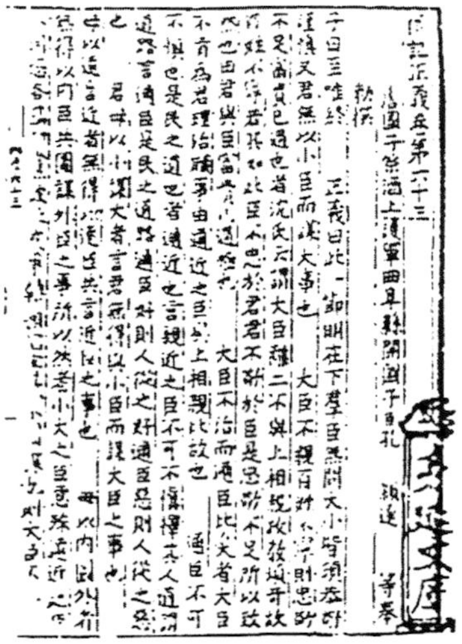

（五）《禮記正義》七十卷〔圖四〕

　　唐孔穎達疏。據傅增湘跋單疏本《周易正義》（見傅氏影印本卷尾）所言，
《禮記正義》殘本四卷藏日本身延山久遠寺。上海商務印書館有影印本，存
八卷（卷六十三至七十），收入《四部叢刊三編》中。張元濟跋云：

　　　　書中佳字，可據以考定宋明諸本紛異，而歸於一是者，時時而有。
《禮記》單疏本的好處由此可見，可惜傳世的僅是殘本。

（六）《春秋左氏傳正義》三十六卷

　　唐孔穎達疏。日本帝國圖書寮有影鈔宋槧單疏本《春秋正義》，其源即出
於刻本。吳興劉承幹有刊本《春秋正義》殘本，存卷一至九，又卷三十四至
三十六，共十二卷，收入《嘉業堂叢書》中。

（七）《春秋公羊傳疏》三十卷〔圖五〕

　　唐徐彥疏。《寶禮堂宋本書錄著錄》此書版式，半葉十五行，行二十二字
至三十三字不等，左右雙欄，版心白口，單魚尾，宋諱敬、殷、恆、貞、桓、
完等字闕筆。

圖五：《春秋公羊傳疏》

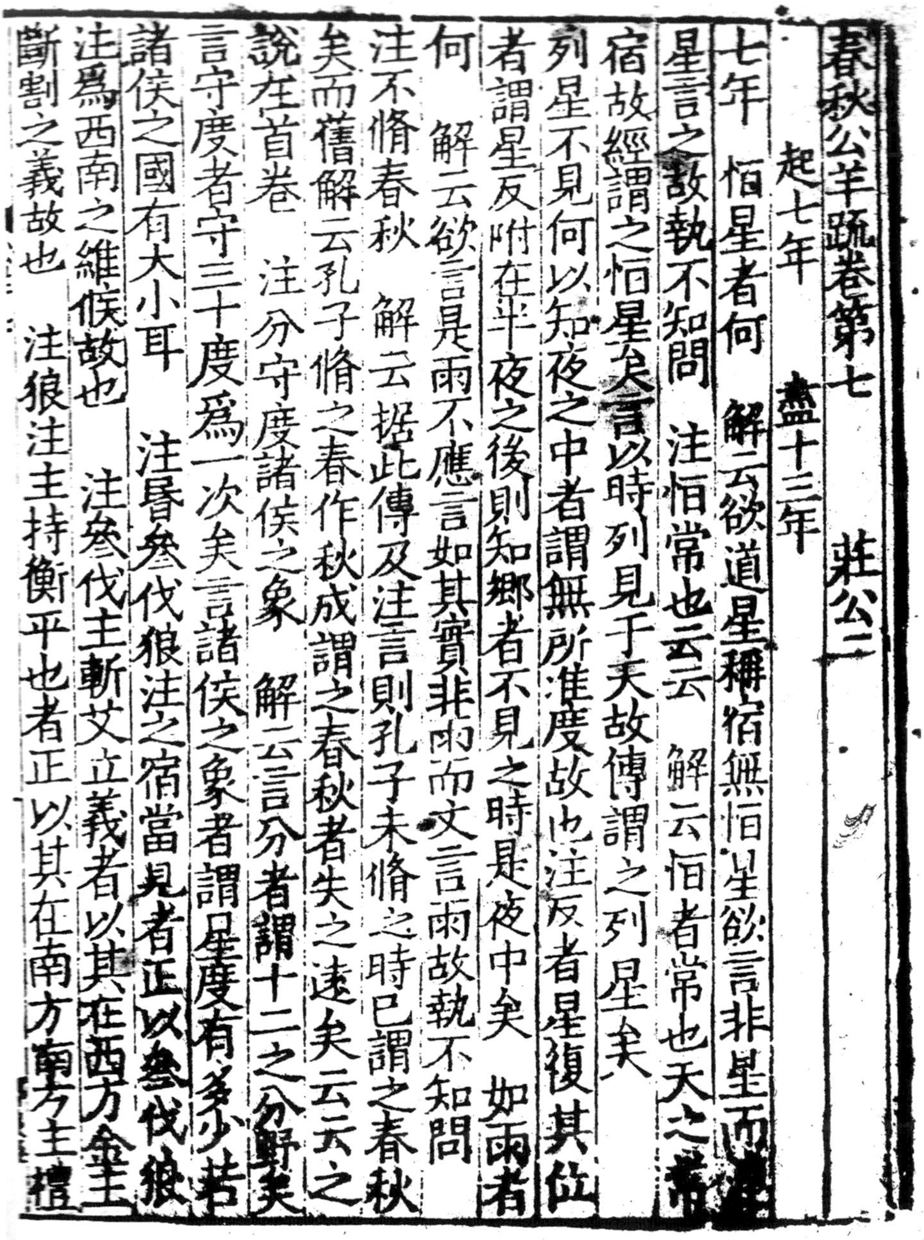
春秋公羊疏卷第七　　莊公二
起七年　盡十三年
七年　恒星者何　解云欲道星稱宿無恒星欲言非星而
星言之故執不知問　注恒常也云云　解云恒者常也天之常
宿故經謂之恒星矣言以時列見于天故傳謂之列星矣
列星不見何以知夜之中者謂無所準度故也注反者星復其位
者謂星反附在半夜之後則知鄉者不見之時是夜中矣　如雨者
何　解云欲言是雨不應言如其實非雨而文言雨故執不知問
注不脩春秋　解云据此傳及注言則孔子未脩之時已謂之春秋
矣而舊解云孔子脩之春作秋成謂之春秋者失之遠矣云云之
說在首卷　注分守度諸侯之象　解云言分者謂十二之分野矣
言守度者守三十度爲一次矣言諸侯之象者謂星度有多少若
諸侯之國有大小耳　注昏參伐狼注之宿當見者正以參伐狼
注爲西南之維候故也　注參伐主斬艾立義者以其在西方金主
斷割之義故也　注狼注主持衡平也者正以其在南方南方主禮

《公羊》單疏本，原藏吳興蔣氏密韻樓，蔣氏曾爲之特刻「公羊疏七卷人家」一印。現僅存卷一至七，已分別影入《續古逸叢書》及《四部叢刊續編》中。吳興劉承幹亦據傳抄本付刻，收入《嘉業堂叢書》中。

（八）《春秋穀梁傳疏》十二卷

唐楊士勛疏。清張氏愛日精盧有抄本七卷（存卷六至十二），云：「從李中麓藏本，輾轉傳寫者。」其源即出於刻本。吳興劉承幹曾據傳抄本付刻，收入《嘉業堂叢書》中。

（九）《爾雅疏》十卷（圖六）

宋邢昺疏。《中國版刻圖錄》有宋刻宋元明初遞修公文紙印本，云：

> 匡高二○·九厘米，廣一四·三厘米。十五行，行二十九字至三十一字不等。白口，左右雙邊。傳世《爾雅》單疏宋刻本有三帙。一、黃氏士禮居藏本，阮元〈十三經注疏校勘記〉即用此本，後因兵事遺失。二、陸氏皕宋樓藏本，用元至順公文紙印，光緒間陸氏有翻版，原書今存日本靜嘉堂文庫。三、即此本，用洪武二年蕭山、山陰兩縣公文紙印，宋欽宗、高宗嫌名苣、構二字，及孝宗嫌名慎字，偶或一避。元時補版較多。刻工王恭乃南宋中期杭州名匠，徐友山、俞聲乃元時杭州補版工人；因推知此書當是南宋監本，其版至明初尚能印行。

《爾雅》單疏本，今已影入《續古逸叢書》及《四部叢刊續編》中。案王國維認爲此《爾雅疏》是北宋咸平刊本，《靜嘉堂祕籍志》著錄此本，也認爲是北宋咸平初刊本，其實是宋高宗南渡以後，覆刻北宋本。

南宋監刻羣經單疏本，傳世者有《周易正義》、《尚書正義》、《毛詩正義》（缺首七卷）、《禮記正義》殘本八卷（卷六十三至七十）、《儀禮疏》（缺卷三十二至三十七）、《公羊疏》殘本七卷（卷一至七）、《爾雅疏》等七種。另有傳抄本《春秋正義》及《穀梁疏》殘本七卷（存卷六至十二）。其餘如《周禮疏》、《孝經正義》、《論語正義》均已失傳。此羣經單疏本，刊刻較早，校勘精審，且有多種傳世，可以據以考訂宋明諸本之紛異，阮元〈十三經注疏校勘記〉，據此本訂正宋明諸本之錯誤甚多。吳興劉承幹據傳抄本刊《周易》、《尚書》、《毛詩》、《左傳》、《公羊》、《穀梁》等單疏本於《嘉業堂叢書》，書末各附有校勘記，可以看出此宋刻羣經單疏本的佳處。

黃唐於紹熙中跋所刊《禮記正義》曾說：「六經義疏，自京監蜀本，皆省正文及注。」（見潘宗周《寶禮堂宋本書錄》）可見紹熙以前四川亦曾刻過羣經單疏本，惟後世罕見流傳，所以詳細情形已不得而知了。

圖六：《爾雅疏》

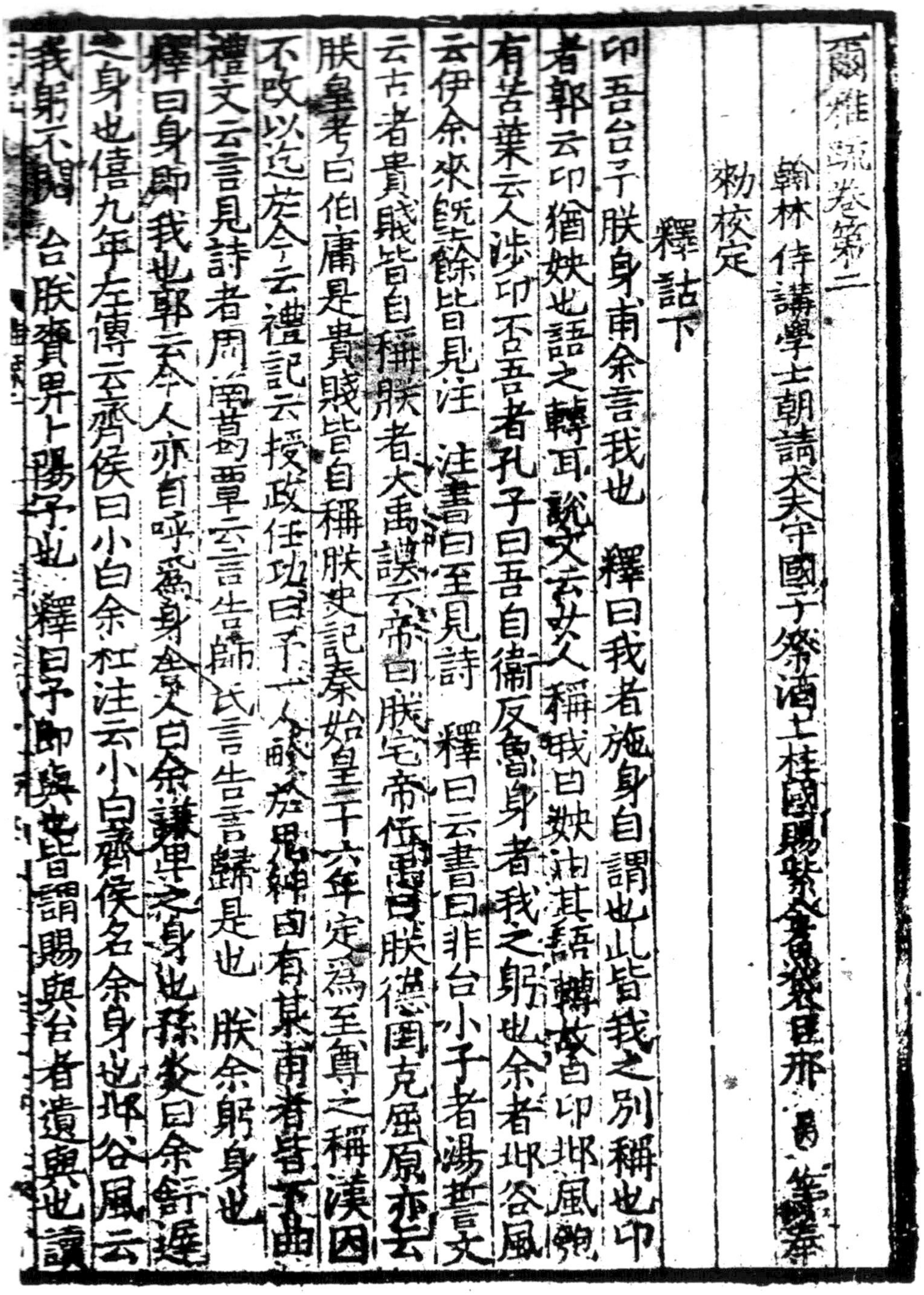
爾雅疏卷第二

翰林侍講學士朝請大夫守國子祭酒上柱國賜紫金魚袋臣邢昺等奉

勑校定

釋詁下

卬吾台予朕身甫余言我也　釋曰我者施身自謂也此皆我之別稱也卬者郭云卬猶姎也語之轉耳說文云女人稱我曰姎由其語轉故曰卬邶風匏有苦葉云人涉卬否吾者孔子曰吾自衛反魯身者我之躬也余者邶谷風云伊余來塈餘皆見注　注書曰至見詩　釋曰云書曰非台小子者湯誓文云古者貴賤皆自稱朕者大禹謨云帝曰朕宅帝位書曰朕德罔克屈原亦云朕皇考曰伯庸是貴賤皆自稱朕史記秦始皇二十六年定為至尊之稱漢因不改以迄于今云禮記云授政任功曰予一人祭祀鬼神曰有某甫者皆曲禮下禮文云言見詩者周南葛覃云言告師氏言告言歸是也　朕余躬身也　釋曰身即我也郭云今人亦自呼為身今人亦曰余謙卑之身也孫炎曰余舒遲之身也僖九年左傳云齊侯曰小白余杜注云小白齊侯名余身也邶谷風云我躬不閱　台朕賚畀卜陽予也　釋曰予即與也皆謂賜與台者遺與也讀

四、南宋浙東茶鹽司刻注疏本

合經文注文及義疏而刻於一本的，開始於南宋初年浙東茶鹽司。黃唐跋所刊《禮記正義》云：

> 六經義疏，自京監蜀本，皆省正文及注。又篇章散亂，覽者病焉。本司舊刊《易》、《書》、《周禮》，正經註疏，萃見一書，便於披繹，他經獨闕。紹熙辛亥仲冬，唐備員司庚，遂取《毛詩》、《禮記疏義》，如前三經編彙，精加讎正，用鋟諸木，庶廣前人之所未備。乃若《春秋》一經，顧力未暇，姑以貽同志云。壬子秋八月，三山黃唐謹識。

黃唐所題銜名爲「朝請郎提舉兩浙東路常平茶鹽公事」，據黃氏跋文，知道將經注義疏合刻於一本，開始於兩浙東路茶鹽司，時間在宋光宗紹熙以前，以茶鹽司舊刻《周易註疏》的避諱字來判斷，最早當刻於宋高宗紹興年間，先刻《周易注疏》、《尚書注疏》、《周禮注疏》。至宋光宗紹熙續刻《毛詩注疏》、《禮記正義》，又刻《論語註疏解經》。宋寧宗慶元間吳興沈作賓刻《春秋正義》，嘉泰間茶鹽司又刻《孟子註疏解經》。此刻即世所稱黃唐本，又因此刻爲半葉八行，又稱八行本。亦即岳珂〈九經三傳沿革例〉所稱越中舊本注疏。以下分別敘述此浙東茶鹽司刻羣經注疏本流傳的情形：

（一）《周易注疏》十三卷（圖七）

魏王弼、晉韓康伯注，唐孔穎達疏。清瞿鏞《鐵琴銅劍樓藏書目錄》著錄有「周易注疏十三卷」云：

> 此與單疏本之作十四卷及後此諸本之作十卷或九卷者異，爲陳仲魚故物。每半葉八行，行十九字，皆頂格，經下夾行注，皆有「注云」二字，疏上則作陰文大「疏」字，疏仍夾行，行亦十九字，遇敬、殷、匡、恆、貞、桓、構字皆闕筆，而慎字不闕。

此當即浙東茶鹽司在黃唐以前所刻。書中避諱至構字，知刻於宋高宗時。

王文進《文祿堂訪書記》亦著錄此本云：

> 宋紹熙浙東庚司刻本，半葉八行，行十九字，注雙行，白口，板心上記字數，下記刊工姓名……，疏文作白文，宋諱避至敦字。

與瞿錄所言不同，其實並不相悖，瞿氏藏本爲宋高宗時原本，所以不避愼字，王氏所見本是宋光宗紹熙間重印本，所以避諱至敦字。

圖七：《周易注疏》

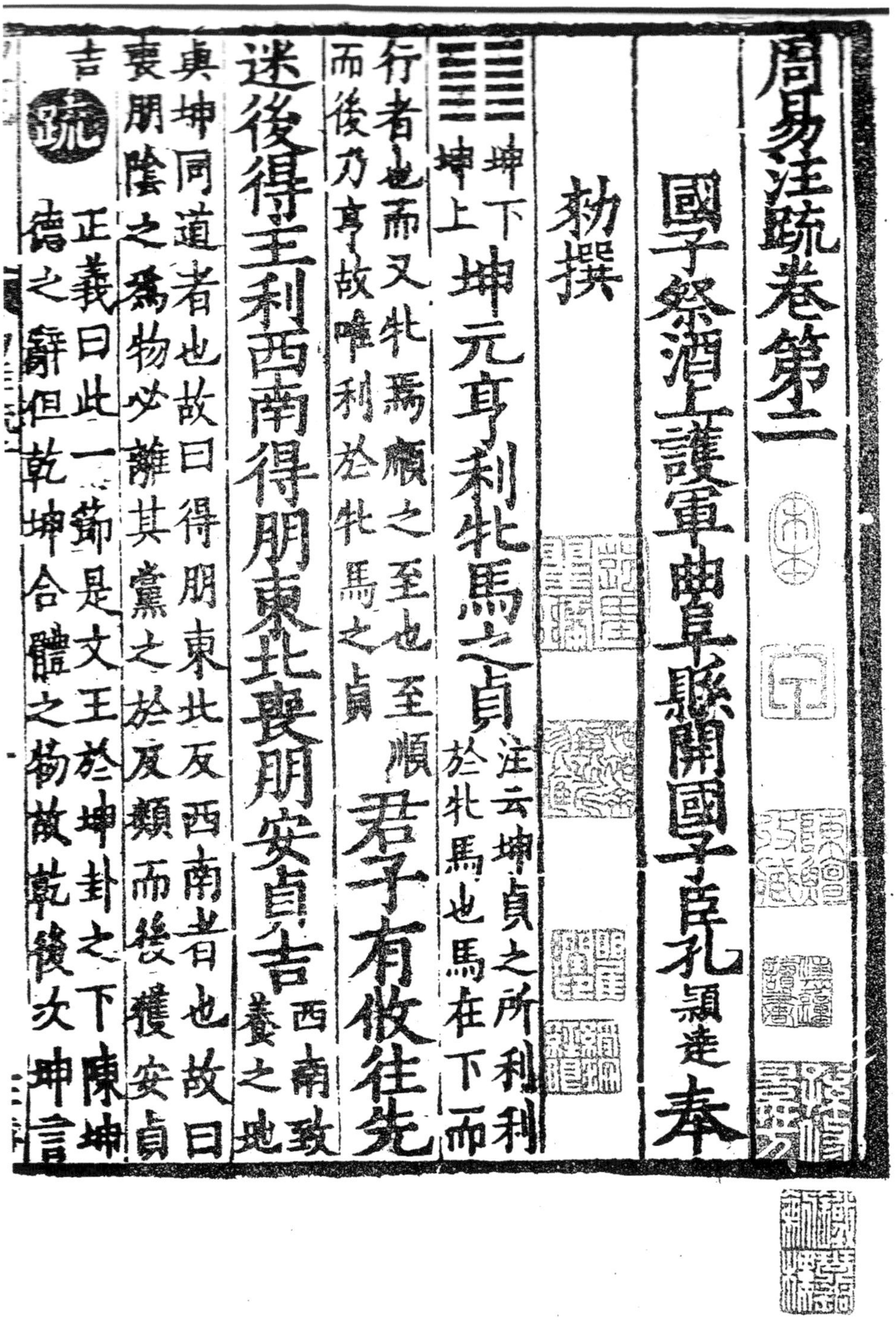

周易注疏卷第二

國子祭酒上護軍曲阜縣開國子臣孔穎達奉

勅撰

注云坤貞之所利利
於牝馬也馬在下而

坤下
坤上　坤
元亨利牝馬之貞
君子有攸往先
西南致
養之地

行者也而又牝馬順之至也至順
而後乃亨故唯利於牝馬之貞

迷後得主利西南得朋東北喪朋安貞吉

坤同道者也故曰得朋東北反西
南者也故曰
喪朋陰之為物必離其黨之於反類而後獲安
貞吉

正義曰此一節是文王於坤卦之下陳坤
德之辭但乾坤合體之物故乾後次坤言

　　《中國版刻圖錄》有宋兩浙東路茶鹽司刻宋元遞修本《周易注疏》。此本匡高二一厘米，廣一五‧三厘米。八行，行十九字。注疏雙行，行字同。白口，左右雙邊。表、序、卷一原缺，陳鱣據錢孫保傳抄宋本補全並跋尾。

　　根據以上各書的記載，知南宋浙東茶鹽司刻《周易注疏》今尚存世。

（二）《尚書注疏》（又稱《尚書正義》）二十卷（圖八）

　　漢孔安國傳，唐孔穎達疏。此《尚書》注疏本，藏日本足利學校，日本曾予覆刻。森立之《經籍訪古志》有「尚書註疏二十卷」，卷末附黃唐跋語，與《禮記正義》跋同。半葉八行，行十七、八字；註雙行，行十九字。此亦浙東茶鹽司在黃唐以前所刻，而印行於紹熙壬子以後，所以附有黃氏跋語。

　　宜都楊守敬在日本曾購獲一部，中缺五卷，抄配補足，見《日本訪書志》。王文進《文祿堂訪書記》亦著錄其本，云：

> 宋紹熙浙東庚司刻本，半葉八行，行十九字，注雙行，白口，板心
> 上記字數，下記刊工姓名……，宋諱避至敦字，補鈔卷七、卷八、
> 卷十三、卷十四、卷二十，楊守敬跋，見《訪書志》。

《中國版刻圖錄》有宋兩浙東路茶鹽司刻本《尚書正義》。此本匡高二一‧五厘米，廣一五‧五厘米。八行，行十六字、十七字、十九字不等。注疏雙行，行十九字、二十字不等。白口，左右雙邊。宋諱慎字不缺筆。刻工李實……等，皆南宋初年杭州地區良工。補版絕少。原二十卷，存卷一至卷六、卷九至卷十八，凡十六卷，餘卷日人據足利學校藏本影抄配合。此本刻於紹興時，所以不避慎字，日本足利學校藏本，為紹熙間重印本，所以宋諱避至敦字。

　　根據以上資料，得知南宋浙東茶鹽司刻《尚書注疏》，今世流傳者有三：一為紹興時刻本，已有殘闕，二為紹熙間重印本，則一全一殘。

（三）《毛詩注疏》二十卷

　　漢毛亨傳，鄭玄箋，唐孔穎達疏。根據黃唐跋所刊《禮記正義》，知南宋紹熙間浙東茶鹽司亦刻《毛詩注疏》，惟歷代藏書家書志均未著錄，或已失傳，其詳不可知。

（四）《周禮注疏》五十卷（圖九）

　　漢鄭玄注，唐賈公彥疏。王文進《文祿堂訪書記》著錄此書云：

> 唐賈公彥疏，宋紹熙浙東庚司刻本。存卷七、卷四十七、八。每半

葉八行，行十五、六、七字，注雙行二十二字至二十六字，白口，板心上記字數，下記刊工姓名……，宋諱避至敦字。

按此本原刻於紹興年間，至紹熙間修補重印，王氏題作紹熙刻本，蓋疏於考證。此殘本現藏於中央研究院傅斯年圖書館。

圖八：《尚書正義》

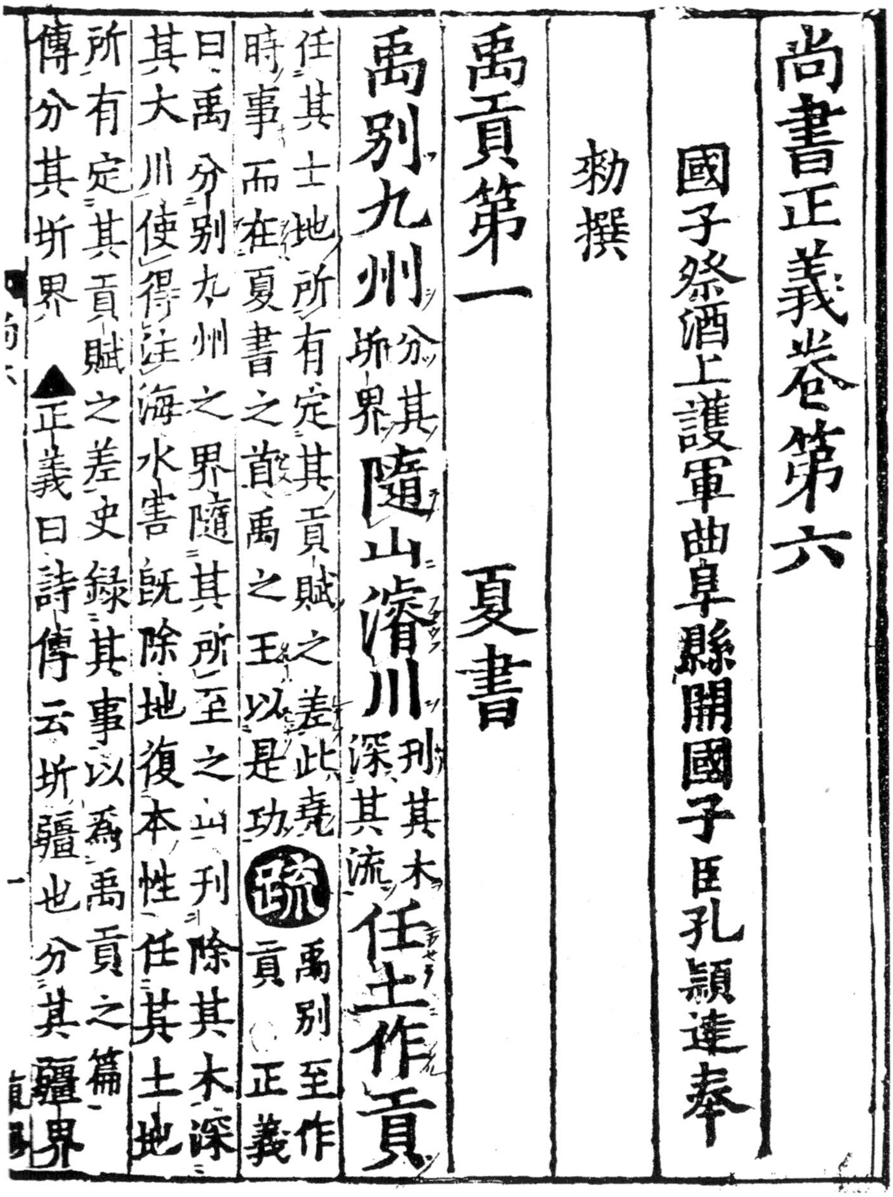
尚書正義卷第六

國子祭酒上護軍曲阜縣開國子臣孔穎達奉

勑撰

禹貢第一　夏書

禹別九州分其圻界隨山濬川刊其木深其流任土作貢任其土地所有定其貢賦之差此堯時事而在夏書之首禹之王以是功疏禹別至作貢○正義曰禹分別九州之界隨其所至之山刊除其木深其大川使得注海水害既除地復本性任其土地所有定其貢賦之差史錄其事以為禹貢之篇

傳分其圻界▲正義曰詩傳云圻疆也分其疆界

圖九：《周禮注疏》

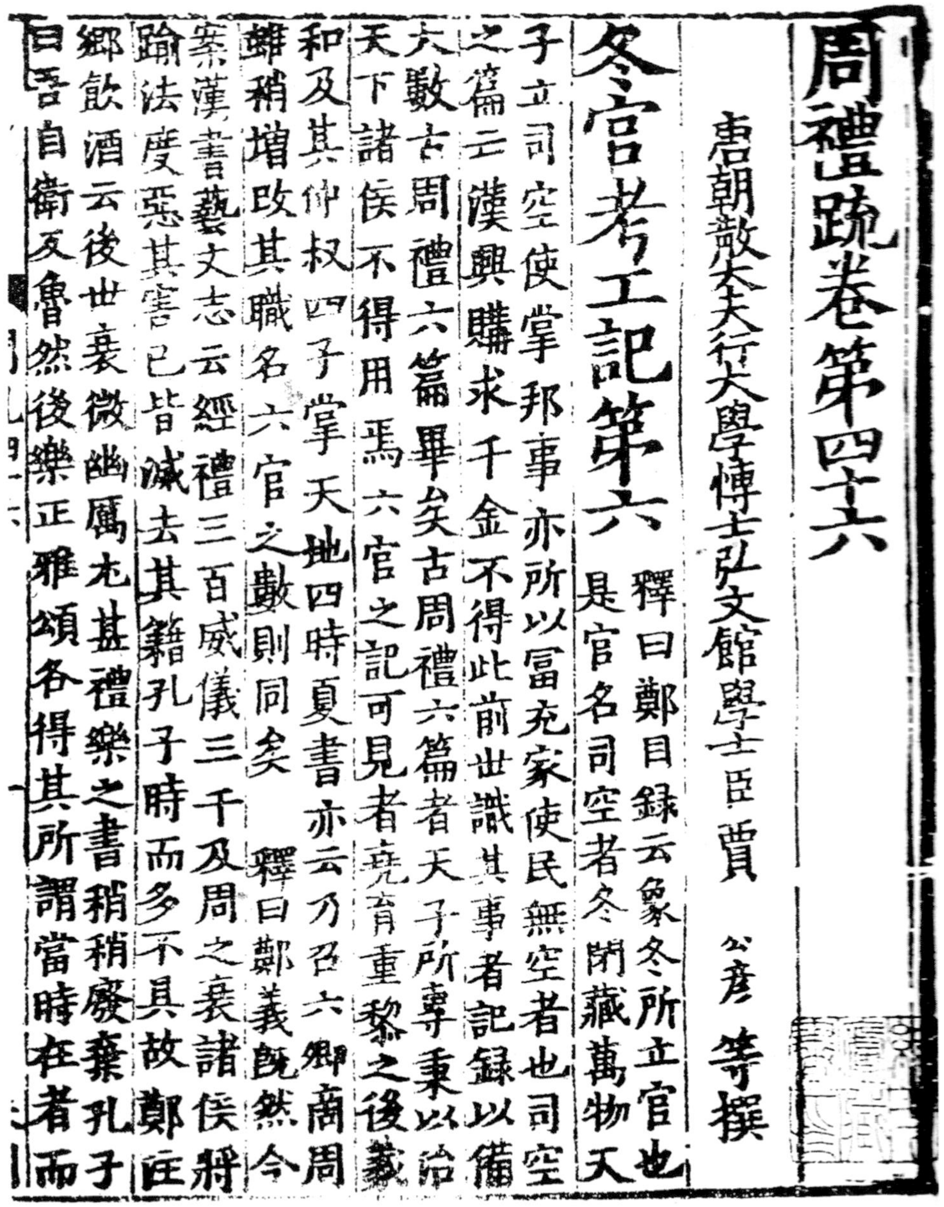

周禮疏卷第四十六

唐朝散大夫行大學博士弘文館學士臣賈 公彥 等撰

釋曰鄭目錄云象冬所立官也
是官名司空者冬閉藏萬物天
子立司空使掌邦事亦所以富充家使民無空者也司空
之篇云漢興購求千金不得此前世識其事者記錄以備
大數古周禮六篇畢矣古周禮六篇者天子所尊秉以治
天下諸侯不得用焉六官之記可見者堯育重黎之後羲

冬官考工記第六

和及其仰叔四子掌天地四時夏書亦云乃召六鄉商周
蜎稍增改其職名六官之數則同矣
蜎法度惡其害已皆減去其籍孔子時而多不具故鄭注
蔡漢書藝文志云經禮三百威儀三千及周之衰諸侯將
鄉飲酒云後世襄微幽屬尤甚禮樂之書稍稍廢棄孔子
曰吾自衛反魯然後樂正雅頌各得其所謂當時在者而

　　《中國版刻圖錄》有宋兩浙東路茶鹽司刻宋元遞修本《周禮疏》。此本匡高二一厘米，廣一五‧八厘米。八行，行十五至十七字不等。注疏雙行，行二十二字。白口，左右雙邊。由卷中刻工姓名得知此本迭經宋元兩朝修版，此爲元時印本。

國立故宮博物院亦藏有一部，版匡高二〇・一公分，寬一六・一公分。每半葉八行，經文大字行十五至十九字不等，注疏小字雙行，行以二十二字爲準。左右雙欄，版心白口，單魚尾，版心上記字數，下記刻工姓名，宋諱玄、弦……愼、敦諸字偶缺末筆，可見避諱並不甚謹嚴。此本遞經修補，而印行於明代初葉。昌師瑞卿先生曾就字體及版式刻工，認爲此本第一次補版約在光寧之際，此次補版的字體極爲端整，但沒有原版（紹興版）的渾厚；第二次補版約在理宗之時，字體雖亦仿歐體，然已呈滯拙；第三次補版在元代，字體已不如前，甚至有仿歐波體的；到了明代此本又經洪武、永樂、成化三次修補，明初字體尙仿松雪而成圓潤，最晚的補版已呈呆滯拙劣（詳〈跋宋浙東茶鹽司周禮注疏〉，《版本目錄學論叢》）。

（五）《禮記正義》七十卷（圖十）

漢鄭玄注，唐孔穎達疏。王文進《文祿堂訪書記》著錄此書云：

> 唐孔穎達疏，宋紹熙浙東庾司刻本。存序、卷一、卷二、卷六十三至六十六。半葉八行，行十六七字，注雙行，二十二字，白口，板心下記刊工姓名……宋諱避至敦字。

知王氏所著錄的《禮記正義》，乃一殘本。

圖十：《禮記正義》

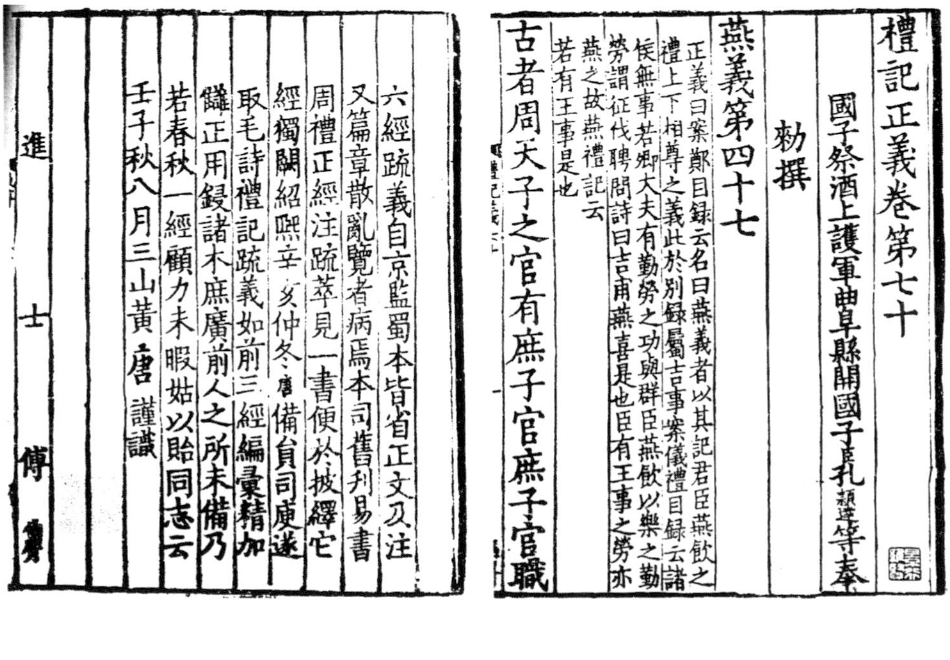
六經疏義自京監蜀本皆省正文及注
又篇章散亂覽者病焉本司舊刊易書
周禮正經注疏萃見一書便於披繹它
經獨闕紹熙辛亥仲冬唐備員司庾遂
取毛詩禮記疏義如前三經編彙精加
讎正用鋟諸木庶廣前人之所未備乃
若春秋一經顧力未暇姑以貽同志云
壬子秋八月三山黄唐謹識
進士傅

禮記正義卷第七十
國子祭酒上護軍曲阜縣開國子臣孔穎達等奉
勑撰
燕義第四十七
正義曰案鄭目録云名曰燕義者以其記君臣燕飲之禮上下相尊之義此於別録屬吉事案儀禮目録云諸侯無事若卿大夫有勤勞之功與群臣燕飲以樂之勤勞謂征伐聘問詩曰吉甫燕喜是也臣有王事之勞亦燕之故燕禮記云若有王事是也
古者周天子之官有庶子官庶子官職

潘宗周《寶禮堂宋本書錄》亦載此書，認爲黃唐刊本《禮記正義》，傳世者有二本，一本藏日本足利學校，一本即爲寶禮堂所藏，兩本不同仍在原版補版之別，即同一補版亦有先後之不同。凡書法端凝筆意渾厚者爲最初刊本，補刊較早的，字體雖尚方整，而鐫法已露稜角，再後則用筆纖弱鋟刻粗率，與初版相較截然不同。

《中國版刻圖錄》有宋紹熙三年兩浙東路茶鹽司刻宋元遞修本《禮記正義》，即潘氏藏本。此本匡高二一・三厘米，廣一五・八厘米。八行，行十四字、十六字、二十一字不等。注疏雙行，行二十一、二字，二十六、七字不等。白口，左右雙邊。宋諱避至敦字。

根據以上資料，知此南宋兩浙東路茶鹽司刻《禮記正義》，有宋元遞修本，全本國內僅存一帙，即舊爲潘氏寶禮堂所藏者。

（六）《春秋正義》三十六卷（圖十一）

晉杜預注，唐孔穎達疏。《中國版刻圖錄》著錄宋慶元六年紹興府刻宋元遞修本《春秋左傳正義》云：

> 匡高二一・二厘米，廣一六・三厘米。八行，行十六字。注文雙行，行二十二字。白口，左右雙邊。此爲《春秋左氏傳》經注單疏合刻第一本。慶元六年沈作賓帥浙東知紹興府，以浙東茶鹽司舊刊《易》、《書》、《周禮》及《毛詩》、《禮記》五經注疏，而《春秋左氏傳》獨闕，乃仿前五經版式刻於府治，故亦稱越州本。刻工約分二期，……此蓋元時印本。阮元校勘記據蘇州朱文游家藏本訂校，因原書補版多寡不一，故兩本文字亦不盡合。今朱本久亡，此爲僅存之本。

圖十一：《春秋正義》

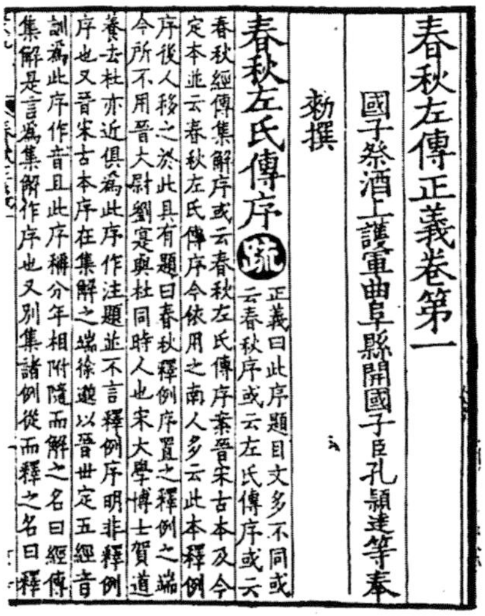
春秋左傳正義卷第一
國子祭酒上護軍曲阜縣開國子臣孔穎達等奉
勑撰
春秋左氏傳序 疏 正義曰此序題目文多不同或云春秋序或云左氏傳序或云
春秋經傳集解序或云春秋左氏傳序案晉宋古本及今
定本並云春秋左氏傳序今依用之南人多云此本釋例
序後人移之於此且有題曰春秋釋例序置之釋例之端
今所不用晉大尉劉寔與杜同時人也宋大學博士賀道
養去杜亦近俱爲此序作注題並不言釋例序明非釋例
序也又晉宋古本序在集解之端徐邈以晉世定五經音
訓爲此序作音且此序稱分年相附隨而解之名曰經傳
集解是言爲集解作序也又別集諸例從而釋之名曰釋

由此可知，南宋慶元間紹興府刻《春秋正義》有宋元遞修版，今尚存全帙。

（七）《論語注疏解經》二十卷（圖十二）

魏何晏注，宋邢昺疏。王文進《文祿堂訪書記》著錄此書云：

> 魏何晏注，宋邢昺疏，宋紹熙浙東庾司刻本。存卷十一至二十，半葉八行，行十六字，注雙行二十二三字，白口……宋諱避至敦字。

按此本後爲中央博物院購得，今藏於故宮博物院。此本乃宋紹熙間兩浙東路茶鹽司刊元明遞修本，惟前半部已亡佚，僅存卷十一至二十共十卷。此本版匡高二一・七公分，寬一七・四公分。半葉八行，行十六字，注疏小字雙行，行二十二字。左右雙欄，版心白口，單魚尾，根據刻工姓名，知有元明修補版，宋諱玄、匡、恆、貞、桓、完、構、愼、敦諸字偶闕末筆，避諱並不甚謹嚴。

圖十二：《論語注疏解經》

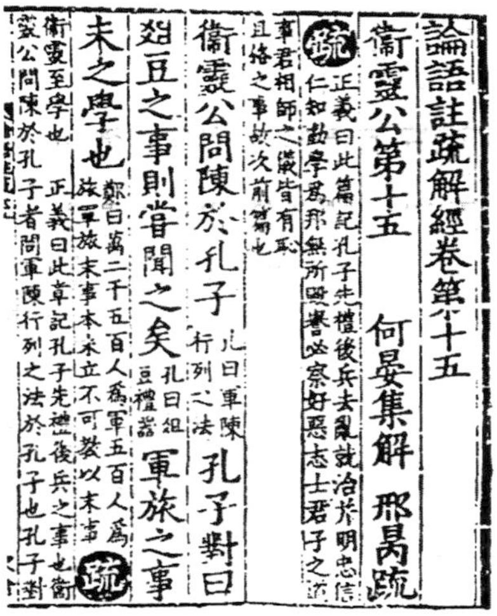
論語註疏解經卷第十五
衛靈公第十五　何晏集解　邢昺疏
疏 正義曰此篇記孔子先禮後兵去亂就治并明忠信仁知勸學爲邦無所毀譽必察好惡志士君子之道事君相師之儀皆有恥且格之事故次前篇也
衛靈公問陳於孔子 孔曰軍陳行列之法 孔子對曰
俎豆之事則嘗聞之矣 孔曰俎豆禮器 軍旅之事
未之學也 鄭曰萬二千五百人爲軍五百人爲旅軍旅末事本未立不可教以末事
疏 衛靈至學也 正義曰此章記孔子先禮後兵之事也衛靈公問陳於孔子者問軍陳行列之法於孔子也孔子對

圖十三：《孟子注疏解經》

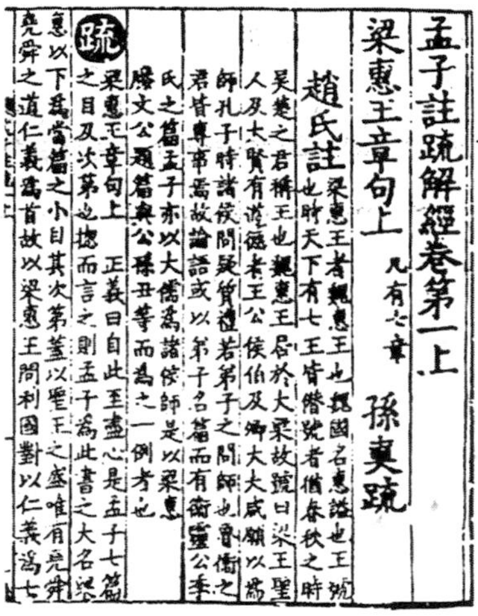
孟子註疏解經卷第一上
梁惠王章句上 凡有七章　孫奭疏
趙氏註 梁惠王者魏惠王也魏國名惠謚也王號也時天下有七王皆僭號者猶春秋之時吳楚之君稱王也魏惠王居於大梁故號曰梁王聖人及大賢有道德者王公侯伯及卿大夫咸願以爲師孔子時諸侯問疑質禮若弟子之問師也魯衛之君皆尊事焉故論語或以弟子名篇而有衛靈公季氏之篇孟子亦以大儒爲諸侯師是以梁惠滕文公題篇與公孫丑等而爲之一例者也
疏 梁惠王章句上 正義曰自此至盡心是孟子七篇之目及次第也總而言之則孟子爲此書之大名梁惠以下乃當篇之小目其次第蓋以聖王之盛唯有堯舜堯舜之道仁義爲首故以梁惠王問利國對以仁義爲七

（八）《孟子注疏解經》十四卷（圖十三）

漢趙岐注，宋孫奭疏。王文進《文祿堂訪書記》著錄此書云：

> 漢趙岐注，宋孫奭疏，宋紹熙浙東庾司刻本。存卷三、卷四、卷十三、卷十四，均分上下。半葉八行，行十六字，注雙行二十二字。白口，板心上記大小字數，下記刊工姓名……疏字作白文，宋諱避至敦字。

按兩浙東路茶鹽司刻本《禮記正義》紹熙壬子黃唐跋，曾歷數茶鹽司所刊諸經義疏，有《易》、《書》、《詩》、《周禮》、《禮記》五種，而紹興府刻本《春秋正義》慶元庚申沈作賓跋，則稱庾司所刊五經，合《左傳》爲六，不曾言及《孟子》，可見此書鋟梓應在《左傳》之後，又書中宋諱擴字闕筆，當爲寧

宗時所刻，王氏說是紹熙間刻本，乃考訂未詳之故。

　　潘宗周《寶禮堂宋本書錄》有《孟子注疏解經》殘本二冊，僅存卷三、卷四，版式行款與《文祿堂訪書記》所記同，惟宋諱避至擴、廓等字，潘氏認為是寧宗繼位以後所刊。

　　國立故宮博物院藏有宋嘉泰間兩浙東路茶鹽司刊元明遞修本《孟子註疏解經》十四卷。版匡高二一・一公分，寬一七・四公分。每半葉八行，行十六字，小注雙行，行二十一或二十二字不等。左右雙欄，版心白口，單魚尾。版心上記大小字數，下記刻工姓名，明代補版不記刻工姓名。宋諱玄、弦……敦、擴、廓諸字偶闕末筆，避諱似不甚謹嚴。全書十四卷俱存，各卷並分上下。

　　浙刻八行羣經注疏本，現今所知見者僅此八種，惟已刻至《孟子》，殆十三經全部曾經付雕，但餘無考。此八經除《毛詩》外，其餘七種，今尚存世，此諸刻校刊精審，較諸後代各種版本為佳，阮元〈校勘記〉曾說八行本《春秋正義》為「宋刊本正義中之第一善本」，其餘可想而知。

　　按黃唐本後，四川也曾刻了羣經注疏，也是八行本，此本疑為岳珂〈九經三傳沿革例〉所著錄的蜀注疏本。蜀刻羣經注疏，現今已罕見流傳，近世我國各藏書家書目均無記載。惟日本圖書寮藏有《論語注疏》十卷（圖十四），每半葉八行，行十六字，注疏雙行，行二十五字，間有二十六字，宋諱避至敦字，島田翰定為寧宗以後刻本，蜀刻羣經注疏傳世的僅此一部而已。

圖十四：《論語注疏》

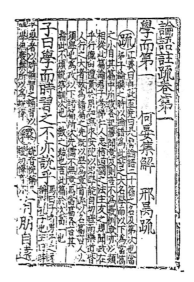

五、南宋建刻音釋註疏本

　　兩宋刻九經三傳，流行最廣，影響後世最大的，要算是南宋晚年建刻音釋註疏本，此即岳珂〈九經三傳沿革例〉中所說的「建本有音釋注疏」，亦即後世所謂的十行本。此刻凡《周易兼義》九卷附《釋文》一卷《略例》一卷、《附釋音尚書註疏》二十卷、《附釋音毛詩註疏》二十卷、《附釋音周禮註疏》四十二卷、《附釋音禮記註疏》六十三卷、《附釋音春秋左傳註

疏》六十卷、《監本附釋音春秋公羊傳註疏》二十八卷、《監本附音春秋穀梁傳
註疏》二十卷、《孝經註疏》九卷、《論語註疏解經》二十卷、《孟子註疏解經》
十四卷，共十一種。此建刻十行本，雖未必爲一家所刻，然而其中有幾種，
可以確知爲建安劉叔剛桂軒氏一經堂所刻。以下分別敘述此刻流傳的情形：

（一）《周易兼義》九卷附《釋文》一卷《略例》一卷（圖十五）

魏王弼、晉韓康伯註，唐孔穎達疏。《鐵琴銅劍樓藏書目錄》著錄此書云：
「葉心間有正德六年及十二年字，則修板也，故亦名正德本。」《雙鑑樓善本
書目》著錄此書，言補板爲黑口。

國立中央圖書館藏有此書。板匡高一九·二公分，寬一三·四公分。每
半葉十行，行十八字，註疏雙行，行二十四字。白口，版心上記大小字數，
下記刻工：德山、仁甫、君美、提甫、余中、安卿、伯壽等。此帙遞經修補，
迄於明代。

<table>
<tr><td>圖十五：《周易兼義》</td><td>圖十六：《附釋音尚書註疏》</td></tr>
</table>

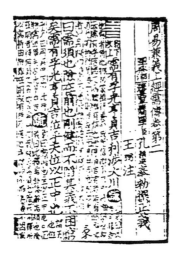 

（二）《附釋音尚書註疏》二十卷（圖十六）

舊題漢孔安國傳，唐孔穎達疏。《鐵琴銅劍樓藏書目錄》及《雙鑑樓善本
書目》均著錄此書，每半葉十行，行十七字，注雙行，行二十三字。爲宋時
刊本，無元明修補版。

《天祿琳琅書目續編》著錄此書，云：「宋諱惇字以上闕筆，其敬殷恆讓
等字不闕，蓋已挑也。卷中有正德補刊之葉，蓋宋鐫明補，故間有漫漶之

處。」

　　國立中央圖書館藏有兩部，一為明初印行，一為遞經修補迄明正德十二年。板匡高一八・九公分，寬一三・二公分。每半葉十行，行十七字，註疏雙行，行二十三字。白口，版心上記大小字數，下記刻工：德山……余安卿（或安卿）等。左欄外有書耳記篇名。宋諱匡、恆、貞、惇等字缺筆。

（三）《附釋音毛詩註疏》二十卷（圖十七）

　　漢毛亨傳、鄭玄箋，唐孔穎達疏。清孫星衍《平津館鑑藏記》（卷一宋板類）著錄此書云：「此本附釋音，當出於南宋閩中所刻，每葉二十行，行十七字，小字行二十三字，有明正德補刻葉。」《經籍訪古志》有昌平學藏《附釋音毛詩註疏》二十卷，云：「首載〈毛詩正義序〉，屬明代補刊，序後有劉氏文府叔剛桂軒式經堂記。」則此本為宋建安劉叔剛刊本。

　　國立中央圖書館藏有兩部，一部修版至於明初，一部殘存首十二卷，修版迄明中葉。板匡高一九公分，寬一三公分。首載〈毛詩正義序〉，序後有「劉氏文府」（方形）、「叔剛」（鐘形）、「桂軒」（鼎形）、「式經堂」（方形）四木記（圖十八）。每半葉十行，行十八字，註疏雙行，行二十三字。白口，版心上記大小字數，下記刻工姓名。左欄外有書耳記篇目，宋諱殷、筐、恆、貞、勗、敦等字缺末筆。國立故宮博物院藏有一部，殘存八卷，為楊守敬從日本購得。

圖十七：《附釋音毛詩註疏》　　　　　　圖十八：木記

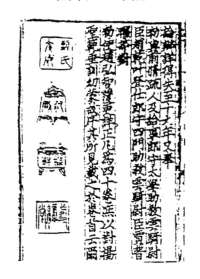

（四）《附釋音周禮註疏》四十二卷（圖十九）

漢鄭玄註，唐賈公彥疏。清陸心源皕宋樓藏有此刻，後歸日本靜嘉堂文庫。《經籍訪古志》有昌平學藏《附釋音周禮注疏》，缺卷一至七，每半葉十行，行十七字，註疏雙行，行二十三字。《雙鑑樓善本書目》有宋刊明印本，缺卷四至九。

圖十九：《附釋音周禮註疏》

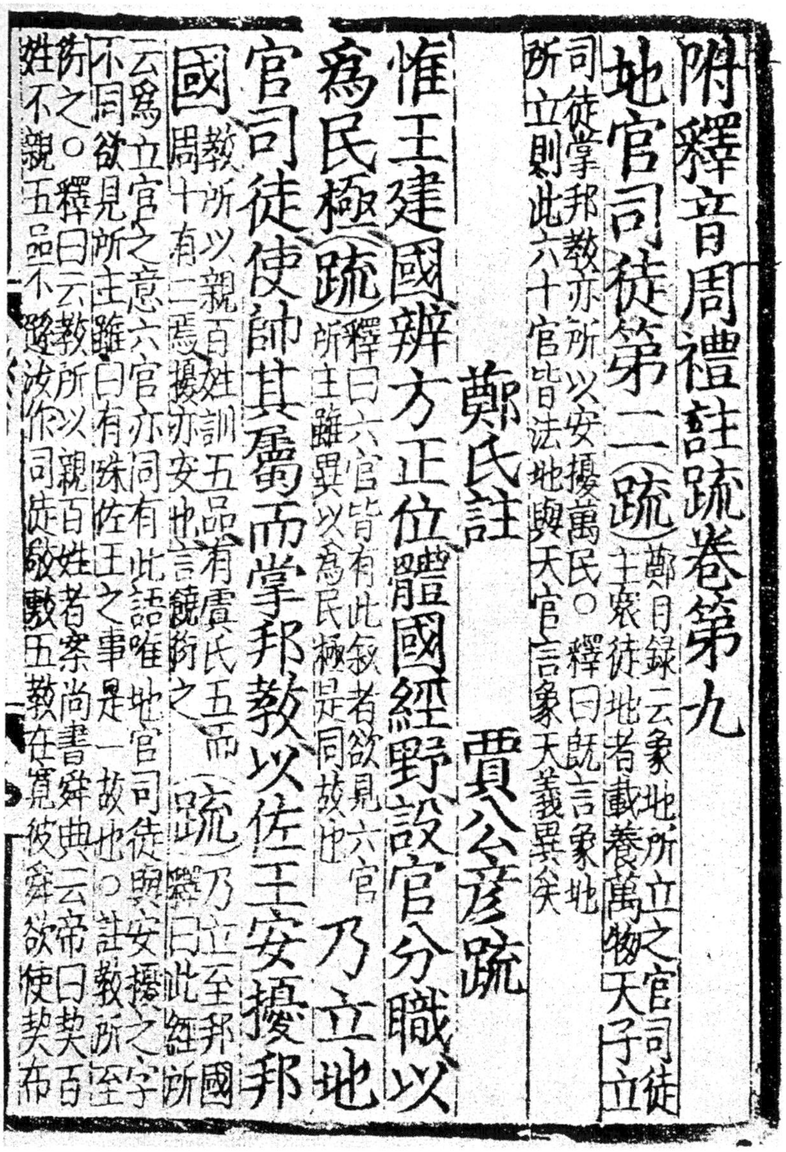
附釋音周禮註疏卷第九
地官司徒第二（疏）鄭目錄云象地所立之官司徒主衆徒地者載養萬物天子立司徒掌邦教亦所以安擾萬民○釋曰既言象地所立則此六十官皆法地與天官言象天義異矣
鄭氏註　賈公彥疏
惟王建國辨方正位體國經野設官分職以爲民極（疏）釋曰六官皆有此敘者欲見六官所主雖異以爲民極是同故也　乃立地官司徒使帥其屬而掌邦教以佐王安擾邦國教所以親百姓訓五品有虞氏五而周十有二焉擾亦安也言饒衍之（疏）乃立至邦國釋曰此經所云爲立官之意六官亦同有此語唯地官司徒與安擾之字不同欲見所主雖曰有殊佐王之事是一故也○註教所至字防之○釋曰云教所以親百姓者案尚書舜典云帝曰契百姓不親五品不遜汝作司徒敬敷五教在寬彼舜欲使契布

國立中央圖書館藏有一部。板匡高一九‧七公分，寬一三‧三公分。每半葉十行，行十七字，註疏雙行，行二十三字。白口，版心上記大小字數，下記刻工姓名。左欄外有書耳記篇目，書中間有修補版。國立故宮博物院藏有一部，存卷七至卷四十二共三十六卷，為楊守敬從日本購得。

（五）《附釋音禮記註疏》六十三卷（圖二十）

漢鄭玄註，唐孔穎達疏。《平津館鑒藏記》著錄此書云：

> 黑口版，每葉二十行，行十七字，小字行二十三字。有明正德嘉靖時暨不注年代補刻葉，此本與故相國和坤翻刻宋本行款相同，惟彼本孔穎達序後有建安劉叔剛宅鋟梓木長印，此本原序已缺，無從考證。

則《附釋音禮記註疏》亦為宋建安劉叔剛所刻。

國立中央圖書館藏有兩部，一為全本，一為殘存首四十卷。板匡高一九‧六公分，寬一三‧三公分。每半葉十行，行十六至十八字，註疏雙行，行二十三字。白口，版心上記字數，下記刻工姓名，左欄外有書耳記篇目。此帙遞經修補，迄明正德十二年。

圖二十：《附釋音禮記註疏》　　圖二十一：《附釋音春秋左傳註疏》

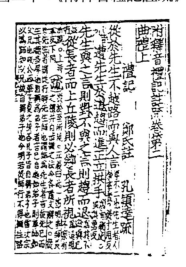
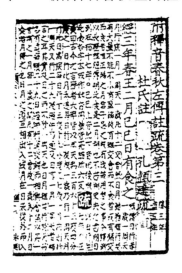

（六）《附釋音春秋左傳註疏》六十卷（圖二十一）

晉杜預註，唐孔穎達疏。《平津館鑒藏記》著錄此書，為南宋閩中刊本，每葉二十行，行十七字，小字行二十三字，有明正德嘉靖年間補刻葉。清

楊紹和《楹書隅錄》所著錄者，爲宋刻宋印本，通體完善，毫無修版。清瞿鏞《鐵琴銅劍樓藏書目錄》著錄有兩部，一爲宋刊本，無明代修補，爲元時印本；一爲明代修補版，版心有正德十二年字；或稱正德十六年，或但稱正德年。《文祿堂訪書記》、《寶禮堂宋本書錄》著錄此本皆云：「卷首孔穎達序，後有建安劉叔剛父鋟梓八字木記。」《經籍訪古志》有足利學藏宋建安劉叔剛刻本《附釋音春秋左傳註疏》，則此書爲宋建安劉氏一經堂刊本，殆無可疑。

國立中央圖書館藏有四部，一部殘存二十八卷；一部殘存三十卷，間有修補版，約印於元明之際；一部全六十卷，遞經修補迄於明初；又一部全六十卷，遞經修補迄於明正德十六年。板匡高一九‧二公分，寬一三‧三公分。每半葉十行，行十七字，註疏雙行，行二十三字。白口，版心上記字數，下記刻工姓名。左欄外有書耳記某公幾年。

國立故宮博物院殘存卷三十至六十，《文祿堂訪書記》及《寶禮堂宋本書錄》著錄此書，僅存卷一至二十九，或爲一部分散兩處。

（七）《監本附釋音春秋公羊註疏》二十八卷（圖二十二）

漢何休註，唐徐彥疏。《平津館鑒藏記》著錄此書，有元明補刻之葉，《鐵琴銅劍樓藏書目錄》著錄此書，明代修補版甚少，《雙鑑樓善本書目》所著錄者爲宋刊本，不言有修補版。

國立中央圖書館藏有三部，一爲全二十八卷；一爲卷一、卷二、卷十五至十八凡六卷鈔配；一爲殘存二十卷。板匡高一九公分，寬一三‧二公分。每半葉十行，行十七字，註疏雙行，行二十三字。白口，版心上記大小字數，下記刻工姓名。左欄外有書耳記某公幾年。書中間有元明修補版。

（八）《監本附音春秋穀梁註疏》二十卷（圖二十三）

晉范甯集解，唐楊士勛疏。《鐵琴銅劍樓藏書目錄》及《雙鑑樓善本書目》所著錄者均爲宋刊本，不言有補版。《平津館鑒藏記》及《善本書室藏書志》所著錄者均有元明修補版。

國立中央圖書館藏有一一部。板匡高一八‧九公分，寬一三‧二公分。每半葉十行，行十七字，註疏雙行，行二十三字。白口，版心上記大小字數，下記刻工姓名。左欄外有書耳記某公幾年。書中偶有元明修補版。國立故宮博物院藏有一部，殘存卷十至十八共九卷，亦有元明修補版。

圖二十二：
《監本附釋音春秋公羊註疏》

圖二十三：
《監本附音春秋穀梁註疏》

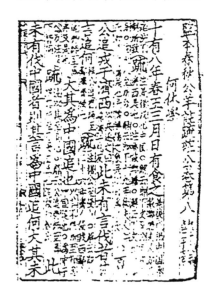

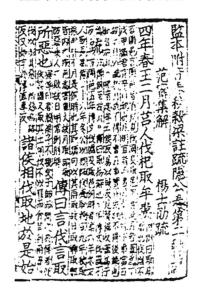

（九）《孝經註疏》九卷

宋邢昺等奉敕校定。每半葉十行，行十七字，小字行二十三字。此本各藏書志均不見著錄，僅見於《平津館鑒藏記》，云：「此本亦南宋刊本，正德六年補刻，而殘缺過多，板心上不標年代者，僅數葉存矣。」可見宋刻本，僅存數葉，孫星衍曾經見到，今已不知下落，十行本《孝經註疏》，今日常見的，都是明正德年間重刻的。

（十）《論語註疏解經》二十卷（圖二十四）

魏何晏集解，宋邢昺疏。《楹書隅錄》有宋建刻本《論語註疏解經》，間有元明修補版，但版心所記年代都被書估挖去，不詳補刻的年代。《經籍訪古志》有昌平學藏元泰定四年刊本，間有明正德補刊（案元泰定四年可能是補刊年代，並非原刊年代，因國立中央圖書館藏的有元泰定四年修補版）。

國立中央圖書館藏有兩部，一部遞經元泰定四年以迄明初修補；一部修補印行較前帙略晚。板匡高一八公分，寬一三·一公分。每半葉十行，行十八字，註疏雙行，行二十三字。白口，版心上記大小字數，下記刻工姓名。左欄外有書耳記篇名。宋諱玄、弦、……慎、敦等或缺筆並外加墨圍，或但外加墨圍與括弧。

圖二十四：《論語註疏解經》

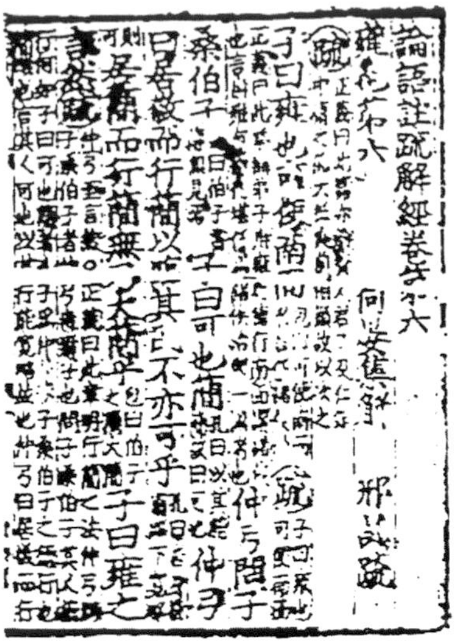
論語註疏解經卷第六
雍也第六 何晏集解 邢昺疏
子曰雍也可使南面
仲弓問子桑伯子子曰可也簡
仲弓曰居敬而行簡以臨其民不亦可乎
居簡而行簡無乃大簡乎子曰雍之言然

圖二十五：《孟子註疏解經》

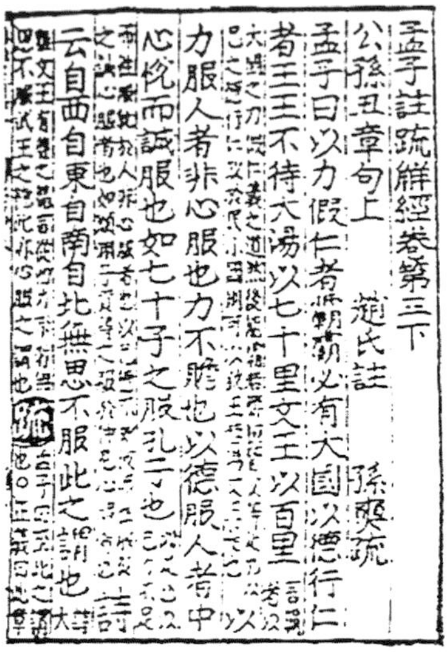
孟子註疏解經卷第三下
公孫丑章句上 趙氏註 孫奭疏
孟子曰以力假仁者霸霸必有大國以德行仁
者王王不待大湯以七十里文王以百里
力服人者非心服也力不贍也以德服人者中
心悅而誠服也如七十子之服孔子也
云自西自東自南自北無思不服此之謂也

（十一）《孟子註疏解經》十四卷（圖二十五）

漢趙岐註，宋孫奭疏。《楹書隅錄》、《皕宋樓藏書志》、《靜嘉堂秘籍志》均著錄此書，但不言有補版。《讀有用書齋書目》有殘本，闕卷五至九。

國立中央圖書館藏有兩部，一部遞經修補迄明正德十二年；一部修補年代約與前帙相同，惟版心修補年代爲書賈剜改，無可識考。板匡高一六・四公分，寬一三公分。每半葉十行，行十八字，註疏雙行，行二十三字。白口，版心上記大小字數，下記刻工姓名。左欄有書耳記篇名。宋諱玄、弦……搆、愼、敦等字或缺筆並外加墨圍，或但外加墨圍。

此建刻十行本諸經註疏，其版歷元至明，迭經修補，故稱爲三朝本。又以明時版存南京國子監，故又稱爲南監本。嘉靖間李元陽所刻之《十三經註疏》，即祖此本。其後明北監本，出於李元陽本；明毛晉汲古閣本及清乾隆殿本，又出於北監本。更後，阮元又據此建刻十行本重刻。由此可知，此十行本乃明清以來諸刻之祖本，故仍不失爲善本。惟此十行本之初印本，已罕見流傳，今日所見之建刻十行本諸經註疏，大都爲明代修補之本，一再剜補，舛譌層出，讀者不得不加以留意。

（本文原載《故宮文物月刊》第一卷第十一期、第十二期、第二卷第一期，1984 年 2、3、4 月）

宋刻南北朝七史

　　傳世宋刻九行本七史，各藏書志都稱它爲眉山七史，或稱它爲蜀大字本。《儀顧堂題跋》、《善本書室藏書志》、《藏園羣書題記》及日本《宮內省圖書寮漢籍善本書目》藏有此刻，均著錄爲眉山本或蜀大字本，連《四部叢刊》影印南北朝七史也稱爲眉山七史。其實，所謂眉山七史早已失傳，今日所見宋刻七史，乃是南宋國子監覆刻本，與眉山本無關。本文依據史料的記載及傳世刻本，將宋代雕印南北朝七史的情形，逐一介紹於後：

一、北宋國子監刻七史

　　北宋仁宗嘉祐六年（1060）開始校定南北朝七史。《玉海・藝文部》卷四十三云：

> 嘉祐六年八月庚申，詔三館秘閣校理宋、齊、梁、陳、後魏、周、北齊七史書，有不全者訪求之。

又云：

> 嘉祐七年十二月，詔以七史校本四百六十四卷，送國子監鏤板頒行。

按七史，《宋書》一百卷、《南齊書》五十九卷、《梁書》五十六卷、《陳書》三十六卷、《魏書》一百十四卷、《北齊書》五十卷、《後周書》五十卷，共四百六十五卷（《玉海》謂四百六十四卷，蓋計數偶誤）。此七史至英宗治平間才開始雕印，全部雕印完畢已至徽宗政和年間。宋晁公武《郡齋讀書志》卷五云：

> 嘉祐中，以《宋》、《齊》、《梁》、《陳》、《魏》、《北齊》、《周書》，舛

謬亡闕，始命館閣職讎校。曾鞏等以秘閣所藏本多誤，不足憑以是
正，請詔天下藏書之家，悉上異本，久之始集。治平中，鞏校定《南
齊》、《梁》、《陳》三書，上之。劉恕等上《後魏書》，王安國上《周
書》。政和中始皆畢，頒之學官。民間傳者尚少。

又宋本《南齊書》有治平二年六月牒文云：

崇文院，嘉祐六年八月十一日，敕節文：《宋書》、《齊書》、《梁書》、
《陳書》、《後魏書》、《北齊書》、《後周書》，見今國子監並未有印本，
宜令三館秘閣，見編校書籍官員，精加校勘，同與管句使官，選擇
楷書，如法書寫板樣，如唐書例，逐旋封送杭州開板。

據此牒文知七史初刻於杭州。當時杭州經濟繁榮，生產發達，為刻書業的中
心，所以北宋監本多奉詔鏤板於杭州。惟刻於杭州之書版則儲存於汴京國學。
靖康之難，汴京淪陷，國子監書版，三館文籍圖書，全部為金人擄掠而去。
此北宋國子監刻南北朝七史，現今已無傳世。

二、南宋紹興間眉山刻七史

北宋國子監書版，既為金人輦載而去，所以南宋紹興年間杭州、眉山都
曾翻刻南北朝七史。先談眉山覆刻七史，《郡齋讀書志》卷五「宋書一百卷」
下云：

嘉祐中……。民間傳者尚少。未幾，遭靖康丙午之亂，中原淪陷，
此書幾亡。紹興十四年，井憲孟為四川漕，始檄諸州學官，求當日
所頒本，時四川五十餘州皆不被兵，書頗有在者，然往往亡闕不全，
收合補綴，獨少《後魏書》十許卷，最後得宇文季蒙家本，偶有所
少者，於是七史遂全，因命眉山刊行焉。

靖康丙午之亂，晁公武攜家入蜀，曾為井憲孟（度）屬官，井度將其藏書贈
送公武，晁氏謂南宋紹興十四年井憲孟刻七史於眉山，其說必可信。後世藏
書家一見到宋刻七史，就說是眉山七史，如清張鈞衡《適園藏書志》著錄《南
齊書》、《陳書》，陸心源《儀顧堂續跋》七史之跋文，丁丙《善本書室藏書志》
著錄《宋書》、《梁書》、《北齊書》、《周書》，以上各家皆以所藏九行大字本七
史為眉山所刻。民國以來藏書家也從清人的說法，如葉啟勳《拾經樓紬書》
著錄《陳書》、《周書》，傅增湘《藏園羣書題記初集》著錄《南齊書》、《陳書》、
《北齊書》，都以為是眉山刻本。其實以上各藏書家，謹據晁氏一文，斷定傳

世七史爲眉山刻本，則未必可信。從傳世七史的字體及刻工姓名，與傳世眉山本《冊府元龜》、《蘇文忠公奏議》相較，其刊工體勢相去甚遠，刻工姓名亦不相同，可以證明傳世七史，不是眉山刻本，而且南宋末年元兵入侵，眉山書版可能早已毀於兵火，所以眉山刻七史，現今已無傳世，傳世七史，乃是南宋紹興間國子監刻本。

三、南宋紹興間國子監覆刻七史

根據《玉海・藝文部》卷四十三及宋李心傳《建炎以來朝野雜記》的記載（詳本書〈宋刻九經三傳〉），北宋監本，至南宋紹興年間均曾覆刻。則南北朝七史必刻於此時，且刻於臨安。王國維《五代兩宋監本考》及趙萬里《兩宋諸史監本存佚考》均有說明。筆者曾依據史料、字體、刻工三點爲其佐證，辨明舊說之誤，並證明傳世七史乃刻於臨安，非眉山刻本（詳拙作〈南宋重刊九行本七史考〉，《故宮圖書季刊》第四卷第一期）。以下分別敘述南宋國子監刻南北朝七史流傳的情形：

（一）《宋書》一百卷〔圖一〕

梁沈約撰。陸心源《儀顧堂續跋》有〈宋槧明修宋書跋〉，據跋文知有弘治四年、嘉靖八年九年十年修版，爲明文淵閣舊物，後歸季滄葦。丁丙《善本書室藏書志》所著錄的，也有弘治嘉靖修板。日本《宮內省圖書寮漢籍善本書目》有〈宋書三十二卷〉，板心有弘治八年、嘉靖八年刊字，是爲補刊年代。王文進《文錄堂訪書記》有宋紹興刻大字本《宋書》，存卷三十三四，傅增湘《雙鑑樓善本書目》有「宋刊本宋書」，缺帝紀一至十二。

國立中央圖書館藏有三部。版匡高二二・九公分，寬一九公分。每半葉九行，

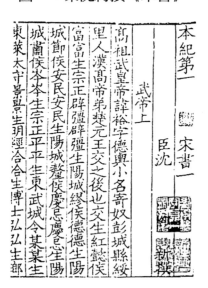

圖一：梁沈約撰《宋書》

行十八字。線口，版心上記字數，下記刻工姓名。宋諱玄、弦、敬、驚、弘、殷、恆、貞、禎、桓等字缺筆。一部爲二殘本配成，一本存本紀一至五，志一至三、五至三十，例傳一至三十四，共四十冊，版遞經修補至明初，每冊

首尾有明代官印「禮部官書」鈐記。餘十四冊無明官印，版遞經修補迄明嘉靖十年。另一部，列傳第五十三、五十四、五十八凡三卷，爲影鈔配補，版遞經修補迄明嘉靖十年。又一部亦修補至嘉靖十年。

北平圖書館（寄存中央圖書館）藏有一部，存五十八卷，爲宋刻明初修補本。

上海商務印書館有影印本，收入《四部叢刊・百衲本二十四史》中。

（二）《南齊書》五十九卷（圖二）

梁蕭子顯撰。《儀顧堂續跋》有〈宋槧明修南齊書跋〉，據跋文知宋諱避至構字，有嘉靖修版而無弘治修版，凡嘉靖八年修版六十五葉，九年修版七十一葉，十年修版六十五葉，宋刊尚存十分之八。日本宮內省圖書寮所藏的，版心有嘉靖八年刊字，當爲補刊年代。《文祿堂訪書記》所著錄的，元補刊爲黑口，卷末有治平二年崇文院送杭州開版牒文。《藏園羣書題記初集》有〈宋眉山（即南宋國子監本）南齊書跋〉，據跋文知宋諱敬、玄、殷、……愼等字均缺末筆，補版不缺，字體方峭嚴整，補版至元代則趨圓軟，每卷鈐「禮部官書」

圖二：梁蕭子顯撰《南齊書》

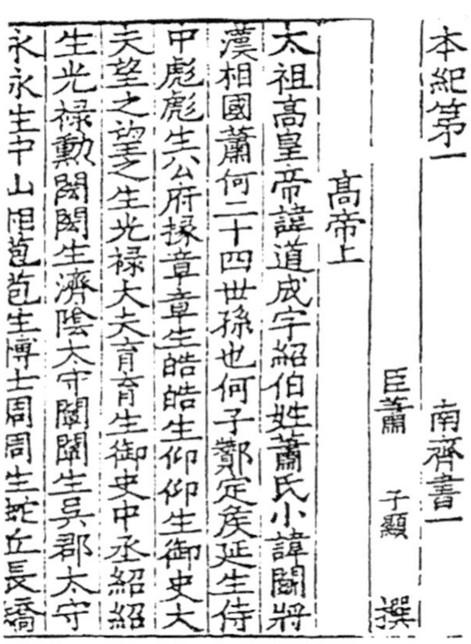

朱文大印，此本宋刻居十之九，元補版十之一，而無明代補版，此書江安傳氏得於穆鶴舫相國遺篋。

國立中央圖書館藏有三部。版匡高二一・九公分，寬一八・九公分。每半葉九行，行十八字。白口，版心上記字數，下記刻工姓名。宋諱玄、敬、弘、殷、禎、貞、桓、愼字缺筆。一部遞經修補至於明初。另二部皆遞經修補至明嘉靖十年。

上海商務印書館有影印本，收入《四部叢刊・百衲本二十四史》中。

（三）《梁書》五十六卷（圖三）

唐姚思廉撰。《儀顧堂續跋》、《善本書室藏書志》有「宋槧明修梁書」，修補至明嘉靖十年。日本宮內省圖書寮所藏的，版心間有嘉靖八年九年十年

刊字，當爲補刊年代。

國立中央圖書館藏有一部。版匡高二二・五公分，寬一九公分。每半葉九行，行十八字。線口，版心上記字數，下記刻工姓名。宋諱貞、徵字缺筆。此本遞經修補至明嘉靖十年。

北平圖書館藏有一部，存四十卷，爲宋刻明初修補本。

上海商務印書館有影印本，收入《四部叢刊・百衲本二十四史》中。

圖三：唐姚思廉撰《梁書》

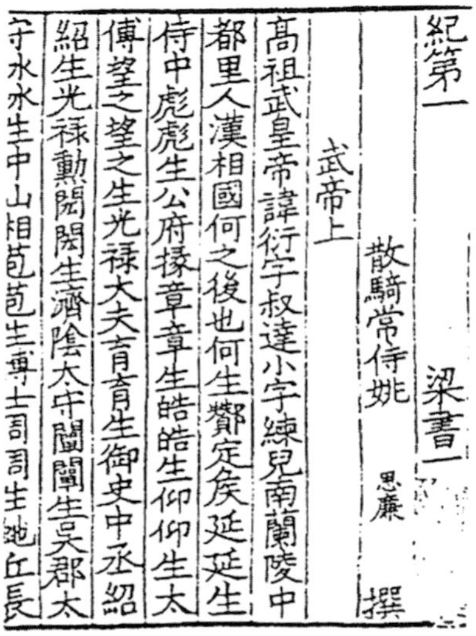
紀第一　梁書一
散騎常侍姚　思廉　撰
武帝上
高祖武皇帝諱衍字叔達小字練兒南蘭陵中
都里人漢相國何之後也何生酇定侯延延生
侍中彪彪生公府掾章章生皓皓生仰仰生太
傅望之望之生光祿大夫育育生御史中丞紹
紹生光祿勳閎閎生濟陰太守闡闡生吳郡太
守冰冰生中山相苞苞生博士周周生蛇丘長

圖四：唐姚思廉撰《陳書》

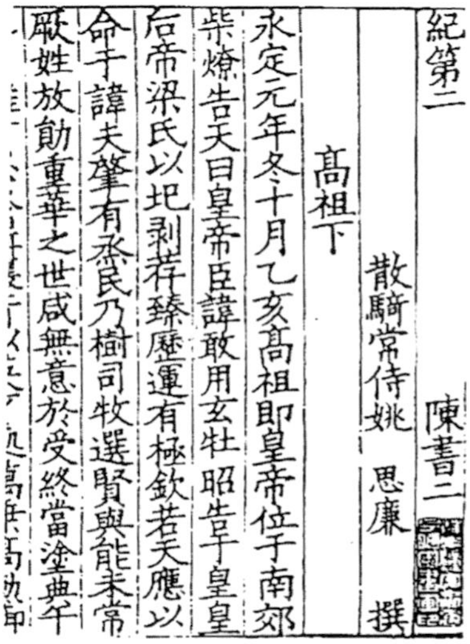
紀第二　陳書二
散騎常侍姚　思廉　撰
高祖下
永定元年冬十月乙亥高祖即皇帝位于南郊
柴燎告天曰皇帝臣諱敢用玄牡昭告于皇皇
后帝梁氏以圮剝祚臻歷運有極欽若天應以
命于諱夫肇有烝民乃樹司牧選賢與能未常
厥姓放勛重華之世咸無意於受終當塗典午

（四）《陳書》三十六卷（圖四）

唐姚思廉撰。《皕宋樓藏書志》及日本《靜嘉堂秘籍志》所著錄者，爲宋刊宋印本，全書無修版。江安傅氏雙鑑樓所藏，補版只有十分之一二。日本宮內省圖書寮所藏，版心間有嘉靖八年九年刊字，當爲補刊年代。《文祿堂訪書記》有「宋紹興刻大字本」，存卷八至十五、卷二十五至二十七。

國立中央圖書館藏有四部。版匡高二二・八公分，寬一九公分。每半葉九行，行十八字。線口，版心上記字數，下記刻工姓名，宋諱徵字缺筆。遞經修補至明嘉靖九年。

北平圖書館藏有三部，一部存八卷，一部存二十五卷，一部存五卷，爲宋刻元代修補本。

上海商務印書館有影印本，收入《四部叢刊・百衲本二十四史》中。

（五）《魏書》一百十四卷（圖五）

北齊魏收撰。《皕宋樓藏書志》有「宋刊明修本魏書一百十四卷」；《文祿堂訪書記》有「宋紹興刻大字本魏書一百十四卷」，宋諱避至慎字，有禮部官書長方印及季滄葦印。江安傅氏雙鑑樓所藏宋刊本魏書，間有元時補版，此本宋版所存爲多，元修祇有十之一二，爲未入南監前所刷印，每卷鈐有禮部官書朱文大印，，又有季振宜印。日本宮內省圖書寮所藏《魏書》，版心間有嘉靖八年九年十年、萬曆二十四年刊字，當爲補刊年代。

國立中央圖書館藏有四部。版匡高二二・四公分，寬一九・二公分。每半葉九行，行十八字。白口，版心上記字數，下記刻工姓名。宋諱玄、弦、……桓、構字缺筆。一部缺列傳二十八至四十七，以明洪武時公牘紙印，約修補迄明初；一部全，印行雖較前部略晚，然尚無嘉靖補版；一部全，又一部缺十九卷，皆遞經修補至明嘉靖十年。

上海商務印書館有影印本，收入《四部叢刊・百衲本二十四史》中。

圖五：北齊魏收撰《魏書》

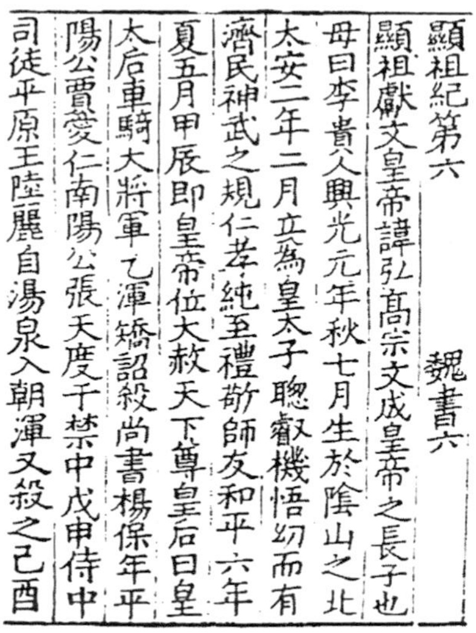
顯祖紀第六　魏書六
顯祖獻文皇帝諱弘高宗文成皇帝之長子也
母曰李貴人興光元年秋七月生於陰山之北
太安二年二月立為皇太子聰叡機悟幼而有
濟民神武之規仁孝純至禮敬師友和平六年
夏五月甲辰即皇帝位大赦天下尊皇后曰皇
太后車騎大將軍乙渾矯詔殺尚書楊保年平
陽公賈愛仁南陽公張天度于禁中戊申侍中
司徒平原王陸麗自湯泉入朝渾又殺之己酉

圖六：唐李百藥撰《北齊書》

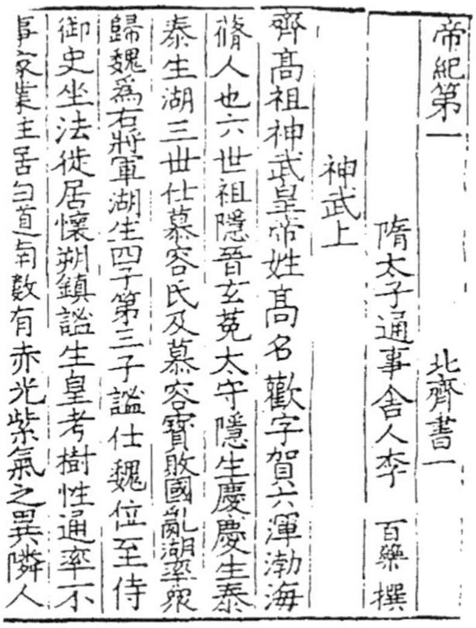
帝紀第一　北齊書一
隋太子通事舍人李　百藥撰
神武上
齊高祖神武皇帝姓高名歡字賀六渾渤海
蓨人也六世祖隱晉玄菟太守隱生慶慶生泰
泰生湖三世仕慕容氏及慕容寶敗國亂湖率衆
歸魏為右將軍湖生四子第三子謐仕魏位至侍
御史坐法徙居懷朔鎮謐生皇考樹性通率不
事家業住居白道南數有赤光紫氣之異鄰人

（六）《北齊書》五十卷（圖六）

唐李百藥撰。《儀顧堂續跋》有〈宋刊明修北齊書跋〉，據跋文知此本修補至明嘉靖十年。丁氏善本書室也藏有宋刊明修本。《藏園羣書題記初集》有〈校宋刊北齊書殘本跋〉，據跋文知此本宋版僅存十之三四，餘皆元明補版。

日本宮內內省圖書寮所藏，版心間有嘉靖八年九年十年刊字，當為補刊年代。

國立中央圖書館藏有二部。版匡高二二‧八公分，寬一八‧八公分。每半葉九行，行十七八字不等，版心白口，宋諱玄字缺筆。遞經修補至明嘉靖十年。

北平圖書館藏有一部，存十六卷，為宋刻本，無元明修補版。

上海商務印書館有影印本，收入《四部叢刊‧百衲本二十四史》中。

（七）《周書》五十卷〔圖七〕

唐令狐德棻等撰。《儀顧堂續跋》有〈宋槧周書跋〉，據跋文知此本補版至明嘉靖十年。《善本書室藏書志》及《藝風藏書記》所著錄者皆為宋刊明修本。日本《宮內省圖書寮漢籍善本書目》有《周書》五十卷，當即宋紹興間刻本。

國立中央圖書館藏有二部，一部五十卷全，一部殘存首十卷。版匡高二三公分，寬一八‧九公分。每半葉九行，行十八字，線口，版心上記字數，下記刻工姓名。宋諱炫、匡、樹等字缺筆。遞經修補至明嘉靖十年。

國立故宮博物院藏有一部，遞經修補至明嘉靖十年。

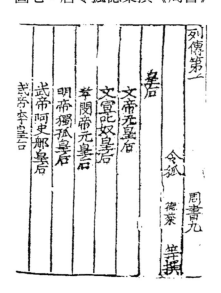

圖七：唐令狐德棻撰《周書》

（本文原載《故宮文物月刊》第二卷第二期，1984 年 5 月）

宋刻韓柳文集

　　韓愈與柳宗元爲唐代古文大家，不僅享盛名於當世，甚至到了北宋歐陽修提倡古文運動以後，二氏文章更是大行於世，頗有天下學者爲文非韓柳不學的盛況，故兩宋時代刊印韓柳文集者甚眾，今尚傳世者亦復不少。惟韓柳二氏並名，故刊書者往往將二氏文集合刻並行。本文所要介紹的僅限於二集合刻，至於單刻韓集或柳集，俟後另篇論述。

　　合刻韓柳二集始於北宋穆修。宋朱弁《曲洧舊聞》卷四云：

> 穆修伯長，在本朝爲初好學古文者，始得韓柳善本，大喜，自序云，天既饜我以韓，而又飫我以柳，謂天不予饗，過矣。欲二家文集行於世，乃自鏤版鬻於相國寺。性伉直，不容物，有士人來訕價，不相當，輒語之曰，但讀得成句，便以一部相贈。或怪之，即正色曰，誠如此，修豈欺人者。士人知其伯長也，皆引去。

這是最早記載韓柳二集合刻的資料。《四庫全書總目》卷一五〇「詁訓柳先生文集」條下亦云：

> 宗元集爲劉禹錫所編，其後卷目增損在宋時已有四本。一則三十三卷，爲元符間京師開行本；一則曾丞相家本；一則晏元獻本；一則此四十五卷之本，出自穆修家云，即禹錫原本。……要之刻韓柳集者，自穆修始，雖非禹錫之舊，第諸家之本，亦無更古於是者矣。

穆修刻本，今已失傳。韓柳二集合刻，傳世而可考的都是南宋刻本，今分別敘述於後：

一、南宋孝宗時蜀刻詁訓本

（一）《新刊詁訓唐昌黎先生文集》五十一卷

唐韓愈撰，宋韓醇詁訓。《欽定天祿琳琅書目》卷三云：

正集四十卷，外集十卷，遺文一卷，共五十一卷。前載唐李漢序。
是書惟卷一下標「臨邛韓醇」四字，前後俱無序跋。考之《宋史》
不載醇傳，按宋刊《五百家詁訓昌黎文集》，列諸儒名氏，載醇字仲
詔，又《詁訓柳宗元集》亦出醇手，書後有醇記，作於孝宗淳熙丁
酉（四年），稱世所傳昌黎文公文雖屢經名儒手，余昔校以家集，其
舛誤尚多有之，用爲之詁訓云云。則醇爲愈之裔，可知其家在臨邛，
當即爲蜀中所刊。宋葉夢得以蜀本在建本之上，觀此書字精紙潔，
刻印俱佳，夢得所言，洵不誣也。

由此可知，南宋孝宗時蜀中曾刻《新刊詁訓唐昌黎先生文集》，清乾隆時代藏
於昭仁殿，昭仁殿天祿琳琅藏書，嘉慶二年燬於火，其本已亡。是本乾隆以
後的各家藏書志均未著錄。

（二）《新刊詁訓唐柳先生文集》四十八卷

唐柳宗元撰，宋韓醇詁訓。《欽定天祿琳琅書目》卷三云：

正集四十五卷，外集上下三卷，新編外集一卷，共四十八卷。前載
唐劉禹錫序，宋王咨序，後醇自記并附錄，宋穆修後序。是書與前
韓愈文集體例版式相同，後有醇記，王咨爲之序，稱本朝古文始自
河南穆修伯長，實宗韓柳，韓之文定於諸鉅公之手，而柳集亦經伯
長是正，胥山沈晦復相讐正，比伯長加詳，然其機杼源委要未呈
露，仲詔先注釋韓集，學者爭傳其書，而斯文加密，非仲詔發之，
孰窺其秘云云。是醇註愈集既就，已先版行，後又註宗元集付刊，
悉仿愈集之式，以二書合而並傳，故宗元集後有記，而愈集後無記
也。

由此可知，南宋孝宗時蜀中刻《詁訓唐昌黎先生文集》後，又刻《詁訓唐柳
先生文集》，體例版式俱同，二書合刻而並傳。清乾隆時代二書俱藏於昭仁殿，
並燬於火。

二、南宋中葉蜀刻詳註本

（一）《新刊經進詳註昌黎先生文》（圖一）

唐韓愈撰，宋文讜、王儔注。《中國版刻圖錄》云：

匡高二一·二厘米，廣一四·三厘米。十行，行十八字。注文雙行。
行字同。白口，左右雙邊。題迪功郎普慈文讜詞源詳註，通直郎致

仕淡齋王儔尚友補註。卷首乾道二年文讜進書表。宋諱缺筆至構字，慎、廓字不缺筆。刻工王龜慶元五年又刻成都府學本《太平御覽》。觀字體刀法，知爲南宋中葉蜀本。此書宋以後從未翻版，傳本至罕。卷十二至卷十八原缺，前人據宋池州刻白文本配補。楊氏海源閣舊藏，《楹書隅錄》未收。

由此可知，南宋中葉蜀刻本《新刊經進詳註昌黎先生文》，爲楊氏海源閣舊藏，今尚存殘本。

圖一：

《新刊經進詳註昌黎先生文》

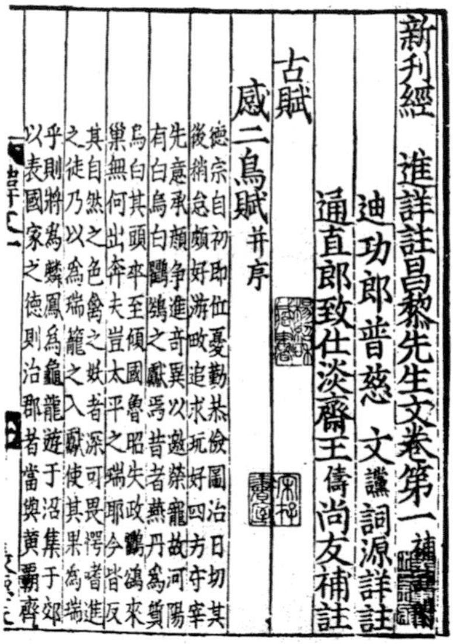

新刊經 進詳註昌黎先生文卷第一

迪功郎普慈 文讜詞源詳註

通直郎致仕淡齋王儔尚友補註

古賦

感二鳥賦并序

德宗自初即位憂勤恭儉圖治日切其後稍怠頗好游畋追求玩好四方守宰先意承顏爭進奇異以邀榮寵故河陽有白烏白鸜鵒之獻焉昔者燕丹爲質烏白其頭卒至傾國魯昭失政鸜鵒來巢無何出奔夫豈太平之端耶今皆反其自然之色禽之妖者深可畏愕嗜進之徒乃以爲瑞籠之入獻使其果爲瑞乎則將爲麟鳳爲龜龍遊于沼集于郊以表國家之德則治郡者當與黃霸齊

圖二：

《新刊增廣百家詳補註唐柳先生文》

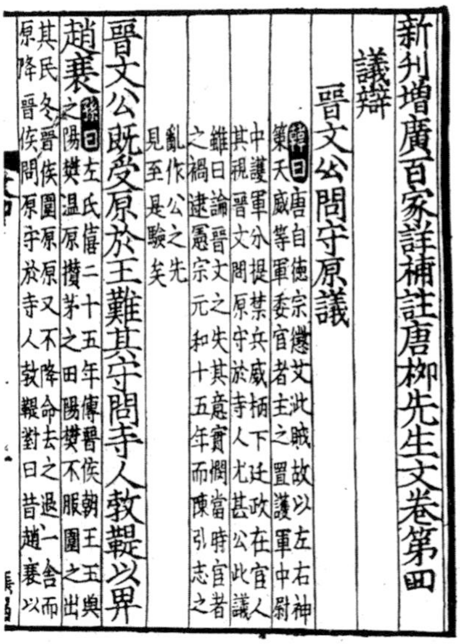

新刊增廣百家詳補註唐柳先生文卷第四

議辯

晉文公問守原議

韓曰唐自德宗懲艾泚賊故以左右神策天威等軍委宦者主之置護軍中尉中護軍分提禁兵威柄下遷政在宦人其視晉文問原守於寺人尤甚公此議雖曰論晉文之失其意實憫當時宦者之禍逮憲宗元和十五年而陳弘志之亂作公之先見至是驗矣

晉文公既受原於王難其守問寺人勃鞮以畀趙衰孫曰左氏僖二十五年傳晉侯朝王王與之陽樊溫原攢茅之田陽樊不服圍之出其民冬晉侯圍原原又不降命去之退一舍而原降晉侯問原守於寺人勃鞮對曰昔趙衰以

（二）《新刊增廣百家詳註唐柳先生文》（圖二）

唐柳宗元撰，宋童宗說，韓醇等注釋。《中國版刻圖錄》云：

匡高二一厘米，廣一四·三厘米。十行，行十八字。注文雙行，行字同。白口，左右雙邊。南宋諱不缺筆。卷首百家音辯詁訓姓名中有南宋人李燾、李石、馮時行、洪邁、呂祖謙等人。刻工張福孫、文望之、史丙又刻《太平御覽》、文讜詳註韓文等書，因推知此書確是南宋中葉蜀本。紙墨瑩潔，字畫遒勁，與文註韓文可稱蜀本雙璧。

由此可知，此本與《新刊經進詳註昌黎先生文》版式行款相同，必爲同時所

刻，今尚傳世。

三、南宋建安魏仲舉刻五百家註音辯本

（一）《新刊五百家註音辯昌黎先生文集》（圖三）

唐韓愈撰，宋魏仲舉輯。《天祿琳琅》載有兩部。一部《正集》四十卷、《外集》十卷，前載《引用書目》一卷、《評論詁訓音釋諸儒名氏》一卷、《韓文類譜》一卷。一部《正集》四十卷、《外集》十卷，前載《昌黎先生序傳碑記》一卷、《看韓文綱目》一卷、《引用書目》一卷、《評論詁訓音釋諸儒名氏》一卷，後有《別集》一卷、《論語筆解》十卷、許渤序昌黎文集後序五篇。二部版同，紙色墨光相似，都是一時摹印的。《欽定天祿琳琅書目》卷三云：

圖三：《新刊五百家註音
辯昌黎先生詩集》

> 《宋史・藝文志》及宋馬端臨《文獻通考》皆不載，是書書中亦無纂集人名氏，惟正集目錄後有木記曰：「慶元六禩孟春建安魏仲舉刻梓于家塾」，應即爲魏仲舉集註。當時係韓柳並刊，柳集引用書目中載仲舉名懷忠。按宋人刻梓家塾之書多有款識，如宋版《春秋經傳集解》二部，一曰相台岳氏刻梓家塾，一曰世綵堂廖氏刻梓家塾，皆有木記，亦此例也。韓柳二集其所引書係合爲一目，標曰《韓柳先生文集引用書目》，有後一部可證，此本剜去韓柳二字，改爲昌黎，乃書賈未得柳集，因而僞爲。……其所收諸儒評論詁訓音釋有名氏者一百四十八家，新添逸姓氏者二百三十家，合計爲三百七十八家，而曰五百家者，未免夸大其詞，然採錄亦可謂之博贍矣。

按《四庫全書總目》著錄內府藏本《五百家註音辯昌黎先生文集》四十卷，即此宋慶元六年建安魏仲舉家塾刻本。丁丙《善本書室藏書志》亦著錄此本。《中國版刻圖錄》著錄此本匡高二〇・四厘米，廣一二・六厘米。十行，行十八字。注文雙行，行二十三字。細黑口，左右雙邊。此本已脫去「慶元六

祇孟春建安魏仲舉刻梓于家塾」之牌記。商務印書館有影印本。

（二）《新刊五百家註音辯唐柳先生文集》

唐柳宗元撰，宋魏仲舉輯。《欽定天祿琳琅書目》卷三云：

> 《正集》二十一卷，《附錄》二卷，《外集》二卷，《新編外集》一
> 卷，《龍城錄》二卷，前載《看柳文綱目》一卷，宋文安禮《柳先生
> 年譜》一卷，《評論詁訓諸儒名氏》一卷，後附《柳先生序傳碑記
> 紀》一卷，文集後序五篇。宗元《正集》四十五卷，此書自二十二
> 卷以下皆闕，書賈將「目錄終」三字移補二十一卷後，故無魏仲舉
> 木記。然版式字體與韓集同，實為宋本，且正集尚存其半，而外集
> 諸種卷帙完好，亦足珍也。御題五百家注昌黎集，實宋槧之佳者，
> 柳子厚集，雖亦五百家注，版式行款標題並同，而紙色墨香遜韓集
> 遠甚，且正集二十二卷以下至末皆闕，又改目錄終以彌縫之，更非
> 完善。第柳集注刊本，今鮮存者，亦覺片羽可珍，惟當居韓之次
> 耳。

按《四庫全書總目》著錄內府藏本《五百家註音辯柳先生文集》二十一卷、
《外集》二卷、《新編外集》一卷、《龍城集》二卷、《附錄》八卷，即此建安
魏仲舉家塾刻本。《提要》云：

> 其版式廣狹，字畫肥瘠，與所刻五百家註昌黎集纖毫不爽，蓋二集
> 一時竝出也。前有評論訓詁諸儒姓氏，檢核亦不足五百家。書中所
> 引僅有集註，有補註，有音釋，有解義及孫氏童氏張氏韓氏諸解，
> 此外罕所徵引，又不及韓集之博，蓋諸家論韓者多，論柳者較少，
> 故所取不過如此，特姑以五百家之名與韓集相配云爾。

又云：

> 其本槧鍥精工，在宋版中亦稱善本，今流傳五六百年，而紙墨如新，
> 神明煥發，復得與昌黎集註，先後同歸秘府，有類乎珠還合浦，劍
> 會延津，是尤可為寶貴矣。

按四庫館所據以著錄之建安魏仲舉刻《五百家註音辯唐柳先生集》，即天祿琳
琅藏本，已燬於火，世間別無傳本。丁丙《善本書室藏書志》著錄有舊鈔
本，云：

> 韓文音注正集，乾隆間江西尚有雕本，此則未見翻雕，尤不能不以
> 寫本為珍也。

四、宋咸淳廖氏世綵堂刻本

（一）《昌黎先生集》（圖四）

唐韓愈撰，宋廖瑩中校正。周密《癸辛雜識後集》曾有一段記載廖瑩中刻書的事情。其文云：

> 九經本最佳，凡以數十種比校，百餘人校正而後成，以撫州草鈔紙油煙墨印造，其裝池至以泥金爲籤，然或者惜其刪落諸經注爲可惜耳，反不若韓柳文爲精妙。

由此可知，廖瑩中曾合刻韓柳二集。廖刻韓集，清代藏書志頗有著錄者。《持靜齋書目》卷四「韓昌黎集四十卷外集十卷」條云：

> 宋廖瑩中世綵堂精刊本，相傳刊書時用墨皆雜泥金香麝爲之，此當爲初印本，紙寶墨光，醉心悅目。

又《宋元舊本書經眼錄》卷一「宋世綵堂本韓昌黎集五十一卷」條云：

> 相傳明東雅堂徐氏翻刻廖氏世綵堂韓文，一仍舊式，而不著其所從來。今觀此本，信然，每葉中縫下截，悉有世綵堂字，徐氏悉以東雅堂易之，傳目後有「世綵堂廖氏刻梓家塾」篆字本印，徐氏各卷尾亦仿之。此初印本，紙墨精好，字體在歐褚間，徐氏猶未能畢肖也。

圖四：《昌黎先生集》　　　　　　圖五：《昌黎先生集》

《中國版刻圖錄》著錄此本匡高一九‧八厘米，廣一二‧八厘米。九行，行十七字。注文雙行，行字同。細黑口，四周雙邊。各卷後鑴篆書「世綵廖氏刻梓家塾」八字（圖五）。民國十二年上海蟬隱廬書店有影印本。

（二）《河東先生集》（圖六）

唐柳宗元撰，宋廖瑩中校正。《中國版刻圖錄》有宋咸淳廖氏世綵堂刻本《河東先生集》。此本匡高二○厘米，廣一二‧七厘米。九行，行十七字。注文雙行，行字同。細黑口，四周雙邊。各卷後鑴篆書「世綵廖氏刻梓家塾」八字（圖七）。寫刻精美，與韓集齊名，二集字體版式悉同。紙潤墨香，在宋版書中可推為無上神品。原缺卷三至卷五、卷十，凡四卷，明人據別本影刻配入。此刻有明東吳郭雲鵬濟美堂翻刻本，《欽定天祿琳琅書目》後編卷十八及《善本書室藏書志》卷二十四均有著錄。民國十二年上海蟬隱廬曾據世綵堂本韓柳二集影印流傳。

（本文原載《故宮文物月刊》第二卷第三期，1984 年 6 月）

圖六：《河東先生集》　　　　圖七：《河東先生集》

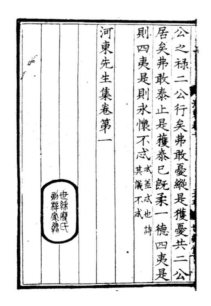

南宋最著名的出版家——談陳起刻書

南宋書坊刻書，以浙江、福建、四川三處爲最盛。三處坊肆甚多，浙江有臨安府棚北大街陳宅書籍鋪、臨安府太廟前尹家書籍鋪、杭州大隱坊、杭州錢唐門裏車橋南大街郭宅經鋪、金華雙桂堂等；福建有建安余氏萬卷堂、建寧府黃三八郎書鋪、建陽麻沙書坊、建寧書鋪蔡琪純父一經堂、建陽陳八郎崇化書坊等；在四川有西蜀崔氏書肆、廣都裴氏等。其中最著名的，當推陳宅書籍鋪。

一、陳宅書籍鋪主人——陳起

陳起，字宗之，一字彥才，浙江錢塘人。事母至孝，宋寧宗時，舉鄉貢第一，家住杭州睦親坊，開了一家書店賣書，自稱陳道人。他長於詩，著有一部詩集《芸居乙稿》。當時江湖詩人，都與陳起爲友，陳起取名人小集數十家，選爲《江湖集》。寶慶初，史彌遠專權，陳起刊《江湖集》出售，集中有起所著《芸居稿》，有詩云：「秋雨梧桐皇子府，春風楊柳相公橋。」遂被指爲謗訕，燬《江湖集》的書版，下令禁止士大夫作詩。詩禍之起，捕敖器之、劉潛夫等下大理獄。陳起雖僅一書估，而聲氣廣通，故詩獄賴鄭（清之）丞相之力，僅坐流罪。流後不久，即蒙赦還。紹定六年史彌遠去世，詩禁始解。

《江湖後集》卷三有周端臣〈挽陳起詩〉二首云：

天地英靈在，江湖名姓香，良田書滿屋，樂事酒盈觴。

字畫堪追晉，詩刊欲遍唐，音容今已矣，老我倍淒涼。

詩思間逾健，儀容老更清，遽聞身染患，不見子成名。

易簀終昏娶，求棺達死生，典型無復覿，空有淚如傾。

又黃文雷〈挽詩〉云：

海內交遊三十年，臨分我到臥床前，

西湖一葉驚先落，淚盡秋風松下阡。

長安道上細哦詩，如此相思更有誰，

芸葉一窗千古在，好將事業付佳兒。

又釋芳庭有〈芸居秘校〉五律云：

世上名猶在，閒情豈足悲，自憐吟日少，誰恨識君遲。

蘭閣人亡後，寒林月上時，十年青史夢，唯有老夫知。

從以上數首詩，大概可以窺見陳起一生之行實。

二、芸居樓的藏書

陳起所開的書肆，名芸居樓。他的藏書甚多，由時人贈詩中可以窺見。

如葉紹翁〈靖逸小集贈陳宗之〉云：

官河深水綠悠悠，門外梧桐數葉秋，

中有武林陳學士，吟詩消遣一生愁。

十載京塵染布衣，西湖烟雨與心違，

隨車尚有書千卷，擬向君家賣卻歸。

又〈夏日從陳宗之借書偶成五律一首〉云：

自從春去後，少省出柴扉，樹暗鴉巢隱，簷空燕迹稀。

憶山憐有夢，當暑詠無衣，案上書堆滿，多應借得歸。

《前賢小集拾遺》鄭斯立〈贈陳宗之〉云：

昔人耽隱約，屠酤身亦安，矧伊叢古書，枕藉於其間。

讀書博詩趣，鬻書奉親歡，君能有此樂，冷淡世所難。

又黃順之〈贈陳宗之〉云：

羨君家闕下，不踏九衢塵，萬卷書中坐，一生閒裏身。

貪詩疑有債，閱世欲無人，昨日相思處，桐花爛漫春。

（以上所引各詩見陳起編《南宋羣賢小集》）

又《江湖後集》卷二十二俞桂〈謝芸居惠歙石廣香〉云：

家無長物祇書卷，又無良田惟破硯，

寥寥此道人共嗤，君獨相憐復相善，

鄴侯架上三萬籤，半是平生未曾見，

一癡容借印疑似，留客談玄坐忘倦。

歸來喜歡舉廢典，春雨書樓閫深靜，

手鈔義經誤未刊，塵侵商扃灰久寒，

使燒團煤炙雲母，旋滴清泉凝露傳，

點朱塗黃細商榷，時有烟絲裊風幕，

心融終日游聖涯，恍若置身天祿閣。

由以上各家贈詩中，知陳起芸居樓的藏書多達萬卷，詩人俞桂甚至將他比作唐代的鄴侯李泌。惟其收藏情形如何，卻沒有更詳細的記載。

三、書棚本的由來

在圖書版本學上，我們常見到有「書棚本」之名。所謂「書棚本」就是南宋臨安陳起父子所刻的書。因陳起所開書肆名芸居樓，在睦親坊。據葉德輝考證（見《書林清話》卷二），睦親坊是當時的官巷，與近民坊平列，中隔御街；御街之對面即戒民坊一帶，戒民坊一帶之後即御河，河有棚橋，故此一帶街巷都以棚名，其街甚長，故分南棚、中棚兩巷，尾至棚北大街，南宋時代宗學多建立於此，因此附近多書坊。睦親坊就在棚北大街，因此陳氏刻書，多有木記，題「臨安府棚北大街陳宅書籍鋪印行」，或題「臨安府棚北大街睦親坊南陳宅刊本」等等。書棚本之名，即由此而來。書棚本每卷末均刻有牌記一行，文字詳略各有不同，葉德輝曾彙集各家藏書志、目、記、跋所載，其款式達十九種之多。葉氏認為單稱陳道人、陳宅書籍鋪經籍鋪者為陳起所刻，稱陳解元書籍鋪經籍鋪者為起之子續芸所刻；續芸所刻多說部、宋人集，陳起所刻多為唐人集，以周端臣挽詩「詩刊欲遍唐」之句可證。

元方回所編的《瀛奎律髓》卷四十二載趙師秀〈贈賣書陳秀才〉詩云：

四圍皆古今，永日坐中心，門對官河水，簷依柳樹陰。

每留名士飲，屢索老夫吟，最感春燒盡，時容借檢尋。

方回附注云：

陳起，字宗之，睦親坊賣書開肆。予丁未至行在所，至辛亥凡五

年，猶識其人，且識其子，今近四十年，肆燼人亡，不可見矣。

丁未為宋理宗淳祐七年，後四十年，當元世祖至元二十四年，就方氏之語證之，知陳氏刻書，約始於宋寧宗時，或理宗初年，至元初已肆燼人亡。陳氏書籍鋪之興衰，大致如此。

四、傳世的書棚本

　　陳氏父子刻書甚多，清代諸家藏書志記載的，大多為說部及唐宋人文集，詳《書林清話》卷二，此不贅述。然時至今日，書棚本已不多見。茲就現今尚傳世者，分別敘述於後：

（一）《常建詩集》二卷（圖一）

　　唐常建撰。每半葉十行，行十八字。白口，左右雙欄，單魚尾。魚尾下記書名及葉次。宋諱玄、絃、筐、貞等字缺末筆。上卷末有「臨安府棚北大街睦親坊南陳宅刊印」木記一行。

　　國立故宮博物院藏有一部，民國二十一年該院曾據此本影印，編入《天祿琳琅叢書》第一集中。

圖一：《常建詩集》

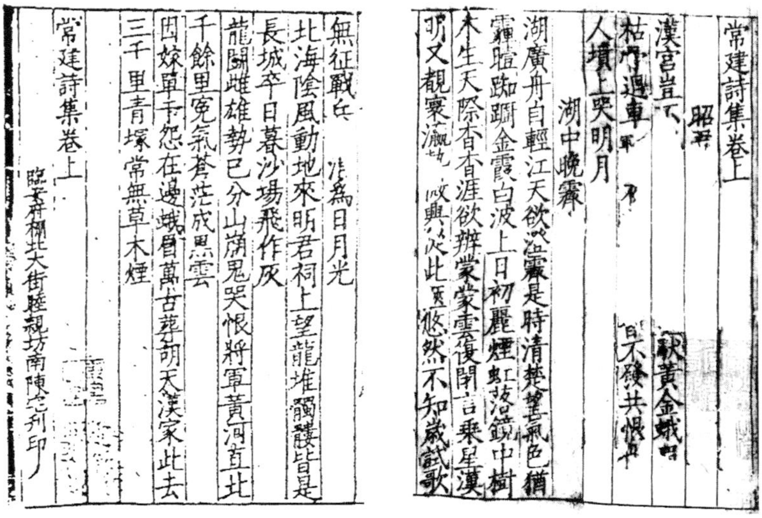

（二）《王建詩集》（圖二）

　　唐王建撰。《中國版刻圖錄》云：

　　　匡高一七·二厘米，廣一二·二厘米。十行，行十八字。白口，左右雙邊。卷後有「臨安府棚北睦親坊巷口陳解元宅刊印」一行，又有唐寅手寫「俞子容家藏書，唐寅勘畢」一行。俞子容名弁，明正德中吳縣人，與唐寅往還甚密。此本傳世凡三帙。一、多缺葉，經後人影抄補足，今藏北京圖書館。二、存前五卷，後半毛氏汲古閣

影宋抄補，原爲浙人孫鳳鈞藏書，今不知飄墮何所。三、即此帙，初印精湛，近年出硤石鎮某舊家。

由此可知，書棚本《王建詩集》，今藏北京圖書館。

圖二：《王建詩集》

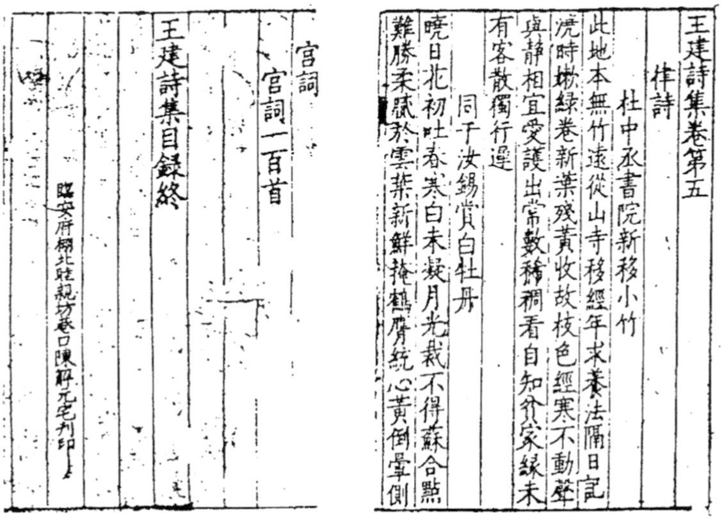
王建詩集卷第五
律詩
杜中丞書院新移小竹
此地本無竹遠從山寺移經年求養法隔日記
澆時嫩綠卷新葉殘黃收故枝色經寒不動聲
與靜相宜愛護出常數稀稠看自知貧家緣未
有客散獨行遲
同于汝錫賞白牡丹
曉日花初吐春寒白未凝月光裁不得蘇合點
難勝柔膩於雲葉新鮮掩鶴膺統心黃倒暈側

宮詞
宮詞一百首
王建詩集目錄終
臨安府棚北睦親坊巷口陳解元宅刊印

（三）《張司業詩集》（圖三）

唐張藉撰。板匡高一七・二公分，寬一二・九公分。每半葉十行，行十八字。版心白口，上記字數。宋諱朗、樹等字缺筆。

國立中央圖書館藏有一部，殘存二卷（全書三卷，缺上卷）。

（四）《周賀詩集》一卷（圖四）

唐周賀撰。《中國版刻圖錄》著錄此本匡高一七・三厘米，廣一二・二厘米。十行，行十八字。白口，左右雙邊。卷末有「臨安府棚北睦親坊南陳宅書籍鋪印」一行。商務印書館有影印本，收入《四部叢刊續編》中。

圖三：《張司業詩集》

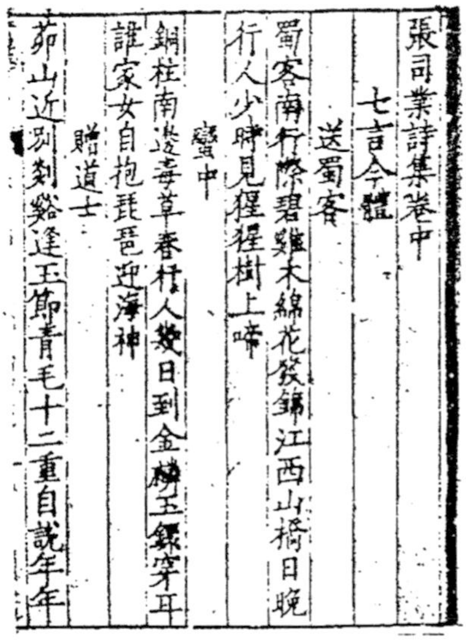
張司業詩集卷中
七言今體
送蜀客
蜀客南行祭碧雞木綿花發錦江西山橋日晚
行人少時見猩猩樹上啼
蠻中
銅柱南邊毒草春行人幾日到金麟玉鐶穿耳
誰家女自抱琵琶迎海神
贈道士
茆山近別剡谿逢玉節青毛十二重自說年年

圖四：《周賀詩集》

周賀詩集

留辭杭州姚合郎中

波濤千里隔抱疾亦相尋會宿逢高燒辭歸值

積霖叢杂山店迥孤燭海船深尚有重來約知

無省閣心

酬吳之問見贈

已當聽鴈夜多事不同居故疾離城晚秋霖見

月疎赴風開靜户帶藥卷閑書邊寄期南去荒

園夕廢鋤

寄姚合郎中

夜宿遊禽

臨安府棚北睦親坊南陳宅書籍鋪印

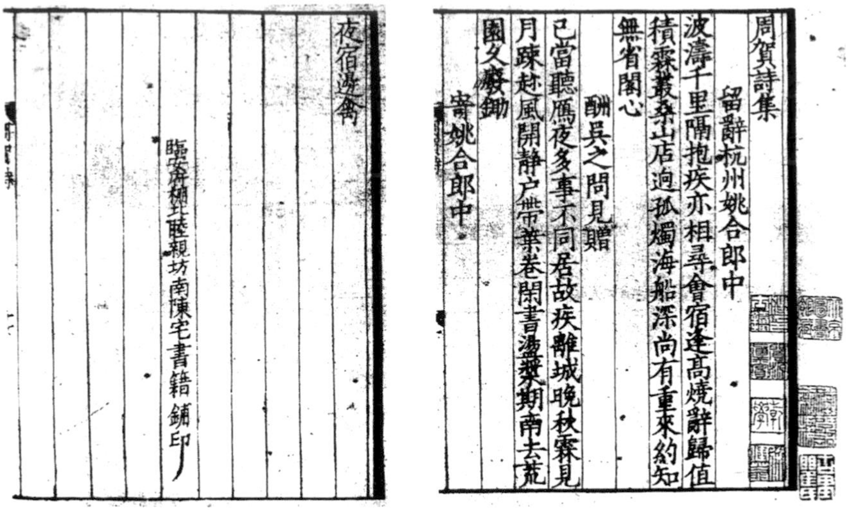

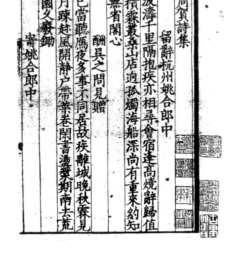

（五）《朱慶餘詩集》一卷（圖五）

唐朱慶餘撰。《中國版刻圖錄》著錄此本匡高一六・九厘米，廣一二・一厘米。十行，行十八字。白口，左右雙邊。卷後有「臨安府睦親坊陳宅經籍鋪印」。此本爲黃氏士禮居舊藏，今藏北京圖書館。商務印書館有影印本，收

圖五：《朱慶餘詩集》

方物就中名最遠只應愈疾味偏佳若交盡乞

人人與采盡商山枳殼花

登玄都閣

野色晴宜上閣看樹陰遥映御溝寒豪家舊宅

無人住空見朱門鎖牡丹

贈鳳翔柳司録

杏園北寺題名日數到如今四十年點撿生涯

與官職一莖野竹在身邊

三十四

朱慶餘詩集

臨安府睦親坊陳宅經籍鋪印

泰興季振宜滄葦氏珍藏

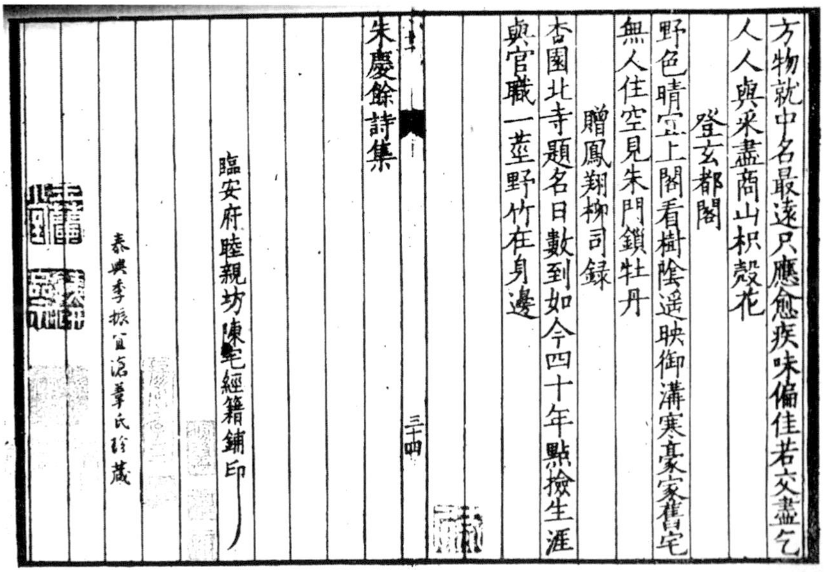

入《四部叢刊續編》中。

（六）《唐女郎魚玄機詩》一卷（圖六）

唐魚玄機撰。《中國版刻圖錄》云：

> 匡高一七厘米，廣一二‧一厘米。十行，行十八字。白口，左右雙
> 邊。魚玄機字幼微，長安人。有才思，咸通中隸咸宜觀爲女道士。

圖六：《唐女郎魚玄機詩》

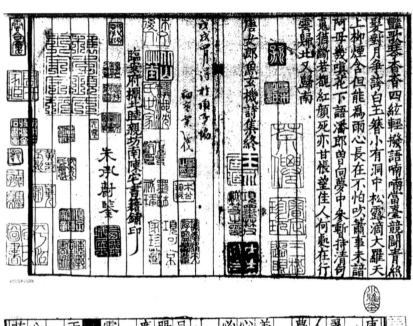

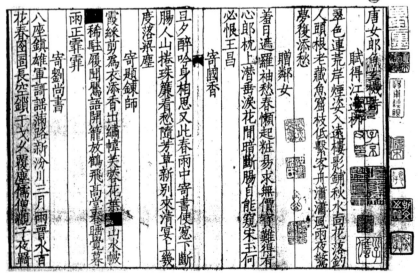

> 詩多俊語，「易求無價寶，難得有心郎」一詩，尤爲世傳誦。詩一卷，卷末有「臨安府棚北睦親坊南陳宅書籍鋪印」。鐫刻秀麗工整，爲陳家坊本中代表作。明時爲朱氏存餘堂、項氏天籍閣藏書。清嘉慶中黃丕烈得之，繪圖題句，以誌奇遇。一時名士陳文述、石韞玉，女子曹貞秀、歸懋儀等，俱有吟咏。黃氏別有題詠第二冊，並長跋記得書經過，今不知飄墮何所。

由此可知，書棚本《唐女郎魚玄機詩》，今藏北京圖書館。

（七）《唐求詩集》（圖七）

唐唐求撰。《中國版刻圖錄》云：

> 匡高一六・八厘米，廣一二・二厘米。十行，行十八字。白口，左右雙邊。唐求，成都人。王建帥蜀，召爲參謀，不就，人謂之唐隱，後不知所終。詩僅八葉三十五首。觀字體刀法，疑亦宋末棚本。黃氏士禮居舊藏，《百宋一廛賦》著錄。

按傳世書棚本均爲歐體字，十行，行十八字，白口，左右雙欄。此《唐求詩集》應爲書棚本，今藏北京圖書館。

（八）《河岳英靈集》（圖八）

唐殷璠輯。《中國版刻圖錄》云：

圖七：《唐求詩集》

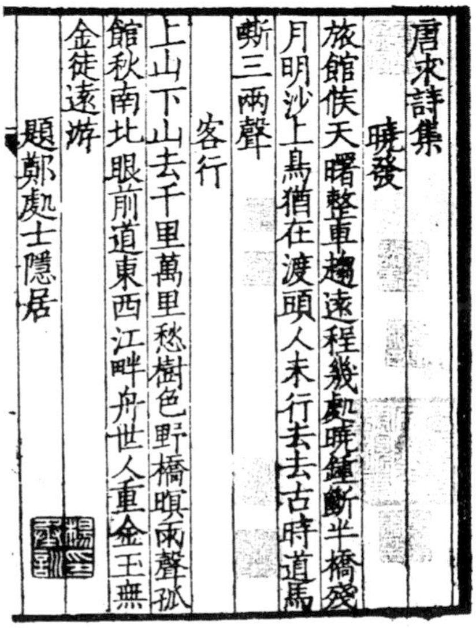
唐求詩集
曉發
旅館候天曙整車趨遠程幾處曉鐘斷半橋殘
月明沙上鳥猶在渡頭人未行去去古時道馬
嘶三兩聲
客行
上山下山去千里萬里愁樹色野橋暝雨聲孤
館秋南北眼前道東西江畔舟世人重金玉無
金徒遠游
題鄭處士隱居

圖八：《河岳英靈集》

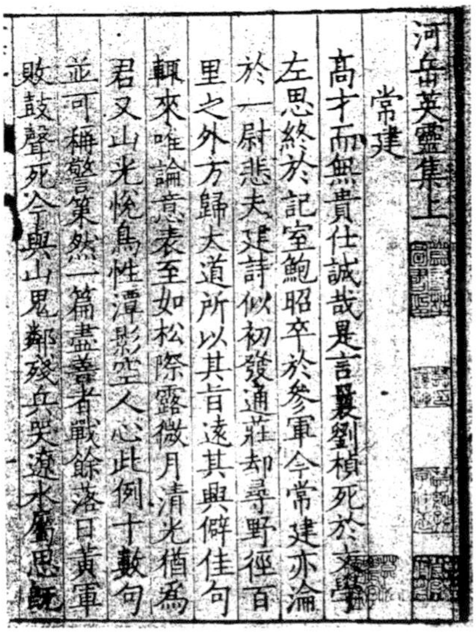
河岳英靈集上
常建
高才而無貴仕誠哉是言曩劉楨死於文學
左思終於記室鮑昭卒於參軍今常建亦淪
於一尉悲夫建詩似初發通莊却尋野徑百
里之外方歸大道所以其旨遠其興僻佳句
輒來唯論意表至如松際露微月清光猶為
君又山光悅鳥性潭影空人心此例十數句
並可稱警策然一篇盡善者戰餘落日黃軍
敗鼓聲死今與山鬼鄰殘兵哭遼水屬思既

匡高一六・八厘米，廣一二厘米。十行，行十八字。白口，左右雙邊。書分二卷，與毛氏汲古閣刻《唐人選唐詩》三卷不同。毛本有脱誤，賴此本正之。觀字體刀法，疑亦宋末棚本。

按此《河岳英靈集》應爲書棚本，今藏北京圖書館。

（九）《唐僧弘秀集》十卷（圖九）

宋李龏編。國立中央圖書館藏有一部。板匡高一七・五公分，寬一三公分。每半葉十行，行十八字。白口，版心下間記刻工：翁天祐（或「翁」或「天祐刊」）、徐。宋諱玄、匡字缺筆。首載寶祐六年李龏自序，序後有「臨安府棚北大街睦親坊南陳解元宅書籍鋪刊行」一行。卷末有王堪蒼手跋云：「第二卷原缺第八頁，倩魯人鄭道綱景鈔精絕。宣統甲子三月購於北京文友堂。君耆。」

圖九：《唐僧弘秀集》

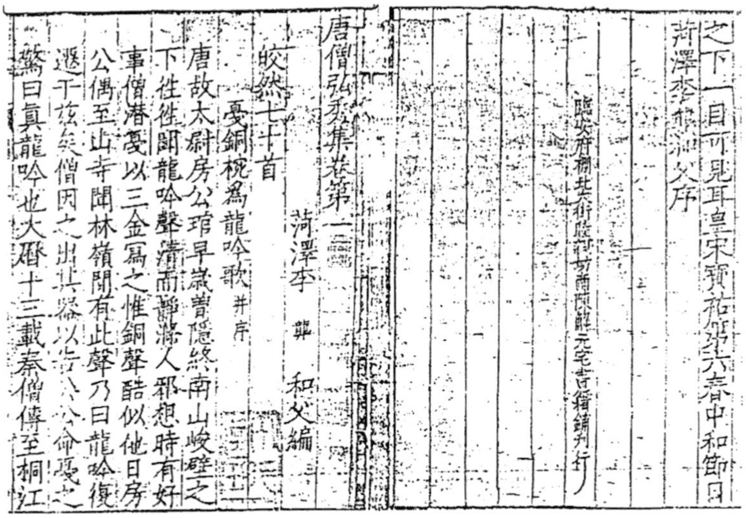
之下一目可見耳皇宋寶祐第六春中和節日
菏澤李龏和父序
臨安府棚北大街睦親坊南陳解元宅書籍鋪刊行
唐僧弘秀集卷第一
菏澤李　龏　和父編
皎然七十首
戛銅椀爲龍吟歌并序
唐故太尉房公琯早歲嘗隱終南山峻壁之
下往往聞龍吟聲清而靜滌人邪想時有好
事僧潛戛以三金寫之惟銅聲酷似他日房
公偶至山寺聞林嶺間有此聲乃曰龍吟復
遐于兹矣僧因之出其器以告公公命戛之
驚曰眞龍吟也大曆十三載秦僧傳至桐江

（十）《南宋群賢小集》九十五卷（圖十）

宋陳起編。國立中央圖書館藏有一部。全書凡五十六家六十九種集，後附陳起續編《聖宋高僧詩選》及《前賢小集拾遺》二種。板匡高一七・三公分，寬一三・二公分。每半葉八行，行十八字。白口，版心上或記字數或無，下或記刻工姓名。《菊礀小集》卷末有「臨安府棚北大街陳宅書籍鋪印行」一行；《端隱吟藁》卷末、《山居存藁》陳必復序後、《吾竹小藁》李龏序後、《竹

溪十一薰詩選》卷末、《梅花衲》李龔序後，及《孝詩》劉克莊序後各有「臨安府棚北大街睦親坊南陳解元宅書籍鋪刊行」一行；《白石道人詩集》姜夔序後及《石屏續集》卷末有「臨安府棚北大街陳宅書籍鋪刊行」分刻兩行；《龍洲道人詩集》卷末有「臨安府棚北大街睦親坊南陳宅書籍鋪刊行」一行；《心遊摘藁》卷末有「臨安府棚北大街睦親坊南陳解元書籍鋪刊行」一行；《適安藏拙乙藁》卷末有「臨安府棚北睦親坊南陳解元書籍鋪刊行」一行；《剪絹集》卷末有「臨安府棚北大街陳解元書籍鋪印行」一行；《梅花衲》劉宰序後有「臨安府棚北大街睦親坊南陳宅書籍鋪印」一行；《西麓詩藁》卷末有「臨安府棚北睦親坊南陳宅書籍鋪印」一行。民國六十一年藝文印書館有影印本。

圖十：《南宋群賢小集》　　　　　圖十一：《東山詞》

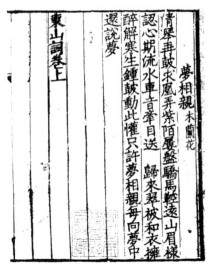

（十一）《東山詞》（圖十一）

宋賀鑄撰。《中國版刻圖錄》云：

> 匡高一七‧一厘米，廣一二‧五厘米。十行，行十八字。白口，左右雙邊。書分二卷，今僅存上卷，文字斷闕不完。世傳抄本，多從此出，斷缺亦同。賀鑄為宋詞一名家，以「凌波不過橫塘路」一闋，為世傳誦。觀此書字體刀法，疑亦棚本。

按此《東山詞》應為書棚本，今尚存殘卷。

（本文原載《故宮文物月刊》第二卷第五期，1984 年 8 月）

宋代四川刊印唐人文集

　　我國自唐代發明了印刷術以後，歷經五代，到了宋朝，技術方面已經有了很大的改進，而且刻書地點也遍及全國，當時最有名的刻書地點有三：一、以杭州爲中心的浙江地區；二、以眉山爲中心的成都地區；三、以建陽建安爲中心的福建地區。上期已經介紹過浙江的陳起刻書，本期將介紹四川刻書。

一、四川——我國古代的刻書業中心

　　四川的刻書事業從唐代開始就非常興盛，我們甚至可以推測四川可能是我國印刷術的發源地。因爲，在現存的唐人文獻中，最早談及雕版印刷而有年月可考的，是唐文宗太和九年十二月禁止印行曆日的詔令，而且這正是記述四川刻書的最早資料。此外，根據日本人木宮秦彥《日支交通史》的記載：僧人宗叡曾於咸通六年攜回西川印子《唐韻》一部五卷、《玉篇》一部三十卷，西川印子就是四川刻本的古稱。可見在咸通時代四川刻印的書籍已經流傳到海外。並且，唐代自安祿山之亂以後，黃河流域爭戰連年，殘破不堪，生產力因而衰微，四川一帶較爲安寧富裕，人口叢集，文化水準較高，刻印書籍，條件俱備，刻書之事，應運而生，也是自然之理。唐末黃巢作亂，中和元年僖宗避亂到四川，成都成爲當時政治經濟的中心，根據柳玭的記載，他在成都所見到的書籍，都是雕版印刷的陰陽、雜說、占夢、相宅、九宮、五緯與字書、小學等書，可見當時四川雕印的書籍種類繁多。五代後唐宰相馮道雕印九經，就是受四川刻書的影響。

　　五代時期，內亂綿延，中原屢次的改朝易代，唯遠處西陲的四川，獨保

安寧，物阜民豐，文物稱盛，所以當時成都成為西南文化的重心。而四川之雕版印刷所以能迅速發展，則歸功於蜀相毋昭裔的提倡刻書。毋氏刻書可以說為兩宋四川刻書奠定了良好的技術基礎。

二、宋代四川刻印唐人文集的價值

宋代四川刻印的經史子集各部書籍，很受當時藏書家的重視。四川刻書，開版弘朗，字體遒斂，紙張潔白，校勘精審，於兩宋雕版中別具疏朗明快的風格，可與浙本媲美。兩宋時代四川因為承平日久，文物豐盛，所以古書多存善本，因此，四川刻印的書籍，往往最接近古本，可以保留古書的真面目，也可以校正宋以後刻本的謬誤。尤其是四川刻印的唐人文集，校勘精審，故錯字較少。明萬曆以後，刻書者往往校勘不精，譌文誤字，比比皆是。傳世蜀刻本正可以校正後代刻本的謬誤。今舉例說明之：

（一）清陸心源《儀顧堂集·北宋本李太白文集跋》云：

> 《李太白文集》三十卷，每頁二十二行，每行二十字，即吳門廖武子刊本所從出也。廖本摹刊精工，幾欲亂真，愚竊謂行款避諱及刊工姓名既一一摹刊宋本，即有誤處亦宜仍之，別為考異註於下，廖本改易既多，譌誤亦不少，且有不照宋本摹刊者。

（二）《中國版刻圖錄·宋刻本近刊元微之文集跋》云：

> 此書明嘉靖三十一年蘇州董氏刻本較通行，董本遇所據底本模糊處，多以己意揣摹填補。此本可正董本誤處甚多。

（三）清瞿鏞《鐵琴銅劍樓藏書目錄·宋刊殘本姚少監詩集跋》云：

> 案此本與毛氏刻本不同，卷一〈送別上〉毛本五十首，此則五十二，卷二〈送別下〉四十三首，此則五十，卷三〈寄贈上〉四十七首，卷四〈寄贈下〉四十四首，此皆作五十。

（四）清黃丕烈《蕘圃藏書題識·宋刻本孫可之文集跋》云：

> 余友顧抱沖得宋刻本於華陽橋顧聽玉家，楮墨精良，首尾完好，真宋刻中上駟，爰從假歸校於毛刻本上，實有佳處，悉為勘定，內卷二卷三與毛刻互倒，自當以宋刻為是，其脫落如卷八〈唐故倉部郎中康公墓誌銘〉「楊嚴」已下二十四字，宋刻獨全。

又國立中央圖書館藏《權載之文集》卷四十三至五十，可見權集有五十卷，然現今流傳之《權文公集》僅十卷，相差竟達四十卷之多。吾人研究唐代文集，蜀刻唐人文集自有它的價值存在。

三、今尚傳世的蜀刻唐人文集

據陳振孫《直齋書錄解題》，知兩宋時代四川曾刻了唐人六十家集。惟世代遼遠，古籍殘缺，資料不足，究竟刻了哪六十家集，今已無從詳考。本篇僅介紹現存的蜀刻唐人文集。今尚傳世的蜀刻唐人文集有兩個系統，今分別敘述於下：

（一）十一行二十字本，今存駱賓王、李太白、王摩詰三集，都是北宋刻本。

1.《駱賓王文集》十卷（圖一）

唐駱賓王撰。《直齋書錄解題》有蜀本《駱賓王文集》，明末毛晉汲古閣所藏駱集，即此北宋蜀刻十一行本。

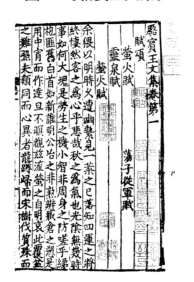

圖一：《駱賓王文集》

清楊紹和《楹書隅錄》云：

> 此本與予藏王摩詰集，皆半葉十一行，行二十字，所謂北宋蜀本也。卷中有宋本甲毛晉私印、毛晉書印、子晉汲古主人、汲古閣、汲古得修綆、開卷一樂、魯可圭圖書各印。卷第六至末汲古閣毛鈔補極佳。

《中國版刻圖錄》著錄此刻云：

> 匡高一八・一厘米，廣一○・三厘米。十一行，行二十字。白口，左右雙邊。

> 顧廣圻據郗雲卿序文「賓王與徐嗣業廣陵起義，不捷逃遁，致文集散失」，與直齋所稱蜀本合，因定爲蜀刻本。今觀字體刀法，知爲蜀本無疑。宋諱缺筆至遘、溝字（溝字或不缺）。卷六至卷十毛氏汲古閣影宋抄補。

由此可知，北宋蜀刻《駱賓王文集》，今尚存殘帙，其卷六至卷十爲毛氏汲古閣影宋抄配。

案現今流傳之駱丞集僅四卷，乃後人所輯。《新、舊唐書》著錄《駱賓王文集》皆作十卷，與蜀本合。由此可見蜀刻本較爲接近古本。

2.《李太白文集》三十卷（圖二）

唐李白撰。宋晁公武《郡齋讀書志》及陳振孫《直齋書錄解題》都提到

蜀本《李太白文集》。

　　清陸心源藏有此刻，他在《儀顧堂集》裡曾說：

圖二：《李太白文集》

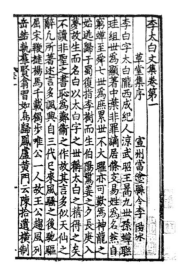

> 是書有「乾學之印」四字白文方印、「王氏敬美」白文方印、「崑山徐氏家藏」朱文長方印、「錢應庚」白文方印、「南金」朱文方印、「丕烈」、「蕘夫」兩朱文小方印。元豐距今九百餘年，屢經王敬美、徐乾學、黃丕烈、錢應庚諸家收藏，完善如新，可寶也。

《中國版刻圖錄》著錄此刻云：

> 匡高一七‧九厘米，廣一〇‧三厘米。十一行，行二十字。白口，左右雙邊。

> 前人定此本為北宋元豐三年晏處善平江府刻本，絕非事實。宋諱搆字有避有不避，構、慎字都不缺筆。卷十五至二十四原缺，前人據康熙五十六年繆曰芑刻本配全。此為李集傳世最古刻本。

由此可知，北宋蜀刻《李太白文集》，今尚存，惟缺卷十五至二十四，以繆本配全，已非陸氏所言完善如新。

　　3.《王摩詰文集》十卷〔圖三〕

　　唐王維撰。《直齋書錄解題》有蜀本《王摩詰文集》。

　　王維的文集，宋代刻了二種，蜀刻本曰《王摩詰文集》，建昌本曰《王右丞集》。清楊紹和《楹書隅錄》云：

> 右《王摩詰文集》十卷，每卷有「二泉主人聽松風處」、「子京項墨林鑒賞章」、「宋本甲」等印，第五卷有款云「袁褧觀」及「袁氏尚之」印，今藏汪氏藝芸書舍，與前收《讀書敏求記》所藏《王右丞文集》皆宋本，而迥乎不合。

又云：

> 可知卷第敘次雖以建昌本為勝，而此本乃北宋開雕，其間佳處實建昌本所從出之源，宋槧中之最古者矣。

《中國版刻圖錄》著錄此刻云：

> 匡高一七‧九厘米，廣一〇‧三厘米。十一行，行二十字。白口，

左右雙邊。顧廣圻據《直齋書錄解題》定爲蜀本，觀版式刀法，與
《李太白集》、《駱賓王集》如出一轍，知爲蜀本無疑。宋諱構字不
缺筆。前人定爲北宋本，大致可信。

由此可知，北宋蜀刻本《王摩詰文集》，今尚存。

圖三：《王摩詰文集》

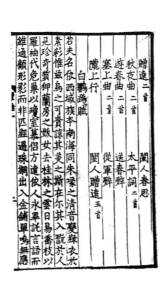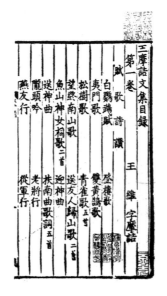

　　上述三種北宋蜀刻本唐人文集均爲傳世最古的刻本，最能保留原書的面
貌，亦可更正宋以後刻本的許多錯誤。

　　（二）十二行二十一字本，約刻於南宋中葉，此刻元時爲翰林國史院官
書，清初均爲潁川劉體仁藏書，故書中均有「翰林國史院官書」朱文長方印，
「劉印體仁」白文方印，「潁川劉考功藏書印」朱文方印，「公㦤」朱文方印，
「公㦤父」白文方印。相傳當時藏有三十種，散見於清代以來各藏書家書目
者尚有二十餘種，惟今尚傳世可考者僅十二種而已。

　　1.《孟浩然詩集》三卷（圖四）

　　唐孟浩然撰。清黃丕烈《蕘圃藏書題識》云：

　　　　至於此刻爲南宋初刻，類此版式唐人文集不下數十種，余所藏者有
　　　　劉隨州、劉賓客，余所見者有姚少監、韓昌黎，皆有國史院官書長
　　　　方印，然皆殘闕過半，究不若此本之爲全璧也。

清楊紹和《楹書隅錄》、王文進《文祿堂訪書記》、潘宗周《寶禮堂宋本書錄》

著錄此刻均有「黃丕烈」、「復翁」、「百宋一廛」、「士禮居」、「汪士鐘」、「閬源」等印。

《中國版刻圖錄》著錄此刻云：

> 匡高一九‧四厘米，廣一三‧五厘米。十二行，行二十一字。白口，
> 左右雙邊。集分上中下卷，與明刻本分體編次，他本按題目內容分
> 類都不同。宋諱驚、恆二字缺筆。細審字體刀法，當是南宋中期蜀
> 刻本。黃氏士禮居舊藏，《百宋一廛賦》著錄。

由此可知，傳世蜀刻《孟浩然詩集》僅此一本，黃氏士禮居舊藏，至今尚存。

圖四：《孟浩然詩集》

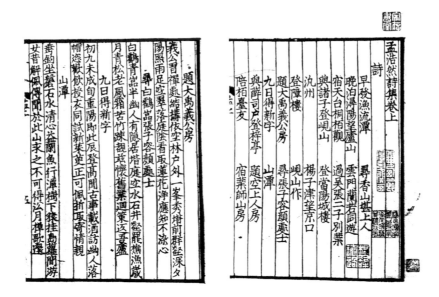

2. 《權載之文集》五十卷（圖五）

唐權德輿撰。國立中央圖書館藏有蜀刻《權載之文集》，殘存卷四十三至五十，凡八卷。版匡高一九‧九公分，寬一四‧三公分。每半葉十二行，行二十一字。版心白口，宋諱玄、弦、恆、貞字缺筆。書中鈐有「翰林國史院官書」朱文長方印、「劉印體仁」白文方印、「潁川劉考功藏書印」朱文方印。

案世所傳權集皆明楊慎所收詩賦十卷，即《四庫全書本‧權文公集》，《提要》云：

> 王士禛《居易錄》載《權文公集》五十卷……稱無錫顧宸藏本，劉
> 體仁之子凡寫之以貽士禛者。

由此可知，宋蜀刻《權載之文集》五十卷，清初尚存全帙。至今中央圖書館
所藏者僅殘存八卷。

圖五：《權載之文集》　　　　圖六：《張文昌文集》

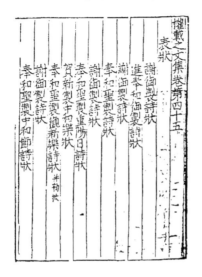
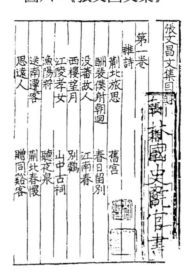

3. 《張文昌文集》四卷（圖六）

唐張籍撰。王文進《文祿堂訪書記》著錄此刻云：

> 宋蜀刻本，半葉十二行，行二十一字，白口，計五十五葉，有「翰
> 林國史院官書」長方印，劉體仁「潁川劉考功藏書印」。

《續古逸叢書》有影宋本《張文昌文集》四卷，半葉十二行，行二十一
字，白口，單魚尾（下記文昌幾），左右雙欄，首目錄，有「翰林國史院官書」、
「劉印體仁」、「潁川劉考功藏書印」、「公惠」等印。

4. 《皇甫持正文集》六卷（圖七）

唐皇甫湜撰。潘宗周《寶禮堂宋本書錄》著錄此刻云：

> 諸家著錄卷數均同，則存於世者僅有此本。是爲蜀中所刻，……今
> 此尚爲完帙，卷首有總目，每卷有篇目，目連正文，版印絕精，殊
> 爲可寶，惟前後無序跋，又剜改多至數十字，不知何因，殊爲疵纇。
> 版式：半葉十二行，行二十一字，左右雙欄，版心白口，單魚尾，
> 書名題正幾。宋諱：玄、眩、弦、炫、朗、弘、貞、桓、慎、敦等

字闕筆。藏印：「翰林國史院官書」、「劉印體仁」、「潁川鎦考功藏書印」、「公惠」。

由此可知，傳世蜀刻《皇甫持正文集》，僅此一部，尚存全帙，為潘氏寶禮堂舊藏。《四部叢刊初編》及《續古逸叢書》有影宋本《皇甫持正文集》六卷，版式行款宋諱藏印均與寶禮堂藏本相同。

圖七：《皇甫持正文集》　　　　圖八：《歐陽行周文集》

5. 《歐陽行周文集》十卷（圖八）

唐歐陽詹撰。國立中央圖書館有宋蜀刻本《歐陽行周文集》十卷二冊，版匡高一九‧九公分，寬一四‧三公分。首載李貽孫序，每半葉十二行，行二十一字。版心白口，宋諱玄、泫、絃、驚、弘、殷、筐、恆、貞、禎、徵、敦、噭等字缺筆。每卷有目錄連屬正文。書中鈐有「翰林國史院官書」朱文長方印、「劉印體仁」白文方印、「潁川劉考功藏書印」朱文方印、「公惠」朱文方印、「公惠父」白文方印。

6. 《孟東野文集》十卷（圖九）

唐孟郊撰。清黃蕘圃《藏書題識》云：

此殘宋刻《孟東野文集》十卷本，目錄尚全，後五卷失之，或云是蜀本，余以字形核之，當不謬也。是書出無錫故家，去夏已聞之，獲觀者相傳卷中有「翰林國史院官書」朱記，余即斷以為宋刻，蓋余家藏有二劉及孟浩然，周丈香嚴藏有姚合諸集，同此字形，並同

此記，故信之也。迨今四月始見而購
之，用白金五兩四錢，欣喜之至。

《中國版刻圖錄》著錄此刻云：

匡高一九·五厘米，廣一三·四厘米。
十二行，行二十一字。白口，左右雙
邊。原書十卷，存卷一至卷五，凡五
卷，編次與北宋以下諸本均合。

由此可知，傳世蜀刻《孟東野文集》殘存五
卷，黃氏士禮居舊藏，至今尚存。

7.《李長吉文集》四卷（圖十）

唐李賀撰。《中國版刻圖錄》著錄此刻
云：

匡高一九·五厘米，廣一三·六厘米。
十二行，行二十一字。白口，左右雙邊。此本文字與南宋初葉宣城
刻未剜改本同一系統，於此可見李詩古本面貌。

由此可知，南宋蜀刻《李長吉文集》，今尚存。《續古逸叢書》有影印本，亦
半葉十二行，行二十一字，白口，左右雙欄，單魚尾（下記吉幾）。有「翰林
國史院官書」、「潁川劉考功藏書印」、「公惠」等印。

圖九：《孟東野文集》

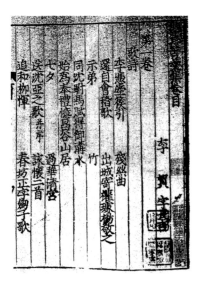

圖十：《李長吉文集》

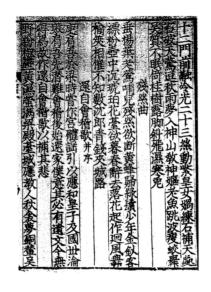

8.《新刊元微之文集》六十卷（圖十一）

唐元稹撰。傅增湘〈校宋蜀本元微之文　　圖十一：《新刊元微之文集》
集十卷跋〉云：

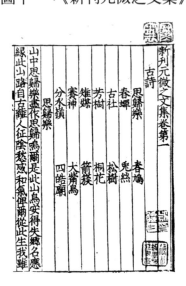

> 元集殘本十卷，慈谿李氏所藏，存卷
> 五十一至六十凡十卷。……原本每半
> 葉十二行，每行二十一字不等。白
> 口，左右雙欄。中縫但記微之幾十
> 幾，而無字數及刊工姓名。板高約六
> 寸四分，闊四寸七八分。字體古勁，
> 與余所藏之《冊府元龜》、《二百家名
> 賢文粹》字體刻工絕相類。且桓構字
> 皆不避，當爲北宋刻本。其中敦字間
> 有缺筆者，則後印時所刊落也。收藏
> 有元「翰林國史院官書」楷書朱記，
> 又有劉功戩印。

案蜀刻十二行本唐人文集，宋諱皆避至敦字，知爲南宋中葉所刻。傅氏定爲
北宋刻本，當不可信。

《中國版刻圖錄》著錄此刻云：

> 匡高一九·六厘米，廣一三·四厘米。十二行，行二十一字。白口，
> 左右雙邊。宋諱缺筆至敦字。原書六十卷，存卷一至卷十四，卷五
> 十一至六十，凡二十四卷。此書明嘉靖三十一年蘇州董氏刻本較通
> 行。董本遇所據底本模糊處，多以己意揣摹填補。此本可正董本誤
> 處甚多。元集，宋乾道間洪適刻於越州。此本刊行時代稍後於洪本，
> 與洪本爲同一系統。

由此可知，宋蜀刻《元微之文集》，尚殘存二十四卷（其中卷五十一至卷六十，
當即傅氏所見本）。

9.《許用晦文集》二卷《拾遺》二卷（圖十二）

唐許渾撰。《文祿堂訪書記》有《許用晦文集》二卷《總錄》一卷《拾遺》
二卷，云：

> 唐許渾撰，宋蜀刻本，半葉十二行，行二十一字，白口，計八十七
> 葉，有翰林國史院長方印、劉體仁、潁川劉考功藏書印。

《續古逸叢書》有影印本，亦半葉十二行，行二十一字，白口，左右雙欄，單魚尾（下題用上或許渾上或許上，許文下，許文拾遺，許文拾遺詩），有「翰林國史院官書」、「劉印體仁」、「潁川劉考功藏書印」諸印。

圖十二：《許用晦文集》　　　　圖十三：《孫可之文集》

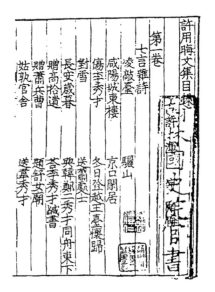 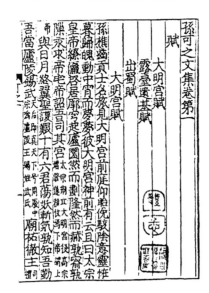

10.《孫可之文集》十卷（圖十三）

唐孫樵撰。清楊紹和《楹書隅錄》云：

予齋藏唐人集二十餘種，皆宋元槧之致佳者，而浩然昌黎兩集並此本，同出一刻，尤精古絕倫，蓋即復翁云：南宋初年鋟版者也。

此本即南宋中葉蜀刻本。王文進所見到的有「宋本印」、「顧千里經眼記」、「汪士鐘」、「楊以增字益之又字至堂晚號冬樵宋存書室印」諸印，知爲楊氏海源閣舊藏。《續古逸叢書》有影印本，半葉十二行，行二十一字，白口，左右雙欄，單魚尾（下記可之幾）。前有中和四年自序，首尾有「翰林國史院官書」長方印。卷一有「體」、「公」、「潁川鎦考功藏書印」諸印。

11.《鄭守愚文集》三卷（圖十四）

唐鄭谷撰。《文祿堂訪書記》著錄此刻云：

唐鄭谷撰，宋蜀刻本，次題「雲台編」，半葉十二行，行十九至二十一字，白口，乾寧甲寅自序，計五十六葉，有「翰林國史院官書」長方印，「劉體仁印」。

圖十四：《鄭守愚文集》

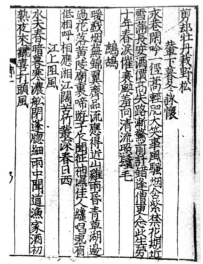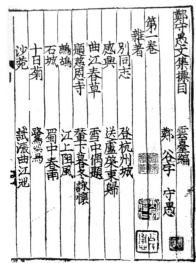

《中國版刻圖錄》著錄此刻云：

> 匡高一九‧五厘米，廣一三‧五厘米。十二行，行二十一字。白口，
> 左右雙邊。序目前題下題「雲台編」，與他本逕題「雲台編」不同。
> 分卷編次與近本都合。

由此可知，宋蜀刻《鄭守愚文集》，至今尚存。《四部叢刊續編》及《續古
逸叢書》有影印本，亦半葉十二行，行二十
一字，白口，左右雙欄，單魚尾（下題鄭幾
或谷幾），前後有「翰林國史院官書」朱文長
方印，前序文下又有「潁川劉考功藏書印」。

　　12. 《司空表聖文集》十卷（圖十五）

　　唐司空圖撰。《文祿堂訪書記》著錄此刻
云：

圖十五：《司空表聖文集》

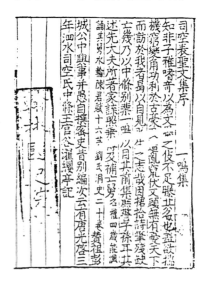

> 唐司空圖撰，宋蜀刻本，次題「一鳴
> 集」，半葉十二行，行二十一字，白
> 口，計八十四葉，有「翰林國史院官
> 書」長方印，「劉體仁」、「潁川劉考
> 功藏書印」。

傳增湘《雙鑑樓善本書目》有宋刊本《司空

表聖文集》十卷，與《文祿堂訪書記》所著錄者相同。由此可知，宋蜀刻《司空表聖文集》，至民初尚存。《續古逸叢書》有影印本，亦半葉十二行，行二十一字，白口，左右雙欄，單魚尾（下記一鳴幾），前有〈司空表聖文集序〉。

今尚傳世的南宋中葉蜀刻十二行本唐人文集僅此十二種而已，此刻刻印俱佳，且校勘精審，可以更正後代刻本的謬誤，尤其是明正德本及毛晉汲古閣本錯誤脫落甚多，研究唐人文集者不可不慎重地選擇版本。

（本文原載《故宮文物月刊》第二卷第七期，1984 年 10 月）

談宋刻施顧東坡詩註

　　宋人註東坡先生詩，流傳至今的有兩種：一爲宋代書賈託名王十朋的《王狀元集百家註分類東坡先生詩》二十五卷，此本雖爲坊肆陋書，然自元代以後流傳甚廣。一爲施元之施宿父子及顧禧三人合註的《東坡先生詩》四十二卷，舊稱施顧註蘇詩，是部有名的蘇詩註，此本遠勝僞王註本，前人已有定評。惟流傳不廣，清初以來，只有殘本，未見全帙。康熙間，宋犖購得嘉定殘本三十卷，乃命其子宋山言與邵長蘅共同刪補，刪削竄亂，面目全非，此即坊間通行的施註蘇詩。這部書流傳甚廣，有宋犖原刻本、乾隆間刊古香齋十種本、光緒中南海孔氏覆刻古香齋本、民國上海文瑞樓照像石印宋犖本、台灣廣文書局影印孔氏本。一般讀蘇詩者，多用這個本子。但是這部書編纂態度草率敷衍，對原書極不忠實，葉德輝認爲此書「無知妄作，厚誣古人」(《郋園讀書志》卷八)。爲了研究蘇詩，想認識東坡一生事跡，明瞭各篇詩的旨意，一定要讀原書，欲讀原書只有求之宋刊殘本。茲略述施顧註東坡詩的刊印及流傳，嘉定本及景定本的藏弆源流及現狀，供讀者參考。

一、施顧註東坡詩的刊印

　　據鄭師因百先生的考證，推定句註及題下註完成於淳熙三年至八年之間，爲施元之與顧禧二人合作。施宿作題左註及東坡年譜則開始於嘉定元年春夏間，完成於嘉定二年中秋。

　　此書刊印年代，清以前人未曾提及，清代則有兩說。一爲嘉泰二年，持此說者爲宋犖及翁方綱，以《渭南集》陸放翁嘉泰二年序爲證，後來學者論著及國立中央圖書館編目皆從其說。一爲嘉定間，持此說者爲馮應榴，但馮氏既不能確定年分，又未能提出證據。鄭師則認爲此書刊印於嘉定六年

（1213）。其證有四：一題左註脫稿於嘉定二年，嘉泰時全書尚未完成。二施宿自撰跋文中兩次說「今所刊」，而跋尾所署年月爲嘉定六年中秋日。三據周密《癸辛雜識別集》上卷「施武子被劾」條，施宿刻此書於其晚年爲淮東倉曹時。而宿官淮東在嘉定五、六年。四原書卷三十八〈次韻鄭介夫〉詩題左註有「嘉定六年賜諡忠介」之語，刊印自不能遠在其年之前。以上是此書刊印於嘉定六年之確據，今從其說，稱此刻爲嘉定本。

此書乃施宿爲淮東倉曹時所刻，故又稱爲淮東倉司刊本。施宿去職後，版片仍存在淮東倉司。到了景定三年（1262），有一位蘇州人鄭羽，來到泰州提舉淮東常平茶鹽。這時上距嘉定六年首次刊印正好五十年，鄭羽見到嘉定六年所刊的施顧註蘇詩版片已有若干模糊不清，於是召集工匠，補修重刻，此即景定修補本。此本卷四十二後面有鄭羽的跋文，其文云：

> 坡詩多本，獨淮東倉司所刊，明淨端楷，爲有識所寶。羽承之于茲。暇日偶取觀。汰其字之漫者大小七萬一千五百七十七，計一百七十九板，命工重梓。他時板浸古，漫字浸多，後之人好事必有賢於羽者矣。景定壬戌中元，吳門鄭羽題。

從此篇跋文可以知道修補的大致經過。補版大約爲原版的十分之一，換句話說，景定本有十分之九是原版。宋末，元兵入侵，淮東淪爲戰場，這部書的版片遂不可問。元明兩朝未聞翻刻，清以後所刻施顧註蘇詩，已非宋刊本之原來面目。

二、施顧註東坡詩的流傳情形

此書流傳甚罕，元明兩朝沒有人提到此書，只有現存的嘉定本有明人安國的收藏印記。入清以後，可知者僅有數本，且多殘帙。今據清代藏書家的記載，略述於後：

（一）錢謙益絳雲樓藏本

《絳雲樓書目》卷三著錄：「宋板東坡詩集施註四十二卷，又年譜目錄各一卷。」絳雲樓藏書於順治七年失火被焚，此書已燼於絳雲樓之火。

（二）毛晉汲古閣藏本

吳騫《拜經樓詩話》云：

> 宋牧仲（犖）在吳中得宋刻施註，蓋是琴川毛氏藏本，中缺數卷。……當時惟琴川錢氏有足本，毛子晉每欲借鈔補全，靳而不予，

後遂付之祝融，世間竟不聞有全本矣。

此本現藏於國立中央圖書館（詳後）。

（三）徐乾學傳是樓藏本

鄭元慶《湖錄・經籍考》卷六云：

> 施註蘇詩，傳是樓有宋刊本，殘缺不全。予友吳閶張敏求借鈔之，
> 缺第二十六、第三十一、第三十五、第三十九、第四十、第四十二。
> 云尚有四卷在顧俠君（嗣立）處，近借與查悔餘，當訪之。

查悔餘即補註蘇詩之查慎行，查氏補註例略云：「施氏本又多殘脫，近從吳中借鈔一本。」或即此本。此本今已不知下落。

（四）怡府安樂堂藏本

此本後爲常熟翁氏所藏，藝文印書館據之影印（詳後）。

（五）鮑廷博知不足齋藏本

吳騫《拜經樓詩話》云：「嘗見知不足齋有宋版半部，其註較近刻尙多十三四。」近刻即邵長蘅刪補本。此本今已不知下落。

（六）黃丕烈士禮居藏本

此本僅存卷四十一及卷四十二，即《和陶詩》兩卷，原爲周錫瓚藏本（見《菦圃藏書題識》卷八）。後歸聊城海源閣、秋浦周叔弢，今尙存。

（七）繆荃孫藝風藏本

傅增湘《藏園羣書題記》卷六〈宋刊施顧註蘇詩跋〉云：

> 余所見者尚有殘本兩帙：一爲繆藝風所藏，存卷十一、十二、二十
> 五、二十六，凡四卷，今歸南潯劉君翰怡（劉氏嘉業堂），而影寫副
> 本則歸余齋。一爲海源閣所藏，存卷四十二、四十三，凡兩卷，爲
> 《和陶詩》（按和陶詩爲卷四十一、四十二，傅氏誤），曾庋士禮居
> 陶室中。今歸秋浦周君叔弢。

此本今尙存。

根據以上資料，此本在今日，僅有殘帙四部而已。

三、嘉定本的藏弆源流及其現狀

嘉定本的藏弆源流，屈師翼鵬先生的〈跋國立中央圖書館藏宋刊本注東坡先生詩〉一文，考之甚詳；鄭師因百先生〈宋刊施顧註東坡詩提要〉一文

亦依照收藏者的時代次序作成簡表。今依據上述兩種資料，略述於後：

就印記考之，知本書嘉靖間藏錫山安國桂坡館，此書在安國手中是否完全，不得而知。明末，歸虞山毛氏汲古閣，至此已是殘本，詳前，然不知存卷多少。康熙三十八年以前，爲商邱宋牧仲購得，存卷三、四、七、十至二十二、二十四、二十五、二十七至三十四、三十七、三十八、四十一、四十二等三十卷，又目錄之下半部。康熙五十四年至五十六年間歸揆敘謙牧堂。乾隆三十八年，歸翁覃溪（方綱），覃溪甚寶之，取其室名曰「寶蘇」，請羅兩峰繪〈蘇齋圖〉及〈東坡笠屐圖〉。從此每年十二月十九日，就招集賓朋，設奠陳書，以拜東坡生日。當時名流，或跋語，或題詩，僅覃溪手跋，即達二十四則之多。道光六年，歸於吳荷屋（榮光）筠清館，荷屋及潘槐堂、何子貞、張石洲等，並有題記。道光十七年，歸於南海潘氏海山仙館，有德畬題詩及李篛汀等識語。道光咸豐間歸漢陽葉潤臣（名澧）。光緒中再轉入沙市鄧詩盦家。光緒末年，詩盦以三千金，售給湘潭袁伯夔（思亮），伯夔當時在京師做官，居西安門，其寓舍失火，此書被焚，書口書腦，頗有損燬。民國以後，此書先歸南海潘宗周，後歸蔣祖詒，蔣氏云：

> 此書焚後，袁氏僅以白紙貼之，厚薄不均，置一木合中。歸吾後，亦姑置之。吳湖帆見之，堅持必須重裱，並介吳中良工劉定之。裝治之費，法幣三百元，其時滬上裱一楹聯，不過一元二角耳。值雖昂，然於此書不無小功。

其後歸張珩，卷三後副頁張氏題識云：

> 余得此書於湘潭袁氏，時經火厄，斷亂零落，猶幸不盡爲六丁取去。因屬善工裝治，年餘始竣。藏之韞輝齋中，並題歲月。丁丑（民國二十六年）六月十八日。

則張氏有冒功之嫌。抗戰期間，乃歸國立中央圖書館。

今國立中央圖書館所藏宋刻施顧《註東坡先生詩》，殘存十九卷二十冊，即目錄下、卷三、四、七、十至十三、十五至二十、二十九、三十二至三十四、三十七、三十八。板匡高二一公分，寬十五‧二公分。每半葉九行，小註雙行，行十六字。白口，左右雙欄，單魚尾。魚尾下題書名及卷數，下記葉數，再下記刻工，因書口燒燬，刻工姓名已不可識。開卷頂格題「註東坡先生詩卷第幾」，次行低八格題「吳興顧氏」。又次行亦低八格題「吳郡顧氏」（圖一）。宋諱及嫌名，如玄、泫、徵、樹、桓、完、構、慇、愼、淳等字，

皆缺末筆。此本雖殘，而每冊前後題識纍纍，凡七十餘家手書題記百餘則（圖二）。又有十一人繪圖（圖三），琳瑯滿目，允稱大觀。各卷前後，徧鈐印記，至無隙地。較著者有：「大明錫山桂坡安國民太氏書畫印」朱文方印、「毛晉書印」白文方印、「汲古得修綆」朱文方印、「謙牧堂藏書記」白文方印、「商邱宋犖牧仲考藏本」朱文長方印、「蘇齋」朱文方印、「蘇齋墨緣」朱文方印、「潘氏德畲珍賞」白文方印、「藏之海仙館」朱文方印、「吳氏學山」朱文方印、「張塤審定」白文方印、「張珩私印」白文方印等。

圖一：宋刻施顧註東坡先生詩

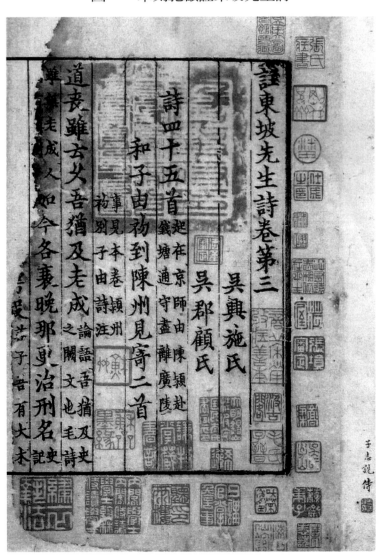

圖二之一：翁方綱題識　　圖二之二：諸家題記　　圖二之三：諸家題記

圖二之四：諸家題記　　圖三之一：東坡畫像　　圖三之二：東坡石刻畫像

四、景定本的藏弆源流及其現狀

　　景定殘本舊藏怡親王府，入藏怡府以前情形不詳，同治十年歸翁文恭同
龢。有文恭手書跋語云：

> 曩嘗於葉潤臣家，得見嘉泰本施顧註蘇詩，歎爲瓌寶。一日坐殿廬
> 中，桂侍郎以怡邸殘書見示，忽覩此本，以二十金購之，前後缺八
> 卷。此雖景定補本，然字畫清勁，粲若明珠，恐人間無復數本矣。

跋後署云：

> 同治十年伏日早退題於東華門酒家常熟翁同龢。（圖四）

文恭故後，子孫世守，現仍由其玄孫翁萬戈珍藏。民國五十八年十月藝文印書館曾據此本影印。此本存卷三、四、十一至十八、二十一至末，共三十二卷，又目錄一卷（小有殘缺）。較現存嘉定本多出卷十四、二十一至二十八、三十、三十一、三十五、三十六、三十九、四十、四十一、四十二等十七卷，又目錄之上半卷；缺少卷七、十、十九、二十等四卷。此本版式行款，皆與嘉定本同。刻工姓名，據書口所記，有周昇、羅振、阮瓊、林春、成玘、曹寶、王遇、周珪、嚴鎬、羅文、戴居仁、呂拱、張慶宗、范先、馬良、章東、阮忠、李嵒、潘雲、馬祖、高永年、周坦、王端禮、阮明、周鎬、周祐、徐珙、丁諒、李信、沈昌、金震、賈裕、包仲、楊先、張世□、林光祖、潘振等。此本末一冊後有鄭羽跋，知爲景定修補本。後面副頁有翁跋及潘祖蔭跋，汪鳴鑾觀款在潘跋後（圖五），沈瑜慶、沈曾桐、王仁東三人觀款瑜慶手書，在首冊後副頁。收藏印章只有怡王府的「安樂堂藏書記」、翁家的「常熟翁同龢藏本」及「翁萬戈鑒賞」，都是朱文長方印（圖六）。末冊後副頁有「龍自然室」朱文方印，則未知何人。此本只有兩則跋文、四個印章，與嘉定本七十餘家手書題記百餘則，印章則「各卷前後，徧鈐印記，至無隙地。」成一強烈對比。

（本文原載《故宮文物月刊》第二卷第十期，1985 年 1 月）

圖四：
景定本翁同龢跋文

吾嘗於葉潤臣家得見嘉泰本施顧注蘇詩歎為瓌寶
一日坐廠肆中桂侍郎以怡邸殘書見視忽睹此本
以二十金購之前後缺八卷此雖景定補本然字畫
清勁粲若明珠恐人間無復數本矣
同治十年伏日平述題於東華門油房寓廬 翁同龢

圖五：潘祖蔭跋、汪鳴鑾觀款

圖六：景定本收藏印記

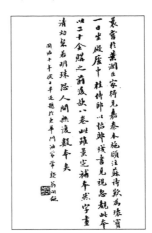

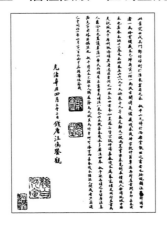

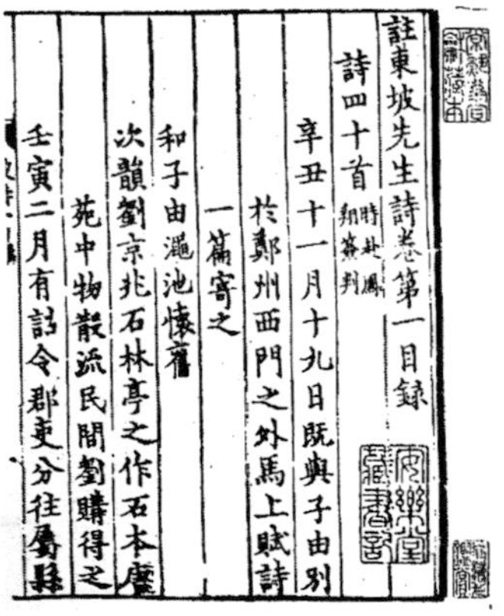
註東坡先生詩卷第一目錄
詩四十首 時赴鳳翔簽判
辛丑十一月十九日既與子由別
於鄭州西門之外馬上賦詩
一篇寄之
和子由澠池懷舊
次韻劉京兆石林亭之作石本慶
苑中物散流民間劉購得之
壬寅二月有詔令郡吏分往屬縣

宋蜀刻《南華眞經》

　　莊周是先秦時代一位傑出的思想家，所著《莊子》一書更是研究道家思想的重要典籍。魏晉之際，學者多以老莊爲清談之資。至唐代則一變而爲神仙，唐代既祖老聃爲玄元皇帝，故亦尊莊子爲南華眞人。玄宗天寶元年，詔號《莊子》爲《南華眞經》，故傳世刻本，有著《莊子》者，亦有稱《南華眞經》者。兩宋時代是中國雕版印刷的全盛時期，當時刊印《莊子》者不知凡幾，清初以來流傳者有宋巾箱本，據《天祿琳琅前編》記載，此本版高不及五寸，紙墨極精，嘉慶初年昭仁殿失火，此書遂燬。涵芬樓得宋刊《莊子》，前六卷爲宋閩本，後四卷爲北宋本，購自日本，後影印入《續古逸叢書》中，其後四卷爲傳世《南華眞經》最古之本，明清藏書家均未嘗目見者。國內藏家如汪氏藝芸精舍舊藏宋鄂州刻本，後歸海源閣；吳荷屋筠清館藏宋建本，此兩本亦世所稀見。除上述各本外，其餘若瞿氏、陸氏及善本書室、持靜齋諸家所載於目錄號爲宋刻本者，皆爲纂圖互注本，出於閩中坊刻，不足珍貴。至於蜀刻本則爲明清藏書家所未見，昔年傅沅叔以高價購得，於民國三十六年歸中央研究院歷史語言研究所，現藏傅斯年圖書館。王師叔岷先生曾據《續古逸叢書》影宋刊本，詳加比勘，撰爲校記，謂卷七以下大都與北宋本合，傅氏亦謂：「是書雖刊於南渡，而其源仍出北宋善本。」茲略述宋蜀刻本《南華眞經》的版式行款、收藏源流及其在校勘上的價值。

一、蜀刻本之版式行款

　　中央研究院傅斯年圖書館所藏《南華眞經》十卷十冊，爲南宋初蜀中刊本，半葉九行，行十五字，注雙行，行三十字。左右雙欄，版心白口，單魚

尾，魚尾下記莊一、莊二等字，每卷標題後次行頂格標篇名，三行低七格題郭象注（圖一）。版心下刊工姓名多殘損，可辨者有毋成、張小四、張八、程小六、李珍、趙順、李上、小茲諸人，又開、楊、鄧、彥、亮等一字。宋諱玄、弘、殷、匡、貞、構、愼等字，皆缺末筆，爲字不成，沅叔先生跋語，斷爲孝宗時所刻。注後音義與陸氏《釋文》不同，極簡略。首郭象序，卷末有牌記二行云：「安仁趙諫議宅刊行一樣□子」（案子字上挖去一字）（圖二）。卷九〈讓王篇〉缺十四至十七四葉，以明世德堂本鈔補。首册後有近人胡嗣瑗手書題記、傅增湘題藏書詩；末冊有傅氏手跋二通（圖三）。書中有「藏園秘籍孤本」、「江安傅增湘沅叔珍藏」、「沅叔審定」、「雙鑑樓珍藏印」、「藏園」等印。

圖一：《南華真經》

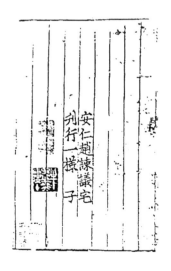

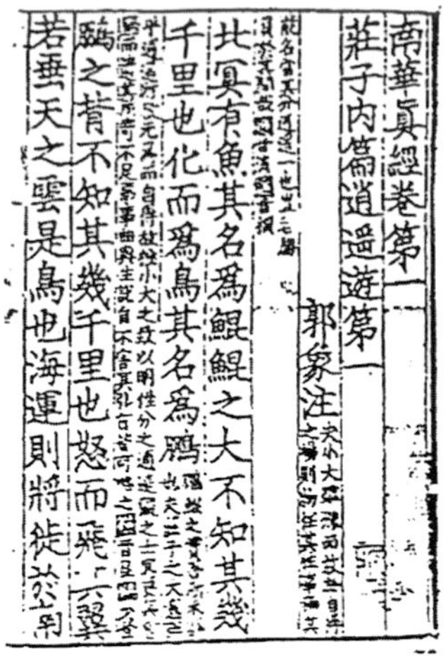
南華眞經卷第一
莊子內篇逍遙遊第一　郭象注
北冥有魚其名爲鯤鯤之大不知其幾
千里也化而爲鳥其名爲鵬
鵬之背不知其幾千里也怒而飛
若垂天之雲是鳥也海運則將徙於南

圖二：《南華真經》卷末題記

安仁趙諫議宅
刊行一樣　子

圖三：傅氏手跋二通之一

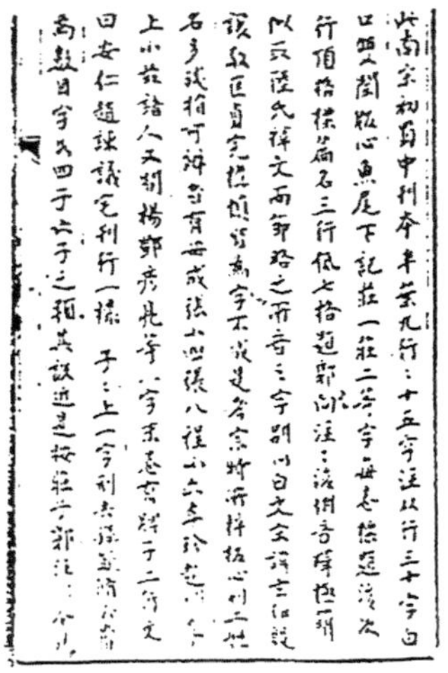

二、蜀刻本之收藏源流

蜀刻《南華眞經》爲古今藏書家所未見，歷代藏書目錄未見標稱，各卷鈐印，概經刓滅，以致流傳端緒，渺不可得。民國以來，僅王文進《文祿堂訪書記》著錄云：

晉郭象注，宋蜀刻大字本，半葉九行，行十五字，注雙行三十字。
白口，板心刊莊幾，下記刊工姓名：程小六、陳小八、小茲、毋成、
李上、李珍、張四、張八、趙順、小八、小四、鄧、趙、程、彥、
亮、上、三、謝。注後音義與陸氏《釋文》不同，極簡略。首郭序，
卷末刊「安仁趙諫議宅刊行一樣□子」二行，宋諱避至愼字，計三
百十九葉，補鈔卷三第三葉（案三爲二之誤），卷九第十四至十七葉，
有「半哭半笑樓印」。

王氏所見即今傅斯年圖書館所藏本。此本乃中央研究院歷史語言研究所於民
國三十六年夏，購自于江安傅沅叔先生，故書中所鈐印章，均爲傅氏藏書之
印，卷冊後有傅氏題藏書詩十首（圖四），末冊有傅氏手跋二通。其跋文云：

> 蜀刻本爲古今藏書家所未見，余辛亥（宣統三年）冬以南北議和留
> 滯上海，曾見沈寶硯（巖）手校宋本，所據爲安仁趙諫議本，嗣歸
> 於涵芬樓，余假出臨校於世德堂本，未得終卷而罷，然緣此知《莊
> 子》自世傳數本外又有趙諫議本矣。壬子（民國元年）春聞有宋刻
> 《莊子》出於滬肆，亟訪藝風老人詢之，云正是趙諫議本，以倉卒
> 寓目祇影寫首葉存之，即刻入宋元書影者是也。余遣人四索渺然無
> 蹤，悵惘彌日，後探知此書出秣陵張幼樵家，以兵亂散出，幼樵之
> 書多得之外舅朱子清宗丞，宗丞久官京曹，日游廠市，怡府藏書散
> 出時多獲古本秘籍，此或其中之一鱗耶？旋聞歸於秦中某君，嚴鐍

圖四：傅氏題藏書詩十首

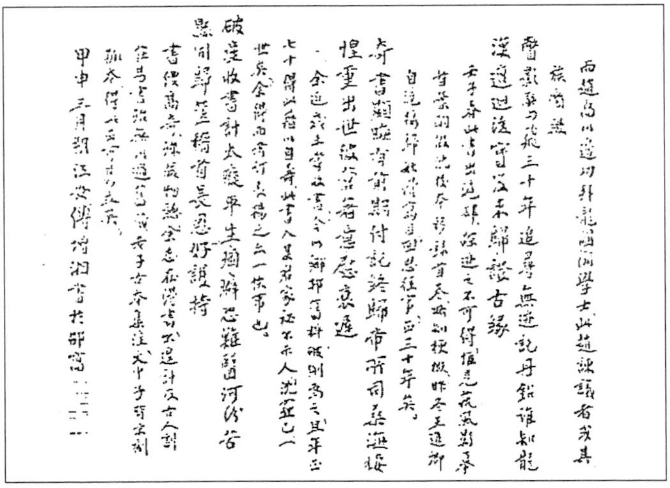

> 深鐭，秘不示人，近歲主人遠游，笘鑰偶疏，流出坊肆，爲文祿堂
> 王晉卿所得……觀其字體堅勁，鑴工樸厚，望而辨爲蜀刻。……藏
> 園丙部不乏古刊，惟《南華》獨付闕如，況蜀中刻梓在天水一朝號
> 爲精善，與杭汴並稱，……今是書卷帙完善（案卷九〈讓王篇〉缺
> 四葉，傅氏未詳加翻檢），楮墨精良，既爲人士必讀之編，更屬生平
> 未見之本，……遂毅然舉債收之。

由此可以略知此本之收藏源流。據傅氏所見，此書以異本孤行，數百年來傳世者僅存此帙，今藏傅斯年圖書館，亦彌足珍貴。

三、蜀刻本在校勘上的價值

王師叔岷先生曾據《續古逸叢書》影宋刊本（卷一至六南宋本，卷七至十北宋本），詳加比勘，撰《南宋蜀本南華眞經校記》（《史語所集刊》第二十本上冊，1948 年）。王師謂蜀刻本卷七以下，即〈達生篇〉以下，大都與北宋本合。今舉數段王師之校記，以見一斑。

《莊子·內篇逍遙遊第一》
摶扶搖而上者九萬里。
　　蜀本摶作搏，是也。
搶榆枋。
　　蜀本搶作槍，是也。
《莊子·內篇齊物論第二》
夫吹萬不同，而使其自已也。
　　蜀本已作己，是也。
爲其脗合。
　　蜀本脗作脣，是也。
《莊子·內篇養生主第三》
所見无非牛者。
　　蜀本牛上有全字。
《莊子·內篇德充符第五》
氾而若辭。
　　蜀本而若作若而，是也。
《莊子·外篇天地第十二》
且若是，則其自爲邌，危其觀臺。

蜀本遽作處，是也。

《莊子‧外篇天運第十四》

夫至樂者，先應之以人事，順之以天理，行之以五德，應之以自然。然後調理四時，太和萬物。

蜀本無此三十五字，是也。此乃成疏竄入正文者。

《莊子‧外篇秋水第十七》

仰而視曰：嚇！

蜀本視下有之字，是也。

以上乃《續古逸叢書》影南宋本（卷一至六）與蜀刻本不同之處，足見蜀刻校勘之精審。

傅氏跋語云：「余取世德堂本卷十，對勘改訂至數十字……皆與涵芬樓之北宋本合，是雖刊於南渡，而其源仍出北宋善本，較閩中刻本及纂圖互注坊本，大有霄壤之判矣。」則蜀刻本可以更正傳世刻本的種種謬誤。

至於天運篇「夫至樂者……太和萬物」七句三十五字，傅氏跋語云：

> 蓋此節文義推之上文：「奏之以文，徵之以天，行之以禮義，建之以太清」，審其詞意固已完足，此下又言：「先應之以人事，順之以天理，行之以五德，應之以自然。然後調理四時，太和萬物。」正以發明上文四句之義，上爲經文，下爲註語，兩相比勘，昭然可見，若同爲正文，不幾於繁複乎？余疑此七句必註語之誤入經文者，故世行本有之而古本不載。

又云：

> 近見敦煌石室唐人寫本〈天運篇〉正無此三十五字，始知古來卷子本相傳無是，爲之忻快無量，於是旁搜博考於《道藏》本，又得數證焉。檢正統《道藏》貞字號《南華眞經》無注本、惡字號王元澤《南華眞經新傳》，皆無此三十五字，是蜀刻源於古本，足以據依審矣。……偶閱唐成玄英《南華眞經註疏》，其〈天運篇〉中此三十五字宛然在焉。是此文乃成氏疏中語，故北宋時如王雱《新傳》尚遵古本，未經攪雜，至南渡展轉刻傳，遂舉此註混入正文。

蜀刻源於古本，由此可證。則蜀刻本《南華眞經》在校勘上之價值，自不待言。研究《莊子》者，不可不讀此本。

（本文原載《故宮文物月刊》第三卷第三期，1985 年 4 月）

北宋蜀刻小字本《冊府元龜》

　　宋眞宗景德二年（1005）九月丁卯（二十二日）命刑部侍郎資政殿學士王欽若、右司諫知制誥楊億修歷代君臣事跡。於是欽若等奏請：以太僕少卿直祕閣錢惟演、都官郎中直祕閣龍圖閣待制杜鎬……等同編修。開館於崇文院宣徽南院廳，諸儒博搜廣取，凡八年，至大中祥符六年（1013）成一千卷，上之。全書共三十一部，部有總序，一千一百四門，門有小序。外目錄音義各十卷，眞宗賜名《冊府元龜》。當時纂定諸儒李維、錢惟演、陳彭年、劉筠、夏竦等皆一時該博之士，而楊億尤爲一代文豪，書中篇序復經其潤色改定，故各部門序文，詞達理暢、溫麗爾雅，可謂藝林巨觀。惟此《冊府元龜》今日通行之本乃明崇禎十五年黃國琦刻本及清康熙十一年五繡堂補刻本，而譌誤舛謬幾不可讀。宋刻傳世者僅有殘本，一爲北宋監本，此本標題《新刊監本冊府元龜》，清張金吾藏有殘帙卷二百四十九至二百五十四、二百六十一、二百六十二、二百七十六凡九卷。張氏《愛日精廬藏書志》卷二十六云：

> 鈐宋璽二，曰「御府圖書」曰「緝熙殿寶」；鈐明璽一曰「文淵閣印」；蓋宋明兩朝內府舊藏本也。明中葉以後，文淵閣書漸次散失，是數卷者歸汲古閣毛氏，列之祕本書目。年更二百，轉易數主，故物依然，仍歸吾邑，謂非有神物護持不至此。每葉二十六行，行二十六字。

今此殘本，已不知流落何處？一爲北宋蜀刻本，尚有殘本傳世。茲略述此刻《冊府元龜》之流傳情形、台灣存藏現況及其在校勘上的價值。

一、北宋蜀刻本之流傳情形

北宋蜀刻小字本《冊府元龜》今已殘缺不全，惟散見於近代各公私藏書目錄，茲分述於左，亦可見此本流傳之梗概。

瞿鏞《鐵琴銅劍樓藏書目錄》卷十七有宋刊殘《冊府元龜》五卷，云：

> 此北宋刊本，存一冊，起卷九百一至九百五。每半葉十四行，行二十四字，字體方勁精好，卷中朗、儆、警、驚、殷等字減筆，而徵、讓、署俱不減，當是祥符書成後最初刊本，零璣斷璧，亦足珍也。

瞿氏所藏五卷，依據行款字體，當即北宋蜀刻小字本。

陸心源《皕宋樓藏書志》有北宋刊本《冊府元龜》殘本四百八十三卷，每頁二十八行，行二十四字。存卷一百二十九至一百六十六、一百七十一至一百八十、一百八十二至二百四、五百五至五百三十八、五百四十二至五百六十五、五百六十七至五百七十七、五百八十三至五百九十九、六百四至六百五、六百八至六百六十、六百六十六至七百一、七百六至七百八、七百十七至七百二十、七百二十六至七百三十二、七百三十七至七百三十九、七百四十二至七百五十六、七百六十一至七百九十一、七百九十六至八百、八百三至八百六、八百十一至八百十二、八百十五至八百六十五、八百七十六至九百、九百六至九百三十三、九百三十六至九百三十八、九百四十至九百四十二、九百四十四至九百四十七、九百五十至九百五十六、九百六十七至一千。今世所傳北宋蜀刻小字本《冊府元龜》，以陸氏皕宋樓所藏最多，惟陸氏歿後，其子樹藩將所藏書盡售於日本，故此四百八十三卷殘帙，亦歸日本岩崎氏靜嘉堂文庫。

潘宗周《寶禮堂宋本書錄》有《冊府元龜》殘本二冊，云：

> 此為蜀中刊本，存卷二百八十六至二百九十五，凡十卷，均宗室部……。所見宋諱避至神宗嫌名，當為北宋刊本。鐵琴銅劍樓瞿氏有殘本五卷，其藏書志定為祥符書成最初刊本，卻似未確。皕宋樓陸氏收藏宋刻四百七十一卷（案此據陸氏《儀顧堂集·北宋本冊府元龜跋》，《皕宋樓藏書志》及《靜嘉祕籍志》均作四百八十三卷），今俱流出海外，國內存者才百餘卷，此十卷為諸家所無，亦足珍已。

又「版式：首行題冊府元龜卷第幾，次行低二格宗室部第幾，三行低四格子目第幾。半葉十四行，行二十四字，左右雙欄，版心白口，單魚尾，書名題

冊府幾冊幾府幾。宋諱：玄、炫、詉、衒、朗、朓、敬、驚、儆、竟、弘、殷、恇、貞、楨、戍等字闕筆。藏印：國子監崇文閣官書、借讀者必須愛護損壞闕失典掌者不得收受、晉府書畫之印、敬熹堂圖書印、晉府圖書、子子孫孫永寶用」。

　　傅增湘《雙鑑樓善本書目》有北宋刊本《冊府元龜》五卷，存卷四百四十二、四百四十四、四百四十五、四百八十二、四百八十七。《藏園羣書題記》卷四〈殘宋本冊府元龜跋〉云：

> 十年以來，余銳意欲校《冊府元龜》，搜求海內外所存宋刊本，或取之官庫，或假之私家，下至南北坊肆，殘篇斷葉，靡不網羅。凡所經眼，輒賜丹鉛，積以歲時，都獲一百零八卷。頃重陽前日，爲余生周甲之辰，朱君翼庵見過手持所藏宋刊第四百八十三卷相貽。……是本北宋時刻於蜀中，半葉十四行，每行二十四字，白口，雙欄，字體樸厚，極有古風。余舊藏有五卷，此帙卷第正與相接，考海虞瞿氏藏此本亦廑五卷，余獲此殆駕而上之矣。

知傅氏藏有六卷。

　　趙萬里〈館藏善本書提要〉（《北京圖書館月刊》第一卷第三期）《冊府元龜》殘本七卷云：

> 此北宋槧本《冊府元龜》。卷六百十一至六百一十五爲刑法部，舊藏寶應劉氏食舊德齋。卷四百八十四八十五爲邦計部，則得諸京師冷肆者。

據此則北平圖書館藏有七卷。案北平圖書館另藏有一部，存八十卷（詳後）。

二、台灣存藏現況

　　北平圖書館藏書，凡運抵台灣者，今皆寄存於國立故宮博物院。殘宋本《冊府元龜》，一部存二卷一冊，爲邦計部（圖一），即卷四百八十四（存第九頁至十四頁，九頁以前全缺）、卷四百八十五（存六頁，以下全缺），蝴蝶裝。一部存一卷一冊，爲外戚部（圖二），即卷三百七，共十三頁，已改爲線裝（案此冊乃《北平圖書館善本書目》所遺漏者）。一部存五卷五冊，即卷六百一十一（十二頁）、卷六百一十二（十四頁）、卷六百一十三（十六頁）、卷六百一十四（十九頁）、卷六百一十五（十九頁），每冊卷首有「寶應劉氏食舊德齋」朱文長方印，已改爲線裝。趙氏所云殘本七卷，即指上述二卷本及

五卷本，趙氏疑此七卷均出內閣大庫，即《文淵閣書目》所載殘本中之零帙。又一部存八十卷十六冊，即卷六至十、卷四十一至四十五、卷五十六至六十，爲帝王部；卷二百七十一至二百七十五，爲宗室部；卷三百四十一至三百四十五、卷三百五十六至三百七十五、卷三百八十六至三百九十、卷三百九十六至四百、卷四百一十一至四百一十五、卷四百五十六至四百六十，爲將帥部（圖三）；卷四百七十一至四百七十五，爲台省部；卷四百九十一至四百九十五，爲邦計部；卷五百八十六至五百九十，爲掌禮部。蝴蝶裝，每冊首尾兩葉紙背有「國子監崇文閣官書」（大字二行）、「借讀者必須愛護損壞闕失典掌者不許收受」（小字三行）楷書木記，首有「晉府書畫之印」朱文方印、「京師圖書館」朱文長方印，尾有「敬悳堂圖書印」朱文方印、「子子孫孫永寶用」朱文方印、「京師圖書館」朱文長方印。以上各部，均半葉十四行，行二十四字，左右雙欄，版心白口，單魚尾。魚尾下有「冊幾」、「冊府幾」、「元幾」等字樣，或陰文或陽文不一。宋諱玄、炫、袨、弦、衒、朗、朓、敬、警、驚、儆、竟、弘、殷、恇、貞、楨、戌等字闕筆。

圖一：宋・冊府元龜卷・邦計部

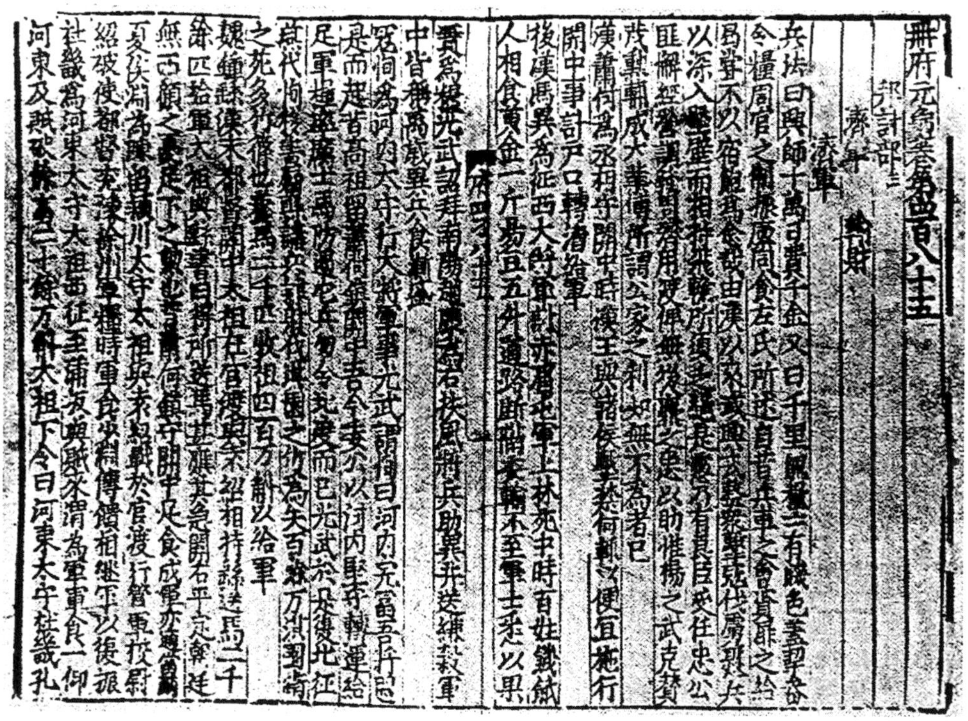
冊府元龜卷第四百八十五
邦計部三
濟軍

圖二：宋・冊府元龜卷・外戚部

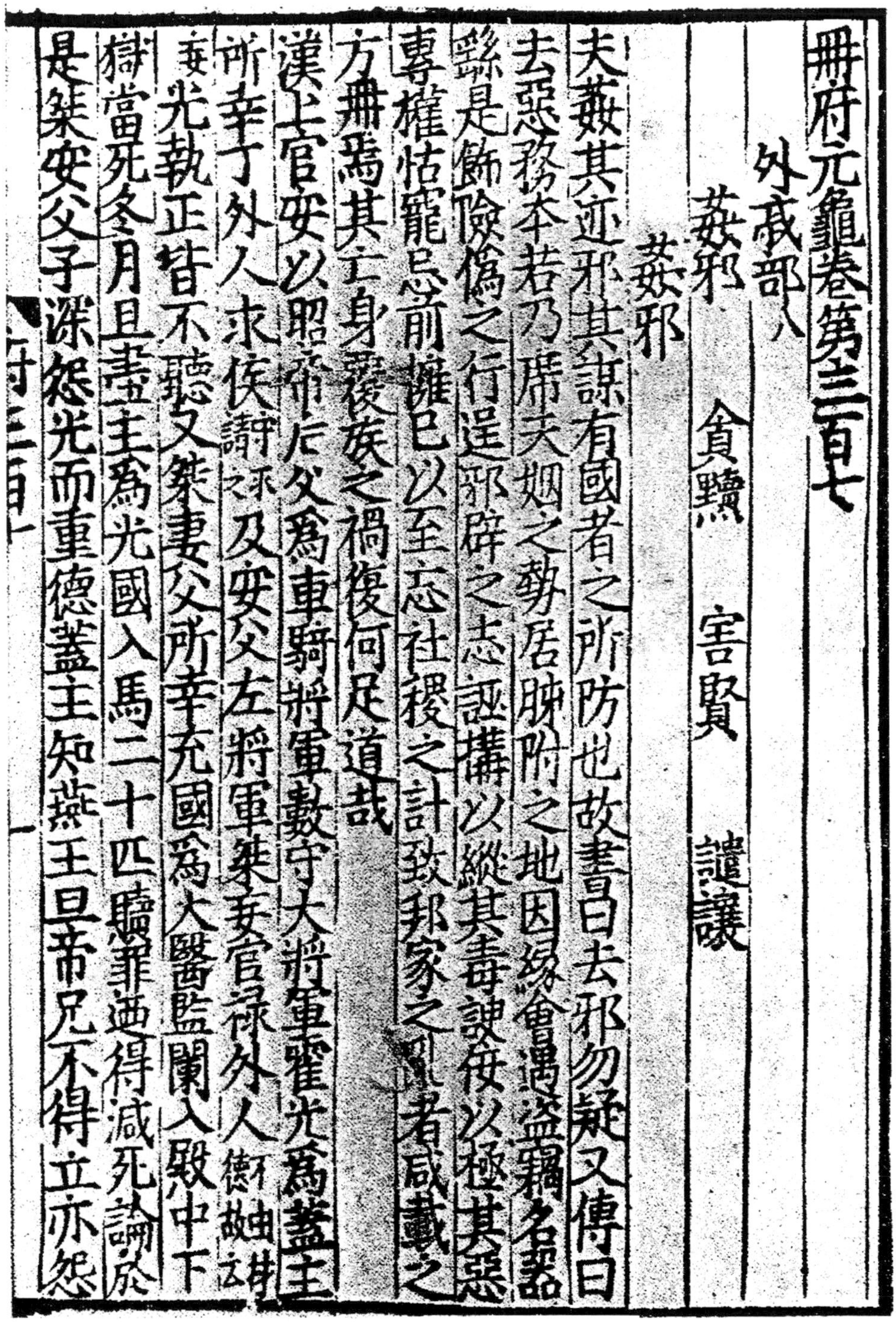

冊府元龜卷第三百七

外戚部八

姦邪　貪黷　害賢　譴讓

姦邪

夫姦其迹邪其謀有國者之所防也故書曰去邪勿疑又傳曰去惡務本若乃席夫姻之勢居肺附之地因緣會遇盜竊名器蹈是飾險僞之行逞邪辟之志誣搆以縱其毒諛佞以極其惡專權怙寵忌前擁已以至忘社稷之計致邦家之亂者咸載之方冊爲其亡身覆族之禍復何足道哉

漢上官安以昭帝后父爲車騎將軍數守大將軍霍光爲蓋主所幸丁外人求侯謝丞之及安父左將軍桀妄官祿外人丁由甘衛故云妻光執正皆不聽又桀妻父所幸充國爲太醫監闌入殿中下獄當死冬月且盡蓋主爲光國入馬二十匹贖罪迺得減死論於是桀安父子深怨光而重德蓋主知燕王旦帝兄不得立亦怨

府三百七

圖三：宋・冊府元龜卷・將帥部

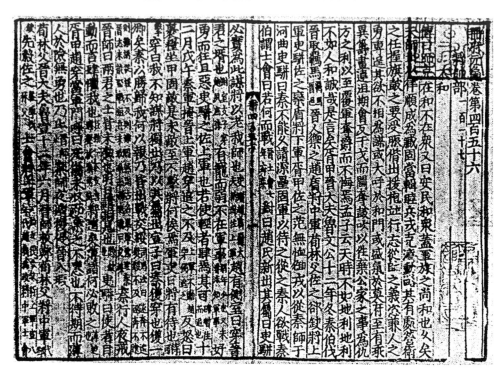

三、北宋蜀刻本在校勘上的價值

北宋蜀刻本《冊府元龜》校勘精審可以校正明清以來各本之謬誤。陸心源曾以所藏北宋蜀刻本校明季李如京本，謂其「舛譌幾不可讀。」各卷脫字比比皆是，僅四百七十一卷中，脫文已一萬三千餘字，顛倒改竄者三卷，至於一句一字之脫，無卷不有，魯魚亥豕之譌，無頁不有。陸氏又藏有舊抄本一千卷，卷首題曰「監本新刊冊府元龜」，陸氏以蜀刻本校之，卷五百九十三末葉缺，卷五百二十顛倒，卷七百三十缺文與今本同，陸氏謂「當從南宋本影寫，則是書在南宋已鮮善本，此本雖殘，殊可貴也。」（詳《儀顧堂集》卷二十〈北宋本冊府元龜跋〉）

傅增湘以卷四百八十三，全卷二十四頁，校李本，改定二百一十五字。舉其要者言之，如邦計總序：「頒其賄於受用之府」，「賄」不誤「貨」。「以供百物而待邦之用」，「供」不誤「貢」。「以周知入出百物」，「知」不誤「之」。「縣師掌邦國都鄙稍甸郊里之地域，而辨其家人田萊之數」，「里」不誤「旅」，「萊」不誤「菜」。……此下選任、材略、褒寵三門，刊正犬繁，不及

縷舉（詳《藏園羣書題記・殘宋本冊府元龜跋》）。

案陸氏所言李如京本，傅氏所言閩本、李本，均指明崇禎十五年黃國琦刻本，黃本脫文誤字甚多，可據此北宋蜀刻本補正，惜未能得見宋刻全書復出一一校正。

趙萬里〈館藏善本提要・冊府元龜殘本七卷〉亦云：「此數卷以康熙壬子五銹堂校之，其佳處殆不可指數。」

以上所舉數例，均可以說明北宋蜀刻小字本《冊府元龜》在校勘上的價值。

（本文原載《故宮文物月刊》第三卷第六期，1985 年 9 月）